古代歷史文化 研究輯刊

七 編

王 明 蓀 主編

第12冊

元朝中葉中央權力結構與政治生態（下）

傅 光 森 著

國家圖書館出版品預行編目資料

元朝中葉中央權力結構與政治生態（下）／傅光森 著—初版
— 新北市：花木蘭文化出版社，2012〔民101〕
目 4+210 面；19×26 公分
（古代歷史文化研究輯刊 七編；第12冊）
ISBN：978-986-254-822-6（精裝）
1. 中國政治制度　2. 元代
618　　　　　　　　　　　　　　　　　101002881

ISBN-978-986-254-822-6

古代歷史文化研究輯刊
七 編　第十二冊　　　　　　　　ISBN：978-986-254-822-6

元朝中葉中央權力結構與政治生態（下）

作　　　者　傅光森
主　　　編　王明蓀
總 編 輯　杜潔祥
出　　　版　花木蘭文化出版社
發 行 所　花木蘭文化出版社
發 行 人　高小娟
聯絡地址　新北市永和區中正路五九五號七樓
　　　　　　電話：02-2923-1455／傳眞：02-2923-1452
網　　　址　http://www.huamulan.tw 信箱 sut81518@gmail.com
印　　　刷　普羅文化出版廣告事業
初　　　版　2012 年 3 月
定　　　價　七編 24 冊（精裝）新台幣 38,000 元　　　版權所有·請勿翻印

元朝中葉中央權力結構與政治生態（下）

傅光森　著

目次

第三章　延祐儒治與至治專制

　　在「大德之政」相權的擴張後，武宗海山運用三宮與月赤察兒之力量，將哈剌哈孫調離中央，「相權」氣勢受到打擊，「君權」為之提高。在武宗海山的支持下，官僚集團「尚書省」氣勢最高，海山死後，怯薛集團「中書省」支持愛育黎拔力八達，奪回了政治主導權。

　　愛育黎拔力八達與碩德八剌父子兩代，是「元貞體制」的成熟期，但也造成這個體制的崩解。元貞體制的發展趨勢特色有三：君權的突破、相權的獨立、官僚集團專業化與怯薛集團邊緣化。經過鐵穆耳、海山二位皇帝的努力，在愛育黎拔力八達、碩德八剌父子時期，完成元貞體制的最高目標。

　　鐵穆耳由蒙古世勳所擁立，為提高君權，而孤立相權，其以三公尊崇之位安撫伯顏、玉昔帖木兒等權臣，而完澤與不忽木分裂，完澤成為孤立的首相；另對於中書省理財官僚與怯薛大臣，採專業化與邊緣化方式，讓其漸成有責無權，並利用大德二年「珍寶詐欺案」、大德七年「朱清、張瑄賄賂案」壓制了怯薛與官僚，完成元貞體制「萌芽」階段之進展。

　　海山由諸王、首相、怯薛等擁立，當時首相聯合怯薛集團，擊敗皇后與官僚集團，為孤立首相，以「三宮協和」及籠絡月赤察兒等蒙古世勳，將擁立功臣哈剌哈孫首相調往漠北；另為孤立相權，由近侍怯薛與理財官僚組成的「尚書省集團」與資深怯薛組成的「中書省集團」對立，二位首相均只為集團一份子。完成元貞體制「發展」階段之進展。

　　愛育黎拔力八達抑制諸王、貴族於草原分封制而獲得的權益，以提高中央對地方的統治權；碩德八剌更進一步抑制官僚、怯薛的權勢發展，以提高皇帝的權威。鐵木迭兒依附答己太后成為官僚首腦，並將勢力擴展至怯薛集

團，但為愛育黎拔力八達所利用；拜住依靠其世勳地位成為官僚首腦，但與鐵失共掌衛軍，並為碩德八剌所利用。

愛育黎拔力八達父子為元朝儒治化的時代，科舉的進行與法典的頒布，基本上促進中央集權官僚體制的專業化，蒙古家產制亦逐漸式微。這也就是元朝皇帝實行漢法，建立專制政權最徹底的時期。蒙古諸王與怯薛大臣面對逐漸剝奪他們權益的皇帝，形成一個與之對立的權貴集團，並與太后相結合，為維護自身利益，與君權對抗。〔註1〕

本章共分三節，第一節「法制整備下君權的擴張」，分兩部分討論。第一部分論述愛育黎拔力八達經過海山朝「皇太子」的磨練，對「君權」的建立頗有心得；即位後，通過儒臣協助，恢復了科舉，並試圖廢止蒙古貴族的特權，建立「君主專制」的中央集權制度。第二部分論述碩德八剌在答己皇太后及其佞臣鐵木迭兒相繼去世後，倚仗著父親留下的法典規模，毅然頒定「大元通制」，將「元貞體制」具體化，此舉加上碩德八剌的刻薄寡恩性格，與類似金朝海陵王降低貴族權益，使「君權」高漲，終於釀成「南坡之變」。

第二節「相權的變革」，分兩部分討論。第一部分論述愛育黎拔力八達為了讓碩德八剌繼位，將脫兒赤顏的太師之位讓與鐵木迭兒，換取答己皇太后的支持。表面上看，愛育黎拔力八達得罪了蒙古世勳，使他的統治愈來愈孤立，而鐵木迭兒的相權似乎持續擴張；實際上，鐵木迭兒的相權倚仗「后權」，其程度超過完澤之於闊闊真與哈剌哈孫之於卜魯罕，此依附性亦侷限了相權之發展；第二部分論述拜住雖貴為怯薛長兼首相，並領有三個侍衛親軍，然與其祖父安童同樣，拜住只是眾多掌握「相權」者之一而已，並為碩德八剌所利用。

第三節「統治集團內部危機與體制崩解」，分兩部分討論。第一部分論述

〔註1〕 姚大力，〈元仁宗與中元政治〉，收錄於《內陸亞洲歷史文化研究——韓儒林先生紀念文集》（南京：南京大學出版社，1996年），頁147論述：「然而，體現在儒治時期諸多政令裏的一個重要意圖，正是用儒家的君臣名分去重新規範大汗和蒙古上層的相互關係。仁宗和英宗都沒親勞鞍馬的業績，又不屑講求『惟和』來加強自身及其政治主張的合法性以及上層集團內部的認同感。在這種情勢下，儒家政治作為一種純粹的外來資源，就很難在改塑蒙古內部關係方面取得多少實效。元仁宗因為別有所求，後來退到『待宗戚勳舊，始終以禮』的立場，從而避免了政治上的大變故。英宗銳氣過盛，終於把差不多全部『迤南諸王大臣』都逼到與自己相對立的一邊。《元史‧英宗紀》開列出一長串參與南坡之變的宗王及高級官僚名單。《元史‧泰定紀》更明確地說，當日『宗戚之中，能自拔逆黨、盡忠朝廷者，惟有買奴』。因此，即使沒有鐵失弒宮的突發事件，對『新政』的結局恐怕也不容有太多的樂觀。」

當皇帝漸趨專制獨裁，而官僚首腦依附性增強時刻，愛育黎拔力八達逐漸將官僚專業化，中書省官員弱化。第二部分論述碩德八剌對付諸王與怯薛，由於君臣無法形成共存互利的核心集團，在蒙古諸王、怯薛與院臺大臣的結合下，演為南坡弒君的慘劇，元貞體制崩解。

第一節　法制整備下君權的擴張

愛育黎拔力八達在海山朝經過「皇太子」與名義上官僚首腦之磨練，在皇兄海山剛駕崩，自己尚未即位之際，即將政府首腦部門尚書省的幾位重要大臣全部誅殺或流放。新皇帝的即位與新政府的組成，政府部門的首腦煥然一新，除了蒙古和色目大臣外，沉寂許久的漢人儒臣又站上歷史舞臺，李孟與張珪就是最重要的二人。而科舉制度的再行與法典的積極編纂，使得蒙元帝國向中原體制邁進一大步。對於獨立發展中的相權，愛育黎拔力八達採取聯合又分化的方法面對。

碩德八剌在答己皇太后及其佞臣鐵木迭兒相繼去世後，倚仗著父親留下的法典規模，毅然頒定「大元通制」，將「元貞體制」具體化，此舉加上碩德八剌的刻薄寡恩性格，與類似金朝海陵王降低貴族權益，使「君權」朝獨裁專制方向前進，但也因個人性格與體制的依賴，造成體制崩解的命運。

一、愛育黎拔力八達與君權的提昇

「武仁授受」是中元政治史上的一個重大的轉戾點，雖然兄終弟及的默契在海山即位之初已然成形，但事實上，危機一直存在著。海山可汗靠著「三宮協和」及禿剌、月赤察兒等諸王、世勳的協助，將「大德權臣」哈剌哈孫答剌罕調離中央權力圈之外。但這些奪權功臣，卻一個個難以駕馭，尤其諸王的囂張造成海山心中的不安全感，為了鞏固權勢，禿剌終於被誅殺。

> 禿剌，太祖次子察合台四世孫也。少以勇力聞。大德十一年春，成宗崩，左丞相阿忽台等潛謀立安西王阿難答，而推皇后伯岳吾氏稱制，中外洶洶。仁宗歸自懷孟，引禿剌入內，縛阿忽台等以出，誅之，大事遂定。武宗即位，第功，封越王，錫金印，以紹興路為其分地。禿剌居常怏怏，有怨望意。至大元年秋，武宗幸涼亭，將御舟，禿剌前止之。帝曰：「爾何如？朕欲登舟。」禿剌曰：「人有常言：一箭中麋，

母曰自能；百兔未得，未可遽止。」此蓋國俗儕輩相靳之語，而禿剌
言之，武宗由是銜焉。既而大宴萬歲山，禿剌醉起，解其腰帶擲諸地，
瞋目謂帝曰：「爾與我者，止此爾！」二年春，命楚王牙忽都、丞相
脫脫、平章赤因鐵木兒鞫之，辭服，遂伏誅。〔註2〕

海山能奪得大位，康里脫脫與其兄阿沙不花的功勞最大。在三宮協和的過程
中，康里脫脫與其兄阿沙不花的功勞最大。在三宮協和的過程中，康里脫脫
見證了「兄終弟及」的默契盟誓。諸王與羣臣，皆同意康里脫脫之建議，使
其成為海山政權的最佳發言者。

脫脫馳至大都，入見太后，道武宗所授旨以聞。太后愕然曰：「修短
之說雖出於術家，為太子周思遠慮乃出我深愛。貪憝已除，宗王大臣
議已定，太子不速來何為？」時諸王禿列等侍，咸曰：「臣下翊戴嗣
君，無二心者。」既而太后、仁宗屛左右，留脫脫與語曰：「太子天
性仁孝，中外屬望。今聞汝所致言，殆有讒間。汝歸速為我彌縫闕失，
使我骨肉無間，相見怡愉，則汝功為不細矣。」脫脫頓首謝曰：「太
母、太弟不煩過慮，臣侍藩邸歷年，頗見信任，今歸當即推誠竭忠以
開釋太子。後日三宮共處，靡有嫌隙，斯為脫脫所報效矣。」〔註3〕

海山並以三寶奴與康里脫脫二人為誓約的見證執行者，各大臣進用，二人討
論後，可有推薦與議定之權。而康里脫脫、三寶奴與阿沙不花、塔思不花等
也成為海山最為親近的怯薛大臣。

帝又嘗御五花殿，丞相塔思不花、三寶奴，中丞伯顏等侍。阿沙不
花見帝容色日悴，乃進曰：「八珍之味不知御，萬金之身不知愛，此
古人所戒也。陛下不思祖宗付託之重，天下仰望之切，而惟麴糵是
沉，姬嬙是好，是猶兩斧伐孤樹，未有不顚仆者也。且陛下之天下，
祖宗之天下也，陛下之位，祖宗之位也，陛下縱不自愛，如宗社何？」
帝大悅曰：「非卿孰為朕言。繼自今毋愛於言，朕不忘也。」因命進
酒。阿沙不花頓首謝曰：「臣方欲陛下節飲而反勸之，是臣之言不信
於陛下也，臣不敢奉詔。」左右皆賀帝得直臣。遂進開府儀同三司、
中書右丞相，行御史大夫。〔註4〕

〔註2〕 見《元史》117〈禿剌傳〉，頁2907之記載。
〔註3〕 見《元史》138〈康里脫脫傳〉，頁3322～3323之記載。
〔註4〕 見《元史》136〈阿沙不花傳〉，頁3299之記載。

海山的政府權力，主要是控制在尚書省大臣手中，但這整個政權的基礎卻是圍繞在海山與愛育黎拔力八達兄弟的繼承關係上，爲此，海山採取了積極與消極二種做法。

> 至大三年，尚書省立，遷右丞相。三寶奴等勸武宗立皇子爲皇太子。脫脫方獵于柳林，遣使亟召之還。三寶奴曰：「建儲議急，故相召耳。」脫脫驚曰：「何謂也？」曰：「皇子寖長，聖體近日倦勤，儲副所宜早定。」脫脫曰：「國家大計不可不愼。曩者太弟躬定大事，功在宗社，位居東宮，已有定命，自是兄弟叔姪世世相承，孰敢紊其序者！我輩臣子，於國憲章縱不能有所匡贊，何可隳其成。」三寶奴曰：「今日兄已授弟，後日叔當授姪，能保之乎？」脫脫曰：「在我不可渝，彼失其信，天實鑒之。」三寶奴雖不以爲然，而莫能奪其議也。〔註5〕

消極的作法，乃是將權力盡量往尚書省集中，建立一個新的核心集團；積極的作法，乃是說服當時參與「三宮協和」與「兄終弟及」的世勳貴族，改變繼承關係，期望由海山嫡子和世㻋取代愛育黎拔力八達爲帝位繼承者。而承擔此任務者，則是當時的見證執行者尚書左丞相三寶奴。但另一個見證執行者中書左丞相康里脫脫反對，因而三寶奴的改立皇太子計畫沒有成功。

康里脫脫能一言九鼎，讓三寶奴不敢造次，其所倚仗的應是掌握了康里侍衛親軍及其他怯薛宿衛。海山即位後，爲了報答阿沙不花與康里脫脫兄弟，特別成立了廣武康里侍衛親軍。當時，這是京城最強的部隊。〔註6〕

康里脫脫的堅持，讓三寶奴的計畫功虧一簣；而康里脫脫的權勢，不僅讓三寶奴敬畏三分，也讓愛育黎拔力八達有所警惕，因爲在康里脫脫的身上，看到了哈剌哈孫的影子。

〔註5〕見《元史》138〈康里脫脫傳〉，頁3324之記載。

〔註6〕史衛民，〈元代侍衛親軍建置沿革考述〉載於《元史論叢》第4輯（北京：中華書局，1992年），頁91～92論述：「康里衛，武宗至大元年七月，由於康里人阿沙不花、亦納脫脫兄弟擁戴登基有功，專立廣武康里侍衛親軍（亦作康禮衛）爲其統屬。康里是古代高車人的後裔，居於烏拉爾河之東，鹹海以北，成吉思汗西征時被征服，以後分散在蒙古各軍中。亦納脫脫等人借建立康里衛的機會，大肆網羅同族，『濫及各投下並州郡百姓，諸色驅奴人等，多至數萬』（元典章‧聖政），朝廷不得不加以限制，於至大三年正月下詔『定康里軍籍』（元史‧武宗本紀）。次年正月，武宗死，秉政的仁宗早已不滿亦納脫脫等人的專權跋扈，馬上下詔解散康里衛，將亦納脫脫等貶出宮廷（元典章‧聖政），康里衛成爲元廷唯一天折的色目衛軍。」

是時，尚書省賜予無節，遷敍無法，財用日耗，名爵日濫。脫脫進言曰：「爵賞者，帝王所以用人也。今爵及比德，賞及囨功，緩急之際何所賴乎！中書所掌，錢糧、工役、選法、刑獄十有二事。若從臣言，恪遵舊制，則臣願與諸賢黽勉從事。不然，用臣何補！」遂有詔俾濫受宣敕者赴所屬繳納。僥倖之路既塞，奔競之風頓衰。中臺有贓罰鈔五百萬緡，脫脫請出以賑孤寡老疾諸窮而無告者。宗王南忽里部人告其主爲不軌，脫脫辯其誣，抵告者罪。宗王牙忽禿徵其舊民於齊王八不沙部中，鄰境諸王欲奉齊王攻牙忽禿，齊王懼奔牙忽禿以避之，遂告齊王反。脫脫簿問得實，乃釋齊王而徙諸王于嶺南。邊將脫火赤請以新軍萬人益宗王丑漢，廷議俾脫脫往給其資裝。脫脫謂時方寧謐，不宜挑釁生事，辭不行。遂遣丞相禿忽魯等二人往給之，幾以激變。四年正月，復爲中書左丞相。仁宗即位，眷待彌篤，欲使均逸于外，二月，拜江浙行省左丞相。〔註7〕

雖然儒家學說多強調強化君權，而實際上要做到這一點，必須有其程序與實行步驟。愛育黎拔力八達在當皇太子時期，想必就已經在思考這個問題，而在其即位的時刻，強化君權的程序已經展開。

首先要減低，甚至拔除其勢力者，爲前任皇帝的官僚集團成員；再者，爲前任皇帝的怯薛集團成員。由於蒙元的君權發展有其特殊背景，雖然在皇位確位以後，君權逐漸膨脹而難以撼動，但在其尚未得位前，其支持者如有大功或掌握兵權，得位後支持者將有與其匹敵的勢力。尤其是在這批支持者身兼內廷怯薛與外廷丞相職位時，隱性權力是必須與以注意的。

蒙元以部族政權的私意識進行統治，因而造成君權的膨脹之說，這是一個在總體規模上沿循漢制，而在具體結構上又是漢、蒙雜揉的特異政權。大量根源於蒙古草原奴隸制的落後制度被不同程度的沿襲或摻雜應用過來，如驅奴制度、怯薛制度、斡耳朵制度、諸王分封制度、軍戶制度、匠戶制度等等。它們無不對中國的社會、經濟、政治、文化帶來深厚的作用和影響。

皇權的膨脹和相權的削弱就是明顯的例證，這在中國專制主義皇權的發展史上是一個重要的轉折。怯薛的活動並不限於內宮，他們不單帶有等級很高的散官頭銜，而且有的且兼任上至右丞相的各級長官。他們與皇帝既有宦官之親，在外廷又有宰執之尊，在語言文字和文化隔閡、再加上皇帝無能或

〔註7〕見《元史》138〈康里脫脫傳〉，頁3324～3325之記載。

倦勤的情況下，這批怯薛的權勢之重是完全可以想像的。然而，在名份上，他們畢竟是出身低賤且在人格上依附於主家的屬民，有的則是奴隸。元朝的君臣關係，在蒙古舊俗的作用影響下，開始變化成了主奴關係。

元朝君主臣奴的變化無可避免地使傳統的專制主義皇權大大地提高，向極端化惡性發展。在元朝宰相的執行權也更趨於分割。至於個別權相，只是一定情況下的特例，是違反常制的。在宰相必任蒙古權貴，而這些蒙古權貴在文化與政治操作水平上又大多難以應付的情況下，元朝也繼承金朝的辦法，把丞相擴大為包括右、左丞相、平章政事，右、左丞，參知政事共八人組成的群組。左右丞相總持綱維，平章以下則分類庶務。〔註8〕

李孟為愛育黎拔力八達所做的強化君權三部曲，首先是整頓國子監，力圖樹立選官準則；第二步是整治官吏，將朝廷內降旨任官的怯薛千餘人一律凍結，並開始處理冗官；第三步乃是根本之法，恢復科舉制度，這是本期集議多年，卻從未實施的選官制度。李孟經過一番努力，幾乎以一人之力，協助愛育黎拔力八達完成了強化君權的基本工作。

至大四年（1311）二月，愛育黎拔力八達命中書平章政事李孟領國子監學。同年十二月，再次命李孟整飭國子監學。在這次整頓中，李孟確立了國子學的試貢法，規定蒙古授官六品，色目正七品，漢人從七品。試蒙古生之法宜從寬，色目生宜稍加密，漢人生則全科場之制（元史・選舉志）。這一原則的確立使國子監的教學與選官制度溝通，不僅有利於國子監教學走上規範化軌道，而且在全社樹立了學而優則仕的選官準則。在愛育黎拔力八達的支持下，李孟進行了大刀闊斧的改革，裁冗員，罷貪官，平冤案，節賜與，重名爵，天下稱快。可以說，李孟的建議當是延祐科舉的最直接動力。〔註9〕

> 至仁宗皇慶二年十月，中書省臣奏：「科舉事，世祖、裕宗累嘗命行，成宗、武宗尋亦有旨，今不以聞，恐或有沮其事者。夫取士之法，經學實修己治人之道，詞賦乃摛章繪句之學，自隋、唐以來，取人專尚詞賦，故士習浮華。今臣等所擬將律賦省題詩小義皆不用，專立德行明經科，以此取士，庶可得人。」帝然之。〔註10〕

〔註8〕周良霄，〈元代的皇權和相權〉，載於蕭啓慶主編之《蒙元的歷史與文化》上冊（台北：學生書局，2001年），頁343～374之論述。

〔註9〕王建軍，〈走進李孟〉，載於《元史及民族史研究集刊》第14輯（海口：南方出版社，2001年），頁36～38之論述。

〔註10〕見《元史》181〈選舉志〉，頁2018之記載。

雖然科舉制度的展開無法立見成效，但其影響確是深遠的。在李孟的努力與堅持下，蒙元政權建立成一個完整的傳統中原國家型態，於焉完成。

> 先生在潛邸，日夕啓沃，謂儒者可以守成，一旦當國，即行貢舉。蓋倡虞草昧，條於至元，議於大德，阻尼百端，而始成於延祐，……太官恃不鉤檢而斁其濫，宿衛依憑城社而汰其冗，貴近世臣，莫敢議及，乃挺身任之，灼知將來之危而不恤也。國家用儒者爲政，至元而後，炳炳有立者，先生一人而已。〔註11〕

科舉的恢復對元朝制度的轉變發生重大影響，忽必烈初期採行漢法定制，經過至元後期以來約三十年的曲折，在愛育黎拔力八達時期又推進了一步，這與李孟的貢獻是分不開的。〔註12〕

張珪（1264～1327），字公瑞，易州定興人。漢軍世侯張柔之孫，名將張弘範之子。張珪受到愛育黎拔力八達的特別提拔，與李孟乃元朝中葉自成宗朝梁德珪以後，任官至中書平章政事之二人。

張珪在海山後期，以皇太子愛育黎拔力八達之薦，出任御史中丞。在海山駕崩後，答己皇太后欲掌權，命愛育黎拔力八達登基大典可於皇太子之隆福宮舉行。張珪力諫不可，終於讓皇帝在大明殿即位。

> 武宗皇帝時，仁宗皇帝在東宮，召拜諭德。未數日，拜太子賓客，復遷詹事，辭不就。尚書省臣濫殺無辜，輕革錢幣，中外洶洶，中執法久闕人，上方圖任。仁宗曰：「必欲得眞中丞，惟張珪可。苟不稱，我任其責。」上即日召拜中丞，居月餘，上不豫，宰臣矯詔赦天下，赦常赦之所必不赦者。未幾，上崩，仁宗命按誅之。仁宗將即位，廷臣用皇太后旨，行大禮於隆福宮，法駕已陳矣，公獨奏其不可。臺長止之曰：「議已定，雖百奏無益。」公曰：「未始一奏，距之無益哉？且大位，太祖、世祖之位也。隆福、太后之宮也，舍大明弗御，天子果即何位乎？」上悟，移仗大明，遂即位。延祐二年，拜中書平章政事，請減煩冗還有司，以清中書之務，得專修宰相之職焉。〔註13〕

〔註11〕 許有壬，《至正集》35〈秋谷文集序〉收錄於《全元文》第 38 冊，頁 129 之記載。

〔註12〕 陳得芝，〈耶律楚材、劉秉忠、李孟合論〉，載於《元史論叢》第 9 輯（北京：中國廣播電視出版社，2004 年），頁 16 之論述。

〔註13〕 虞集，《雍虞先生道園類稿》第 46 卷〈中書平章張公墓誌銘〉，收錄於《全元文》第 27 冊（南京：鳳凰出版社，2004 年），卷 891，頁 519 之記載。

張珪對提高君權的理念，除了堅持即位大明殿一事外，對於法典的編纂也有相當的貢獻。雖然《元典章》與《大元通制》等法令彙編與政書都完成於碩德八剌時期，但積極作業卻是在愛育黎拔力八達時期進行的。

> 至治二年冬十有一月，皇帝以故丞相東平忠憲王之孫中書左丞相位右丞相，總百官，新庶務，微用老成，開明治道。皇元聖聖相繼，百有餘年。宸斷之所予奪，廟謨之所可否，禁頑戢暴，仁恤黎元，綽有成憲。然簡書所載，歲益月，增，散在有司，既積既繁，莫知所統。挾情之吏，用譎行私，民恫政蠹。臺憲屢言之，鼎軸大臣恒患之。仁廟皇帝御極之初，中書奏允，擇耆舊之賢，明練之士，時則若中書右丞伯杭、平章政事商議中書省事劉正等，由開創以來政制法程可著為令者，類集折衷，以示有司。其宏綱有三，曰制詔，曰條格，曰斷例。經緯乎格例之間，非外遠職守所急，亦彙輯之，名曰別類。延祐三年夏五月，書成，勑樞密、御史、翰林國史、集賢之臣，相與正是。凡經八年，事未克果。今年春正月辛酉，上御榱殿，丞相援據本末，奏宜如仁廟制，制可。於是樞密副使完顏納丹、侍御史曹伯啟、判宗正府普顏、集賢學士欽察、翰林直學士曹元用，以二月朔奉旨，會集中書平章政事張珪暨議政元老，率其屬眾共審定。時上幸柳林之辛巳，丞相以其事奏，仍以延祐二年及今所未類者，請如故事。制若曰：「此善令也，其行之。」繇是堂議題其書曰大元通制，命翀序之。翀惟聖人之治天下，其為道也，動與天準，其為法也，粲如列星，使民畏罪遷善，而吏不敢舞智御人。鞭笞斧鉞，禮樂教化，相為表裏。及其至也，民協于中，刑措不用，二帝三王之盛，盡於此矣。雖州罰世輕世重，而士制百姓于刑之中，以教祗德，古之制也。聖朝因事制宜，因時立制，時有推遷，事有變易，謀國之臣，斟酌損益，以就中典，生民之福也。仁廟開本於先，皇上繼志於今，萬世慮也。雖然，明罰勑法，朝廷之道揆在焉，惟良折獄，衷敬折獄，有司之法守親焉。源則濬矣，流斯承之，可不慎歟。〔註14〕

至大四年一月八日（1311.1.27），武宗海山駕崩；兩天後，罷尚書省，丞相脫虎脫、三寶奴等六位大臣以變亂舊章，流毒百姓，交由省院大臣參鞫；又四天之後，脫虎脫等被處決；同年一月二十六日（1311.2.14），中書右丞相塔思

〔註14〕見《通制條格》卷首〈大元通制序〉之記載。

不花轉任御史大夫。〔註15〕

　　四年正月，復爲中書左丞相。仁宗即位，眷待彌篤，欲使均逸外，

　　二月，拜江浙行省左丞相。〔註16〕

中書左丞相康里脫脫轉任江浙行省左丞相，如此，在愛育黎拔力八達尚未即位之前，舊政府中書、尚書二省首腦全部解職。在舊政府首腦大臣更迭之際，新政府的中書省大臣名單已經出爐，這顯然是答己皇太后的懿旨所頒布，而等愛育黎拔力八達即位後追認。

　　至大四年三月十八日，上天眷命，皇帝聖旨：惟昔先帝，事皇太后，

　　撫朕眇躬，孝友天至。由朕同託順考遺體，重以母弟之嫡，加有肖

　　平内難之功，於其踐祚未曾踰月，授以皇太子寶，領中書令、樞密

　　使，百揆機務，聽所總裁，于今五年。先帝奄棄天下，勳戚元老咸

　　謂大寶之繩，既有成命，非與前聖賓天而始徵集宗親議所宜立者比，

　　當稽周、漢、晉、唐故事，即正宸極。朕以國恤方新，誠有未忍，

　　是用經時。今則上奉皇太后勉進之命，下徇諸王勸戴之勤，三月十

　　八日，於大都大明殿即皇帝位。凡尚書省誤國之臣，先已伏諸，同

　　惡之徒，亦已放殛，百司庶政，悉歸中書。命丞相帖木迭兒，平章

　　政事完澤、李道復等從新拯治。可大赦天下。〔註17〕

重要的高層人事由兩宮推薦，在愛育黎拔力八達的即位詔裏，特別提到的鐵木迭兒、完澤、李孟三人，即是新政府的鐵三角。另外，舊政府中的原中書省三位平章政事，赤因鐵木兒、察乃、阿散則均未加以留任。赤因鐵木兒（Cikin Temur）又譯爲赤斤鐵木兒、赤因帖木兒。乃是蒙古怯薛中略懂文墨又可帶兵者，所以曾任內八府宰相，及被提拔爲中書平章政事。〔註18〕

　　察乃（Canai），又譯茶乃，色目畏吾兒族，中書平章政事刺眞之子。察乃

〔註15〕見《元史》24〈仁宗本紀〉，頁537之記載。

〔註16〕見《元史》138〈康里脫脫傳〉，頁3325之記載。

〔註17〕見《大元聖政國朝典章》第1卷〈詔令・登寶位詔〉，頁16之記載。

〔註18〕見《元史》22〈武宗本紀〉，頁496之記載：「至大元年二月甲辰，命有司市邸舍一區，以賜丞相赤因鐵木兒，爲鈔萬九千四百錠。……五月甲申，立大同侍衛親軍都指揮使司，以丞相赤因鐵木兒爲使，摘通惠河漕卒九百餘人隸之，漕事如故。」另屠寄，《蒙兀兒史記》第157卷〈宰相表〉，頁4186之論述：「至大元年閏十一月，赤斤鐵木兒由遙授左丞相拜中書平章政事。」另《元史》117〈禿剌傳〉，頁2907之記載：「至大二年春，命楚王牙忽都、丞相脫脫、平章赤因鐵木兒鞫之，辭服，遂伏誅。」

善于工程建設，是一位技術官僚。曾以吏部尚書授平章政事領工部事，負責中都行宮建設，因築城有功，從同知樞密院事被拔擢爲中書平章政事。〔註19〕

　　阿散（Asan），又譯合散、哈散，回回人。在忽必烈可汗時代，阿散爲遼陽行省的省臣；鐵穆耳可汗時代，阿散歷任遼陽行省左丞、河南行省平章政事，並升任中書省平章政事，與賽典赤伯顏類似，是一位回回理財專家。〔註20〕

表3-1　至大四年新舊中書省大臣遷轉異動情況〔註21〕

任相前原職務	新政府官員	官　職	舊政府官員	離職後之動態
雲南行省左丞相	鐵木迭兒	中書省右丞相	塔思不花	御史大夫
		中書省左丞相	康里脫脫	江浙行省左丞相
太子詹事	完　澤	中書平章政事	察　乃	通政使
集賢大學士	李　孟	中書平章政事	赤因鐵木兒	翰林學士承旨
遼陽行省平章	合　散	中書平章政事		
	烏伯都剌	中書右丞	忽都不丁	

〔註19〕見《元史》22〈武宗本紀〉，頁492之記載：「大德十一年十二月辛丑，授吏部尚書察乃平章政事，領工部事。……至大元年八月辛丑，以中都行宮成，賞官吏有榮者，工部尚書黑馬而下並陞二等，賜塔刺兒銀二百五十兩，同知察乃、通政使塔利赤、同知留守蕭珍、工部侍郎答失蠻金二百兩、銀一千四百兩，軍人金二百兩、銀八百兩，死於木石及病沒者給鈔有差。」另屠寄，《蒙兀兒史記》第157卷〈宰相表〉，頁4186之論述：「至大元年閏十一月，察乃由同知樞密院事除中書平章政事。」

〔註20〕楊志玖，《元代回族史稿》（天津：南開大學出版社，2003年），頁213～214之論述：「仁宗在位十年，任中書省宰臣的回回人可考者不過5人，較武宗時期爲數遠少，但回回人在中央的實際勢力卻與其表面數字不可比擬。其中最突出的人物應屬合散。合散（阿散、哈散）於元世祖至元二十九年（1292）六月初見於《元史·世祖紀》，稱其爲遼陽行省省臣。據成宗元貞元年（1295）七月紀事，知其爲遼陽行省左丞。大德九年（1305）五月，他又以河南行省平章之職，兼領洪澤、芍陂屯田事。十年，他進入中書省爲平章政事（以上俱稱阿散）。十一年五月武宗即位後，他被調出爲遼陽行省平章政事。至大二年（1309）十月，他升任左丞相，但仍留任遼陽行中書省平章政事（稱合散）。仁宗即位後，於至大四年十一月又把他調入爲中書省平章政事。」

〔註21〕屠寄，《蒙兀兒史記》第157卷〈宰相表〉，頁4189之論述：「鐵木迭兒，二月由雲南行省左丞相拜；塔思不花，正月罷御史大夫；康里脫脫，正月由知院復入二月出爲江浙左丞相；赤斤鐵木兒，明年正月罷爲翰林承旨；察乃，正月罷爲通政使；畏兀完澤，正月由詹事除八月罷；李孟，正月由集賢大學士除；合散，十一月由遼陽議事平章復入；忽都不丁，二月罷；兀伯都剌，四月除；斡赤，正月罷；李世安，三月由御史中丞除；帖里脫歡，八月罷；賈鈞；察罕，三月由昭文館大學士除。」

| 御史中丞 | 李世安 | 中書左丞 | 斡　赤 | |
| 昭文館大學士 | 察　罕 | 中書參知政事 | 帖里脫歡 | |

　　鐵木迭兒取代塔思不花，成為中央政府首相。由於鐵木迭兒代表答己皇太后在中書省的影響力，所以愛育黎拔力八達如何掌控政府，成為關鍵問題。

　　研究君權與相權者，多以對立、消長為基本觀念。然兩者並非全然對立，也非彼此權力一消一長。從雙方合作抑制諸王、貴戚，基於草原分封制而獲得的權益，一方面加強君權，一方面也加強相權。朝廷嚴待宗藩不僅體現皇帝的個性和意志，也與執政大臣有關。

　　　　明年，僧格分中書庶務，立尚書省，初為平章，後為丞相。……虐
　　　　焰熏天，諸王貴戚亦莫誰何，無不下之。〔註22〕

忽必烈時期的桑哥首相，不僅可以中央壓制其他大臣，對於地方分封諸王也有抑制作用。至元二十四年（1287）十一月，桑哥對秦王忙哥剌死後的王號繼承問題提出意見。

　　　　丁酉，桑哥言：「先是皇子忙哥剌封安西王，統河西、土番、四川諸
　　　　處，置王相府，後封秦王，綰二金印。今嗣王安難答仍襲安西王印，
　　　　弟按灘不花別用秦王印，其下復以王傅印行，一藩而二王，恐於制
　　　　非宜。」詔以阿難答嗣為安西王，仍置王傅，而上秦王印，按灘不
　　　　花所屬王傅罷之。〔註23〕

在這個意義上，官僚首腦似乎充當了封藩坐大的一個天敵。其道理說來也比較簡單。官僚首腦一般代表官員之掌宰相權力。官僚政治與封藩貴族政治從來就是相互對立的。官僚首腦屢次出面抑制封藩勢力，表面上是其個人，實際上官僚首腦背後的官員群體也發揮著常在作用。

　　　　鐵木迭兒奏：「蒙陛下憐臣，復擢為首相，依阿不言，誠負聖眷。彼
　　　　聞內侍隔越奉旨者眾，倘非禁止，致治實難。……令田主手實頃畝
　　　　狀入官，諸王、駙馬、學校、寺觀亦令如之。」〔註24〕

愛育黎拔力八達在各投下置副達魯花赤和江南經理之謀，也是出於丞相鐵木迭兒之議。愛育黎拔力八達進行的步驟有三，首先於至大四年（1311）十月，

〔註22〕姚燧，《牧庵集》14〈平章政事徐國公神道碑〉，收錄於《全元文》第 9 冊，
　　　　頁 566～567 之記載。
〔註23〕見《元史》14〈世祖本紀〉，頁 302 之記載。
〔註24〕見《元史》205〈鐵木迭兒傳〉，頁 4577～4578 之記載。

撤銷了諸王的札魯忽赤斷事官職權，司法權收歸屬中書省。其次，延祐元年（1314）十月，進行田賦經理政策，將財政權也收歸中書省。最後，延祐二年（1315）四月，敕諸王分地仍以流官為達魯花赤，諸王位下所任用之親信為副達魯花赤，將行政權收歸中書省。雖然這些舉措都功虧一簣，但朝提高中央集權的方向卻是不變的。

愛育黎拔力八達按照中原傳統方式對元朝政府的改革無法走得太遠，因為他不能削弱蒙古諸王的行政權、司法權和經濟特權來加強中央集權。儘管忽必烈推行了中央集權的政策，蒙古諸王仍然擁有對他們領地（投下）相當多的行政、軍事、財政、司法權。進一步削弱他們的權力是政治冒險，因為這將面臨蒙古和元帝國一條最基本原則的正面挑戰。愛育黎拔力八達嘗試削弱諸王權力的失敗，主要是因為這一原因。〔註25〕

愛育黎拔力八達雖極不喜歡鐵木迭兒，但是沒有答己皇太后的支持，要使朝廷中央能團結一致是不可能的事，最少在即位初期是如此無奈的。而如果朝廷無法一致。想要削弱諸王貴族的特權，建立君主權威，更是遙不可及之事。所以採取君相合作各取其利，也造成君權與相權的同步擴張。

從至大四年（1311）到延祐三年（1316）間，元政府推行儒治的一系列政令，主要圍繞著三個側重點來制定實施：一是抑制諸王貴戚基於草原分封制而獲得的權益，加強皇權；二是按儒家的政治主張整頓選法、澄清吏治，強化中原式官僚政治的運作程序；三是檢核田糧，甄別隱占，以求田稅負擔與土地佔有的實際狀況一致。答己與鐵木迭兒的勾搭，與儒家傳統為太后角色所設定母儀天下的規範絕不相合，這本身已引起兩人與朝中儒臣之間的潛在對立。他們公然在朝政方面置皇帝意圖於不顧而自行其事，因而朝中反對儒治的各種人物所爭相擁護。於是政治的分野逐漸明晰，以致皇慶、延祐之世，每一政之謬，人必以為是鐵木迭兒所為。鐵木迭兒所以能經常得手，則是因為他能善施奸狡以間諜兩宮，站在他背後的，正是興聖宮內的皇太后。〔註26〕

編纂法典，是愛育黎拔力八達改革元朝制度必須開拓的一個領域。可能是因為在多元文化社確定統一的法典有難以克服的困難，也可能是因為蒙古

〔註25〕蕭啟慶，〈元中期政治〉載於《劍橋中國遼西夏金元史》（北京：中國社會科學出版社，1998年），頁596之論述。

〔註26〕姚大力，〈元仁宗與中元政治〉載於《內陸亞洲歷史文化研究——韓儒林先生紀念文集》（南京：南京大學出版社，1996年），頁129～135之論述。

統治精英認爲統一法典會限制他們的權力所以採取了反對的態度，所以自世祖忽必烈以來，諸多皇帝曾屢次試圖制定而未果。

在蒙古法的因素中，最令人注目的是成吉思汗以來的札撒，到世祖晚期，扎撒的影響逐漸消失。就是說統治文化和環境的蒙古不同的漢地時，扎撒幾乎失去了控制草原游牧社會時的效用。要把蒙古法傳統注入新法點的這種壓力，是延遲由漢人官僚所主導的元朝中葉法典編纂的主要因素。

> 昔先帝時，嘗命修律令及成書。近議大德律，所任非人，訛舛甚多。今宜於臺閣省部內，選擇通經術，明治體，繼達時宜者。酌以古今之律文，參以先帝建元以來制敕命令，採以南北風土之宜，修爲一代表。使有司有所遵守，生民知所畏避。〔註27〕

鐵穆耳針對何榮祖所編的「大德律令」380條，說出：「古今異宜，不必相沿，但取宜於今者」。此要求就是期望反映蒙古統治的現實，而不是在沿襲中原傳統。鐵穆耳又讓元老大臣審議此律令，由於意見分歧，所編纂的法律沒能夠頒布。但漢人方面也圍繞著對法典編纂是否勝任提出了異議，可見當時對於編纂法典的性質，蒙漢官僚中存在著尖銳的矛盾。

海山時期曾二次試圖編纂法典，而兩次法典編纂過程中，所要列入的內容不一樣。即位當年的大德十一年十二月，讓樞密副使吳元珪等二十餘人，以議論中書事務編纂的法典是，把自世祖即位以來所行條格校讎之後，與成宗時代何榮祖編纂而尚未試行的律令合併歸一。〔註28〕

但是由於對蒙古傳統持有友好態度的海山可汗和其親信勢力牢固掌握權力，這種嘗試遭到挫折。與此相反，欲編纂與它性質不同的，要積極受容蒙古傳統之法典的嘗試，在至大二年（1309）以尙書省爲中心「創治改法」的新政，進入正常軌道之後才得以出現。此法典主要致力於格例之整理和編纂，取材擴大爲太祖以來施行的政令九千餘條。〔註29〕

愛育黎拔力八達即位，否定以尙書省爲中心的創治改法，而能夠積極反映蒙古統治集團之利害的法典制定的努力終成爲泡影。愛育黎拔力八達調回

〔註27〕 鄭介夫，〈治道定律〉載於《歷代名臣奏議》卷67～26下之記載。
〔註28〕 見《元史》22〈武宗本紀〉1之記載：「大德十一年十二月丁巳，中書省臣又言：『律令者治國之急務，至今尚未行。臣等謂律令重事，未可輕議，請自世祖即位以來所行條格，校讎歸一，遵而行之。』制可。」
〔註29〕 李玠奭，〈元朝中期法制整備及系統〉，收錄於《蒙古的歷史與文化──蒙元史學術研討會論文集》（台北：學生書局，2001年），頁481～500之論述。

對法律持有深刻理解的前樞密副使吳元珪，另有左丞拜降和烏伯都剌。〔註30〕
至大四年（1311）三月即位後不久，伯杭與劉正立即進行編纂法典任務，懂律
學的謝讓以校正官身分參與此編撰工作。〔註31〕延祐二年（1315）四月底，
命李孟等類集累朝條格，俟成書，聞奏頒行。翌年五月結束，法典體例是由
制詔、條格、斷例和別類等四部份構成。此後，愛育黎拔力八達命樞密院、
御史臺、翰林國史院、集賢院的官員對此進行審議。

> 延祐二年五月，江西行省惟中書省咨：蒙古文字譯該：中書省官人每
> 根底，按渾察大王為頭大宗正府也可察魯忽赤言語：俺眾人商議定，
> 上位奏：闊闊出司徒、阿撒罕太師、鐵木迭兒丞相、塔失帖木兒知院、
> 伯忽大夫、哈散丞相、減怯禿承旨、完澤知院、也先帖木兒知院、朵
> 歹院使、章閭平章、帖木兒脫他同知、闊徹別承旨、買驢同知、床火
> 兒副樞、闊闊出荅剌罕、拾得同簽等眾官人每商量定，上位奏了。俺
> 根底與別里哥文書來，近間賊每多了的上頭，麼道，聖旨了也。木剌
> 忽怯薛第二日，嘉禧殿內奏時分，速古兒赤也奴、院使牙安的斤等有
> 來。延祐元年十二月二十一日。欽此。都省咨請欽依施行。〔註32〕

但在形成影響蒙古人、色目人生活的元朝基本法典時，具有較強的漢法形式
要素的法典，顯然要通過保守貴族的審議是不可能太順利的。

二、專制君主碩德八剌的獨裁統治

碩德八剌繼承了愛育黎拔力八達的儒治政治，其不同之處是，碩德八剌
特別崇信喇嘛佛教，並對蒙古貴族表現出嚴格的態度：以財政不足為理由，
在即位當年的延祐七年（1320）九月，停止諸王所部的歲給；二年半後，直
到至治三年（1323）三月，才恢復部分歲賜。

> 延祐七年九月甲辰，以廩藏不允，停諸王所部歲給。……至治三年
> 三月壬辰朔，車駕幸上都。賜諸王喃荅失鈔二百五十萬貫，復給諸
> 王脫歡歲賜限。〔註33〕

〔註30〕拜降被看成是李尤魯翀之〈大元通制序〉中所提到的右丞伯杭。
〔註31〕見《國朝文類》卷36〈李尤魯翀〉，〈大元通制序〉；另參見《元史》176〈謝
　　　讓傳〉。
〔註32〕見《大元聖政國朝典章》49〈刑部11諸盜1〉，強竊盜，【處斷盜賊斷例】之
　　　記載。
〔註33〕見《元史》27・28〈英宗本紀〉，頁606、629之記載。

碩德八剌削弱蒙古統治集團的特權，努力效法中國專制君主的統治模式，已經超過他父親設定的界線。可是即位之初，碩德八剌的統治權力上不夠強大，直到鐵木迭兒和太皇太后相繼去世後，他才牢固地掌握權力。至治三年（1323）正月，先召回前樞密副使吳元珪和王約，任其爲集賢大學士；另以翰林侍講學士韓從益爲昭文館大學士，兼商議中書省事。另同意拜住薦舉，以趙居信擔任翰林學士承旨，吳澄爲翰林學士，在這種情況下，有漢法傾向的法典將要出現了。碩德八剌可汗重新指使樞密副使完顏納丹，侍御史曹伯啓，判宗正府普顏，集賢學士欽察，翰林學士曹元用等，審議延祐三年（1316）五月編定的法典，隨即頒布全國。這就是《大元通制》和《元典章》在碩德八剌時代所編定頒布的經過。〔註34〕

> 英宗性剛明，嘗以地震減膳、徹樂、避正殿，有近臣稱觴以賀，問：「何爲賀？朕方修德不暇，汝爲大臣，不能匡甫，反爲諂耶？」斥出之。拜住進曰：「地震乃臣等失職，宜求賢以代。」曰：「勿多遜，此朕之過也。」嘗戒羣臣曰：「卿等居高位，食厚祿，當勉力圖報。苟或貪乏，朕不惜賜汝，若爲不法，則必刑無赦。」八思吉思下獄，謂左右曰：「法者，祖宗所制，非朕所得私。八思吉思雖事朕日久，今其有罪，當論如法。」嘗御鹿頂殿，謂拜住曰：「朕以幼冲，嗣成大業，錦衣玉食，何求不得。惟我祖宗櫛風沐雨，勘定萬方，曾有此樂邪？卿元勳之裔，當體朕至懷，毋忝爾祖。」拜住頓首對曰：「創業惟艱，守成不易，陛下睿思及此，億兆之福也。」又謂大臣曰：「中書選人署事未旬日，御史臺即改除之。臺除者，中書亦然。今山林之下，遺逸良多。卿等不能盡心求防，惟以親戚故舊更相引用耶？」其明斷如此。然以果於刑戮，奸當畏誅，遂搆大變云。〔註35〕

大德七年（1303）二月，碩德八剌出生於洛陽附近的懷州王府。那一帶是宋代理學家二程的故鄉，碩德八剌與前幾任的皇帝都不同，他過的是漢式生活。延祐三年（1316），十四歲的碩德八剌被立爲皇太子，他接受的是較爲中原式

〔註34〕 李玠奭，〈元朝中期法制整備及系統〉，收錄於《蒙古的歷史與文化——蒙元史學術研討會論文集》（台北：學生書局，2001年），頁490～491之論述：「英宗朝的《大元通制》，雖因它的完整面貌已不復存在，其内容也不很確切，但英宗在編定《大元通制》時，依照了仁宗朝的先例。我們可通過《大元通制》的殘留部分，確認仁宗朝法典編纂的痕跡。」

〔註35〕 見《元史》28〈英宗本紀〉，頁633之記載。

的儒學教育，並進一步成爲朝人儒臣竭力施加影響的對象。〔註36〕

> 伏睹延祐三年十二月十九日，皇太子正位春宮，百司上箋稱賀禮畢，
> 欽惟列聖繼統，……及爲君也，血氣既定，游習既成，雖有放心，
> 不能奪已成之性。今皇太子殿下，春秋鼎盛，神明日彊，道德之言，
> 禮樂之事，當豫講而速親，其方不過求賢而已。伏乞今後議行建立
> 宮僚之時，公集大臣覆求名實相副，端能調護羽翼儲闈之才，以係
> 四海之望。〔註37〕

如同當年許衡、王恂等人竭力塑造眞金爲儒家正統儲君一樣，碩德八剌也是
受到御史中丞趙簡，監察御史段輔、馬祖常，太子詹事郭貫等人的期待，而
愛育黎拔力八達更是極力培養儒治的繼承人。

> 仁宗嘗召近侍之在宿衛者入備顧問，一夕語近臣曰：「朕聞前代皆有
> 太上皇之號，今皇太子且長，可居大位，朕欲爲太上皇，與若等遊
> 觀西山，以終天年，不亦善乎？」御史中丞蠻子、翰林學士明里董
> 瓦皆欣然稱善。〔註38〕

愛育黎拔力八達晚年頗倦於政事，關心他的繼承人碩德八剌的順利繼統，似
乎甚於其他一切。延祐六年（1319）六月，愛育黎拔力八達將至大年間曾隸
屬於他本人的東宮衛軍（左衛率府，後改中翊府，又改御臨親軍、羽林親軍）
萬人隸皇太子碩德八剌。不久，又以連怯耶兒（黃羊川）萬戶府等軍人組成
的右衛率府隸屬東宮。八月與十一月，以授皇太子之玉冊郊祀並詔告天下。
同年底，更命碩德八剌以皇太子身分參決國政。愛育黎拔力八達在延祐六年
下半年的一連串措施，乃深恐自己死後碩德八剌不能平穩的繼承帝位，所以
特別加強皇太子的地位。〔註39〕

> 當時時，仁宗皇帝事皇太后，孝養順承，惟恐不至，而英宗皇帝方
> 育德于儲宮。公與一二大臣同寅協恭，承弼輔贊，俾三宮怡愉，九

〔註36〕蕭功秦，〈英宗新政與南坡之變〉載於《元史論叢》第2輯（北京：中華書局，
1983年），頁145～146之論述。

〔註37〕馬祖常，《石田文集》7〈請愼簡宮僚疏〉，收錄於《全元文》第32冊（南京：
鳳凰出版社，2004年），卷1034，頁386之記載。

〔註38〕危素，《危太僕文續集》7〈故榮祿大夫江浙等處行中書省平章政事月魯帖木
兒公行狀〉收錄於《全元文》第48冊（南京：鳳凰出版社，2004年），卷1477，
頁411之記載。

〔註39〕姚大力，〈元仁宗與中元政治〉載於《內陸亞洲歷史文化研究》（南京：南京
大學出版社，1996年），頁140之論述。

有清晏，年穀豐衍，民庶康樂，是則公之相業最著者也。然小人不
便，陰偵潛伺，思有以害之矣。七年春，仁宗不豫，鐵木迭兒已在
儲宮左右。〔註40〕

碩德八剌是元朝諸帝中，最為專制獨裁者。他先縱容權臣鐵木迭兒殺害前朝
大臣；他自己則誅殺皇弟安王兀都不花、監察御史與近侍怯薛。他幾乎沒有
核心集團，只相信制衡原理，將侍衛親軍交給拜住與鐵失二人，最後竟然被
最親近的人弒逆殺害，成為一場悲劇。

表3-2　延祐七年懷孟集團重要成員動態

人 物	內 容 記 載	備 註
李 孟	二月丁丑，奪前中書平章政事李孟所受秦國公制命，仍仆其先墓碑。	元史 599
阿禮海牙	二月戊寅，阿禮海牙罷為湖廣行省平章政事。	元史 599
楊朵兒只	二月戊寅，鐵木迭兒以前御史中丞楊朵兒只、中書平章政事蕭拜住違太后旨，矯命殺之，並籍其家。	元史 599
蕭拜住	二月戊寅，鐵木迭兒以前御史中丞楊朵兒只、中書平章政事蕭拜住違太后旨，矯命殺之，並籍其家。	元史 599
賀伯顏	五月庚辰，上都留守賀伯顏坐便服迎詔棄市，籍其家。	元史 602

碩德八剌即位前後，懷孟集團的重要成員不是罷黜，就是誅殺，整個儒
治集團幾乎瓦解。劊子手是三度出任首相的鐵木迭兒，背後的支持者是升格
為太皇太后的答己，新皇帝一開始就缺前朝留給他的顧命大臣。

延祐七年（1320）春天，愛育黎拔力八達剛駕崩不久，皇太子碩德八剌
尚未即位之際，答己這位準太皇太后，又故計重施，與九年前一模一樣，以
懿旨特命鐵木迭兒為中書右丞相。鐵木迭兒首相立即展開殘酷血腥的報復，
而碩德八剌則借力使力，雙方展開第一回合政治鬥爭。

居無何，仁宗賓天，英廟未立，鐵木迭兒遂為丞相，擅政肆虐，盜
弄福威，睚眦之怨無不報者。以已曩者得罪憲臺，公等坐視弗救，
心尤恨之。乃以公及平章王公毅、參議韓公若愚徵理錢穀，又屢揚
言上前，以為世祖之時，幣朽于庫，桑葛嘗奏誅其執政二人，蓋欲

〔註40〕蘇天爵，《滋溪文稿》11〈元故贈推誠效節秉義佐理功臣光祿大夫河南行省平
　　　章政事追封魏國公謚文貞高公神道碑銘〉（北京：中華書局，1997 年），頁 164
　　　之記載。

以此譖殺公等。賴英廟察其無罪，第罷其所居官，放歸田里。〔註41〕

碩德八剌即位時，剛剛十八歲。他雖然接受過比較多的儒學教育，卻是元朝唯一一個在登位前沒有經過任何困厄磨礪的皇帝。他想大有爲於天下，主觀條件並不很有利，客觀上的障礙也相當大。答己太皇太后和首相鐵木迭兒又把一批私黨從外省調進中書省。與愛育黎拔力八達臨朝之初的氣候相比，碩德八剌面臨的局勢還要嚴峻得多。

> 后性聰慧，歷佐三朝，教宮中侍女皆執治女功，親操井臼。然不事檢飭，自正位東朝，淫恣益甚，內則黑驢母亦烈失八用事，外則幸臣失烈門、紐鄰及時宰迭木帖兒相率爲奸，以致箠辱平章張珪等，濁亂朝政，無所不至。及英宗立，羣倖伏誅，而後勢焰頓息焉。〔註42〕

但碩德八剌本人卻有強烈的主觀定見，並急於逞快於一時。一大批官署被壓低品秩，甚至被撤罷，這些幾乎都是由怯薛內侍出任官職的機構，也就是一套人馬二套機構。

> 庚子，降太常禮儀院、通政院、都護府、崇福司，並從二品，蒙古國子監、都水監、尚乘寺、光祿寺，並從三品，給事中、闕遺監、尚舍寺、司天監，並正四品，其官遞降一等有差，七品以下不降。……丁未，罷崇祥院，以民匠都總管府隸將作院。夏四月庚戌，……罷少府監。〔註43〕

碩德八剌與答己的關係很快就顯露出緊張，延祐七年（1320）三月，即位後第二天，太皇太后受百官朝賀於興聖宮，「英宗即毅然見於色」，以致答己馬上就後悔擁立他爲皇帝。

> 維至大三年歲次庚戌冬十月甲辰朔，越五日戊申，嗣皇帝臣某，臣伏思顯考順宗未臨海寓，眇眇小子，託其遺體，顧踐丕基，惟事聖母，養以天下，何無不有，何欲不臻，而隆名盛典，辭未見俞，非臣所以表微忱，酬大德也。欽惟皇太后陛下，貞順而齊肅，淵哲而剛明。……臣在先朝，受詔漠北，往撫諸軍，可謂遠役。以義割恩，縱史其行。……旋聞國恤，併日馳赴，邪謀方興，授冊儲皇。曾不再日，掃清宮掖。

〔註41〕蘇天爵，《滋溪文稿》11〈元故贈推誠效節秉義佐理功臣光祿大夫河南行省平章政事追封魏國公諡文貞高公神道碑銘〉，頁164之記載。
〔註42〕見《元史》116〈答己傳〉，頁2902之記載。
〔註43〕見《元史》27〈英宗本紀〉，頁600～601之記載。

待臣以來，畀付神器。自非睿斷，安救內訌。〔註44〕

答己太皇太后，緣曾與愛育黎拔力八達一齊參預平定內難之舉，因而在朝廷頗有威信。就是與母親情誼未殷的海山皇帝，對之也讓步三分。愛育黎拔力八達長期陪侍答己，感情較海山又添一層。雖然親愛並不等於可以怙惡，愛育黎拔力八達的順娛仍然顯得過分。〔註45〕

仁宗（愛育黎拔力八達，順宗次子，國語曰普顏篤，立九），天性慈孝，聰明恭儉，通達儒術，亦留心釋典。嘗曰：明心見性，雖以佛教爲先；然修身治國，儒道爲大。又曰：儒者之所以可尚者，以能維持三綱五常之道。平居服御質素，澹然無欲。不事游畋，不喜征伐，不崇貨利。事太后終身不違顏色，待宗親勳舊始終以體，大臣親老特加恩賚。有司奏大辟，每慘惻移時。其孜孜爲治，一遵世祖成憲云。〔註46〕

延祐七年五月，答己的「嬖幸」亦列失八（桑哥黨羽要束木之妻）與私黨宣徽使失列門、中書平章政事黑驢（亦列失八子）及剛被罷爲嶺北平章的原中書省左丞相合散等人，謀廢帝另立事發。

延祐七年五月□日，上天眷命，皇帝聖旨：朕肇登大寶，祗遹先猷，仍圖任於舊人，庶共新於治效。豈期邪黨，輒蘊私心。邇者，阿散、黑驢、禿禿哈、識列門、亦里失八等，潛結詭謀，撓亂國政。既自作於弗靖，固難逭於嚴誅。賀伯顏輕侮詔書，殊乖臣禮，不加懲創，曷示尊威。今已各正典刑，籍沒其家。於戲！惟邦國之用刑，以清群慝；俾人臣之知戒，勿蹈匪彝。咨爾有眾，體予至懷。故茲詔示，想宜知悉。〔註47〕

碩德八剌意識到此事應與太皇太后有涉，遂不待鞫狀兒悉誅之。從這一點看起來，碩德八剌比起他父親更爲強悍獨裁。所以，他對中書省宰執的調動，也顯得特別的頻繁。

〔註44〕 姚燧，《牧庵集》1〈皇太后尊號玉冊文〉，收錄於《全元文》第 9 冊（南京：江蘇古籍出版社，1998 年），卷 300，頁 370 之記載。

〔註45〕 王頲，《龍庭崇汗》13〈延祐冊立〉（海口：南方出版社，2002 年），頁 277 之論述。

〔註46〕 鄭道傳，《三峯集》12〈經濟文鑑別集〉，收錄於〔韓〕崔昌源所輯《韓國文集中的蒙元史料》（桂林：廣西師範大學出版社，2004 年），頁 580 之記載。

〔註47〕 見《大元聖政國朝典章》新集〈國典詔令·阿散等詭謀遭誅〉，頁 2207 之記載。

表 3-3　延祐七年正月至五月原任中書省大臣離職動態〔註48〕

人　物	職　務　變　動	備　註
伯答沙	（原中書右丞相），正月罷。	蒙史 4196
合　散	（原中書左丞相），二月甲子，鐵木迭兒、阿散請捕逮四川行省平章政事趙世延赴京。戊寅，司農卿完者不花言：「先帝以土田頒賜諸臣者，宜悉歸之官。」帝問曰：「所賜爲誰？」對曰：「左丞相阿散所得爲多。」五月己丑，左丞相阿散罷爲嶺北行省平章政事。戊戌，有告嶺北行省平章政事阿散、中書平章政事黑驢及御史大夫脫忒哈、徽政使失列門第與故要束謀妻亦列失八謀廢立，拜住請鞫狀，帝曰：「彼若借太皇太后爲詞，奈何？」命悉誅之，籍其家。	元史 598～602
赤斤鐵木兒	（原中書平章政事）二月辛酉，平章政事赤斤鐵木兒、御史大夫脫歡罷爲集賢大學士。	元史 598
烏伯都剌	（原中書平章政事）二月戊寅，中書平章政事兀伯都剌罷爲甘肅行省平章政事。	元史 599
阿禮海牙	（原中書平章政事）二月戊寅，中書平章政事阿禮海牙爲湖廣行省平章政事。	元史 599
亦列赤	（原中書平章政事），二月罷。	蒙史 4196
高　昉	（原中書右丞），二月出爲江湳平章。	蒙史 4196
換　住	（原中書左丞），二月丙寅，中書左丞換住罷爲嶺北行省右丞。	元史 598
欽　察	（原中書參知政事），五月辛卯，參知政事欽察罷爲集賢學士。	元史 602

從延祐四年（1317）到延祐六年（1319），中書省重要大臣的變化很小，伯答沙與合散擔任右丞相與左丞相；平章政事則有赤斤鐵木兒、阿禮海牙、烏伯都剌等。仁宗朝原中書省宰執共有十位大臣，其中九位皆被新皇帝罷黜，擔任集賢院或行省官員。只有一位參知政事張思明留在中書省，且升任中書左丞。〔註49〕

帝崩，英宗宅憂，右丞相帖木迭兒用事，日誅大臣不附己者，中外

〔註48〕見《元史》27〈英宗本紀〉，頁 598～602 正月至五月記載；另參閱屠寄，《蒙兀兒史記》第 157 卷〈宰相表〉，頁 4196 延祐六年及七年之記述。

〔註49〕見《元史》27〈英宗本紀〉，頁 598 之記載：「延祐七年二月丙寅，以陝西省平章政事趙世榮爲中書平章政事，江西行省右丞木八剌爲中書右丞，參知政事張思明爲中書左丞，中書左丞換住罷爲嶺北省右丞。」

洶洶。思明諫曰：「山陵甫畢，新君未立，丞相恣行殺戮，國人皆謂
陰有不臣之心。萬一諸王駙馬疑而不至，將奈之何，不可不熟慮也。」
眾皆危之，帖木迭兒大悟曰：「非左丞言，幾誤吾事。」〔註50〕

張思明精通律令，在仁宗朝頗受左丞相合散倚重，鐵木迭兒亦對張思明之見
解頗為賞識，所以成為中書省唯一留任之大臣。而被調職或罷黜的大臣，大
部分為鐵木迭兒所為，惟此時碩德八剌亦開始有所動作。

時右丞相鐵木迭兒貪濫譎險，屢殺大臣，鬻獄賣官，廣立朋黨，凡
不附己者必以事去之，尤惡平章王毅、右丞高昉，因在京諸倉糧儲
失陷，欲奏誅之。拜住密言於帝曰：「論道經邦，宰相事也，以金穀
細務責之可乎？」帝然之，俱得不死。鐵木迭兒復引參知政事張思
明為左丞以助己。〔註51〕

當時鐵木迭兒勢力太大，碩德八剌必須逐步與之對抗，對於中書省臣的人選
起用調任，成為雙方第一波的較勁。

表3-4　延祐七年元月至五月新任中書省大臣就職動態

人　物	職　務　變　動	備　註
鐵木迭兒	（新任中書右丞相）春正月甲辰，太子太師鐵木迭兒以太后命為右丞相。	元史 598
拜　住	（新任中書平章政事、左丞相）夏四月庚申，以太常禮儀院使拜住為中書平章政事；五月己丑，左丞相阿散罷為嶺北行省平章政事。以拜住為中書左丞相。	元史 601～602
黑　驢	（新任中書平章政事）二月壬子，以江浙行省左丞相黑驢為中書平章政事。	元史 598
趙世榮	（新任中書平章政事）二月丙寅，以陝西行省平章政事趙世榮為中書平章政事。	元史 598
乃剌忽	（新任中書平章政事）五月己丑，乃剌忽、塔失海牙並為中書平章政事。	元史 602
塔失海牙	（新任中書平章政事）五月己丑，乃剌忽、塔失海牙並為中書平章政事。	元史 602
鐵木兒脫	（新任中書平章政事）五月辛丑，以知樞密院事鐵木兒脫為中書平章政事。	元史 602

〔註50〕見《元史》177〈張思明傳〉，頁4123之記載。
〔註51〕見《元史》136〈拜住傳〉，頁3303之記載。

木八刺	（新任中書右丞）二月丙寅，江西行省右丞木八刺為中書右丞。	元史 598
張思明	（新任中書左丞）二月丙寅，參知政事張思明為中書左丞，中書左丞換住罷為嶺北行省右丞。	元史 598
只兒哈郎	（新任中書參知政事）五月己丑，只兒哈郎為中書參知政事。	元史 602

　　碩德八刺以拜住為助力，讓答己太后、鐵木迭兒首相的勢力逐漸衰退；而拜住對鐵木迭兒與張思明在中書省勢力的反擊，也有對策。

　　　　思明為盡力，忌拜住方正，每與其黨密語，謀中害之。左右得其情，乘間以告，且請備之。……在京倉漕管庫之職，歲終例應注代。時張思明亦稱疾不出，眾皆顧望。拜住雖朝夕帝前，以事不可緩，乃日坐省中謂僚屬曰：「左丞病，省事遂廢乎？」郎中李處恭曰：「金穀之職，須慎選擇，不得其人，未敢遽擬。」拜住曰：「汝為賣官之計耳。」遣人善慰思明，乃出共畢銓事。〔註52〕

　　除中書省外，御史臺、樞密院、徽政院等重要政府機構的大臣，碩德八刺也隨時更換或撤職。這些機構原本在愛育黎拔力八達時期，為安置蒙古色目保守貴族集團的肥缺美差，碩德八刺先將其下二級官署減罷七十餘署，對這些一級機構的首長造成很大的心理威脅。

表3-5　延祐七年元月至五月院臺等機構官員動態〔註53〕

人　物	動　　　　態	備　註
（四員）	（知樞密院事）春正月戊申，汰知樞密院事四員。	元史 598
脫　歡	（御史大夫）二月辛酉，御史大夫脫歡罷為集賢大學士。	元史 598
完者不花	（司農卿）二月戊寅，遂出完者不花為湖南宣慰使。	元史 599
佛　速	（司徒官）夏四月庚戌朔，追奪佛速司徒官。	元史 601
脫忒哈	（御史大夫）五月戊戌，御史大夫脫忒哈等謀廢立，命悉誅之，籍其家。	元史 602
失列門	（徽政使）五月戊戌，徽政使失列門等謀廢立，命悉誅之，籍其家。	元史 602

　　延祐七年（1320）正月，汰知樞密院事四員，這件事可能不是碩德八刺本人的決定，因為同年五月的廢立事件，包括中書省、御史臺、徽政院等官

〔註52〕見《元史》136〈拜住傳〉，頁3303之記載。
〔註53〕見《元史》27〈英宗本紀〉，頁598～602之記載。

員，並沒有樞密院大臣參與。

在政治鬥爭中，碩德八剌扮演著積極的角色。延祐七年（1320）五月，答己太皇太后的私黨徽政使失列門、中書省平章政事黑驢，聯合廣平王御史大夫禿忒哈與前中書左丞相阿散，謀廢碩德八剌，改立安王兀都不花。此事關係后黨與帝黨第二波的較勁，脫忒哈與失列門成為重要排除指標。

> 泰定改元，詔書以朶兒只中丞爲帖木迭兒所構害，命昭雪之。……
> 蕭拜住自御史中丞拜中書右丞，又拜平章政事，稍牽制之。而朶兒
> 只自侍御史拜中丞，慨然以糾正其罪爲己任。……仁宗棄羣臣，英
> 宗皇帝猶在東宮，帖木迭兒復爲丞相，乃宣太后旨，召蕭拜住、朶
> 兒只至徽政院，與徽政使失里門、御史大夫禿忒哈雜問之，責以前
> 違太后旨之罪。〔註54〕

脫忒哈是玉昔帖木兒第三子，木剌忽之弟。玉昔帖木兒家族長期出任御史大夫職務，除木剌忽出任知樞密院事外，玉昔帖木兒、禿忽赤、脫忒哈皆曾任御史大夫。由於玉昔帖木兒與禿忽赤兄弟均在鐵穆耳時期過世，木剌忽襲父爵爲右翼萬戶，至大四年（1311）任知樞密院事，皇慶元年（1312）封廣平王。木剌忽可能在延祐年間過世，脫忒哈襲封廣平王。

> 延祐六年十二月十一日，欽奉聖旨：
> 中書省爲頭內外大小諸衙門官人每根底，眾百姓每根底，宣諭的
> 聖旨：世祖皇帝立御史臺，……今命月呂魯那演子廣平王脫禿哈，
> 塔察兒大夫孫帖木兒不花，爲御史大夫。……凡有合行事理，照
> 依立御史臺以來累降條畫、聖旨體例，行者。欽此。〔註55〕

脫忒哈於延祐六年十二月十一日（1320.1.21）以廣平王身份出任御史大夫，當時碩德八剌已受命參決國政，愛育黎拔力八達則在下個月崩逝。

碩德八剌當皇帝的意願似乎頗強，雖然在愛育黎拔力八達初期，當他被提名爲皇太子候選人時，有所推辭。

> 仁宗欲立爲太子，帝入謁太后固辭，曰：「臣幼無能，且有兄在，宜
> 立兄，以臣輔之。」太后不許。〔註56〕

〔註54〕虞集，《雍虞先生道園類稿》40〈楊襄愍公神道碑〉，收錄於《全元文》第 27
冊（南京：鳳凰出版社，2004 年），卷 874，頁 265～266 之記載。

〔註55〕趙承禧編輯，《憲臺通紀》收錄於洪金富點校之《元代臺憲文書匯編》（台北：
中央研究院歷史語言研究所），頁 69 之記載。

〔註56〕見《元史》27〈英宗本紀〉，頁 597 之記載。

碩德八剌深受愛育黎拔力八達的影響，在還沒登大位之前，頗內斂。然一旦掌權則對臣下展現其威權，愛育黎拔力八達迅速誅殺尙書省大臣，碩德八剌則慢條斯理地一一排除，其即位時年僅十八歲，時間應該是站在他這邊。

> 仁宗自居潛邸，喜聞民間利病，臣下能否，公番直未嘗失時，出入尤謹禮節，上察識之。……英宗臨朝，威嚴若神，延臣慄慄畏懼，公以清謹，愈見親信。〔註57〕

年輕的皇帝，透過表象可以看到其複雜的雙重人格。一方面，碩德八剌有著繼承其父愛育黎拔力八達儒治改革的氣魄；另一方面，他又急切要求建立無上的權威，而答己太后與鐵木迭兒正是他藉以樹立權威的工具。當然，雙方勢力的差異仍爲懸殊，碩德八剌必須耐心等待，直到鐵木迭兒與答己相繼去世，碩德八剌才可能有所作爲。〔註58〕

第二節　相權的變革

愛育黎拔力八達認爲可承擔大任的蒙古人並不多，他極力要把色目人當成蒙古人，使有能力、有才識的色目人與漢人，成爲政府裏的重要大臣。在他對培養人才的國子監訓示裏，直指不忽木爲蒙古人，就是最積極的表示。

> （至大四年閏七月己未），詔諭省臣曰：「國子學，世祖皇帝深所注意，如平章不忽木等皆蒙古人，而教以成材。朕今親定國子生額爲三百人，仍增陪堂生二十人，通一經者，以次補伴讀，著爲定式。」
> 〔註59〕

在一開始的中書省平章政事任命中，完澤（色目人）與李孟（漢人）似乎是愛育黎拔力八達與答己的妥協結果；而鐵木迭兒則是答己的個人私心所致。雖然鐵木迭兒不是皇帝喜歡的首相，但他的蒙古人統治集團身分卻很有作用，可以讓愛育黎拔力八達達成多項任務。上節所論述的壓制諸王貴族的特權裏，鐵木迭兒即成爲皇帝最佳助手。本節所論鐵木迭兒再度在帝位繼承中，協助愛育黎拔力八達可汗排擠阿思罕等蒙古勳貴，並封海山之子和世㻋爲周王，調離京師，惟鐵木迭兒也因此獲得更大權力。此時，君相相互利用價値

〔註57〕蘇天爵，《滋溪文稿》12〈元故榮祿大夫御史中丞贈推誠佐治濟美功臣河南行省平章政事冀國董忠蕭公墓誌銘〉，頁 192～193 之記載。
〔註58〕王頲，《龍庭崇汗》13〈延祐冊立〉，頁 285 之論述。
〔註59〕見《元史》24〈仁宗本紀〉，頁 545 之記載。

完畢，權力鬥爭亦從此開始白熱化，但相權始終無法對君權形成威脅。〔註60〕

鐵木迭兒是元朝中葉蒙古保守貴族勢力的典型代表，拜住則是蒙古貴族中分化出來的完全不同的另一種類型。作爲四大家族東平王的後代，其文化水準自然較一般蒙古人高出一截，而且他們數代以來與具有悠久文化傳統的漢族士大夫集團又有長年密切的交往與合作，這個背景自然與皇帝碩德八剌有更多的共同語言。因此，碩德八剌在當太子時，就對拜住極有好感。

在君尊臣卑原則的影響下，相權不可能與君權處於平等地位，但在元代，君相關係卻一直比較明顯地體現著「委任責成」的特點。中書議政皆由「國相」拍板定議。所謂國相，主要是指蒙古大臣擔任的丞相，尤其是右丞相。右丞相作爲首相，地位最高，權力也最重。在很多時候，皇帝對宰相的委任責成，主要就體現在右丞相身上。

元朝宰相員額雖多，但地位差別很大，真正握有重權者不過一二人。中書省的相權，並不平均分配，而主要體現在右丞相等一二名宰相身上。雖有多相制形式，實際上仍然是獨相制或並相制。在皇位更迭時期，這種地位和作用表現的特別突出。在某些「權相」身上，這種地位合作用也表現得尤其明顯。阿合馬、桑哥、鐵木迭兒、脫脫四人，雖然被稱爲「權相」，但他們的權力並沒有對君權構成真正的威脅。

上述四位權相，他們的權力都是孳生於君權的，與君權並沒有明顯衝突。燕鐵木兒、伯顏二人權侔人主，是元朝相權在特殊環境下惡性膨脹的結果。元朝政治體制中的確存在著很多金代所無或不明顯的因素，有些是明文規定的制度，有些則是在逐步制度化，它們都對宰相專權極爲有利。這些因素主要有：皇帝不行常朝，不得隔越中書奏事，議政宰相定議，少數宰相入宮奏稟，宰相兼三公，宰相干預樞密院事務，宰相兼領衛軍，宰相直接監督六部事務，宰相入總宿衛、出理機務等等。從制度上對宰相專權所做的限制很少，所以御史臺在與宰相的鬥爭中，大多數時間處於下風，對那些權相往往顯得無能爲力，宰相還把自己的勢力伸入御史臺內，力圖控制並引導它爲自己服務。〔註61〕

〔註60〕 張帆，《元代宰相制度研究》（北京：北京大學出版社，1997年），頁203～217之論述。

〔註61〕 蕭功秦，〈英宗新政與南坡之變〉載於《元史論叢》第2輯（北京：中華書局，1983年），頁147之論述。

一、鐵木迭兒權勢之演進與衰退

在海山時期，最顯赫的是蒙古博爾忽家族。作爲博爾忽家族第四代的月赤察兒是顯赫的開始，接下來他的長子塔剌海受到海山可汗的重用，取代哈剌哈孫成爲帝國的首相。

> 觚頭，抹開公主所生。六歲時，裕聖皇后命侍武宗。武宗出撫北軍，年十八。今上淵潛時，領府中四怯薛大官，服奉御。是年六月，特受榮祿大夫、宣徽使。九月，加儀同三司、右丞相，仍賜江南良田萬畝。奏曰：「臣首受此田，指以求賜者多矣。臣願還田縣官。」有敕依。至大元年二月，加階開府，兼尚服使。九月，加中政使。十月，拜太師，兼前衛親軍督指揮使、阿速衛指揮使、左都威衛使，丞相、宣徽、尚服、中政等使如故。十一月，上面諭曰：「公祖父宣力我家，公之輔朕，克謙克謹，小心範物。今旌德錄功，爵公爲郡王，已敕主者施行。」奏曰：「臣年德俱少，所領事多，恒懼獲罪，王爵至重，臣不敢受。」上曰：「公辭之良是，然誰如公？」乃賜海東、白鶻、文豹。二年，兼知樞密院事。三月二月，加錄軍國重事。五月，左右部諸王宗戚大會於上都。會歸，例皆有賜，而舊分忠武王黃金五十兩、白金二千五百兩、錦綺五段。上曰：「特賜太師如其父分。」奏曰：「父所受已重，釀賞何可滂沛臣家？」準奏。十月，上命爲尚書省大丞相。奏曰：「尚書省銓選刑名，非臣所諧，乞請新命。」上悦其誠，聽焉。今上之初，詔曰：「公輔先帝，盡忠無隱，廉介貞白。今命公嗣父掌怯薛。」皇慶改元正月，佩父印，嗣淇陽王。制下，階仍開府儀同三司。夫人八藍答里公主，楚王牙忽都之女也。〔註62〕

在塔剌海積勞成疾而去世後，月赤察兒的三子觚頭最受到重視，在父兄的威望與餘蔭下，成爲帝國最受矚目的世勳代表。《元史》110〈三公表〉之記載：「太師，至大四年：脫兒赤顏；皇慶元年：阿撒罕；皇慶二年：阿撒罕。」另同書 24〈仁宗本紀〉之記載：「皇慶元年春正月甲辰，授太師、錄軍國重事、知樞密院事脫兒赤顏開府儀同三司，嗣淇陽王。」另同書 31〈明宗本紀〉記載：「延祐三年，是年冬十一月，帝次延安。先是，阿思罕爲太師，鐵木迭兒奪其位，出之爲陝西行省丞相。」由上述可知，觚頭、脫兒赤顏、阿撒罕、

〔註62〕元明善，《清河集》第 2 卷〈太師淇陽忠武王碑〉，收錄於《全元文》第 24 冊（南京：江蘇古籍出版社，2001 年），卷 759，頁 337～338 之記載。

阿思罕為同一人。

瓜頭於至大元年八月二十二日（1308.9.7），拜太師（一個月前，其父太師淇陽王月赤察兒請求王府置王傅，遭到中書省駁回，可能海山特別補償其家族的封賞）。此刻這對父子一在漠北，一在朝廷，而且皆是大元帝國太師。此創舉，也彌補了月赤察兒四個月前失去長子塔剌海的遺憾。月赤察兒於至大四年九月九日（1311.10.21）病逝後，瓜頭又成為唯一的太師。他的名字從瓜頭改為脫兒赤顏，又再改為阿撒罕或阿思罕。〔註63〕

表3-6　至大元年至延祐三年太師重要記事〔註64〕

時　　間	人　物	內　　　　容	備　註
至大元年七月甲申	月赤察兒	太師淇陽王月赤察兒請置王傅，中書省臣謂異姓王無置王傅例，不許。	元史501
至大元年八月戊申	瓜　頭	特授瓜頭太師。	元史502
至大元年十月庚寅	瓜　頭	為太師瓜頭建第，給鈔二萬錠。	元史503
至大二年八月甲戌	瓜　頭	賜太師瓜頭名脫兒赤顏。	元史514
至大二年十二月乙卯	月赤察兒	和林省右丞相、太師月赤察兒言：「臣與哈剌哈孫答剌罕共事時，錢穀必與臣議。自哈剌哈孫沒，凡出入不復關聞，予奪失當，而右丞曩家帶反相凌侮，輒託故赴京師。」有旨：「其鎖曩家帶詣和林鞫之。」	元史519
至大三年六月戊辰	月赤察兒	賜太師淇陽王月赤察兒清州民戶萬七千九百一十九。	元史525
至大四年三月丁酉	月赤察兒	命月赤察兒依前太師，宣徽使鐵哥為太傅，集賢大學士曲出為太保。	元史540
皇慶元年正月甲辰	脫兒赤顏	授太師、錄軍國重事、知樞密院事脫兒赤顏開府儀同三司，嗣淇陽王。	元史549
延祐二年十月丁酉	鐵木迭兒	加授鐵木迭兒太師。	元史571
延祐三年冬十一月	阿思罕	先是，阿思罕為太師，鐵木迭兒奪其位，出之為陝西行省丞相。	元史694

〔註63〕杉山正明，〈大元ウルスの三大王國——カイシャンの奪權とその前後——〉（上）載於《京都大學文學部研究紀要》第34號（京都：京都大學文學部，1995年），頁124～128之論述。

〔註64〕杉山正明，〈大元ウルスの三大王國——カイシャンの奪權とその前後——〉（上）載於《京都大學文學部研究紀要》第34號（京都：京都大學文學部，1995年），頁126～127之論述。

　　鐵木迭兒在延祐二年十月二十二日（1315.11.19），以中書右丞相、總宣政院事身份，被授與太師榮銜；原太師阿思罕調離中央，出任陝西行省左丞相。阿思罕就是瓜頭，原先被賜稱為脫兒赤顏。阿思罕在陝西行省鬱鬱不得志，父兄過世後，雖仍有兄弟在朝為官，但身為許兀慎博爾忽家族的支柱，多年最尊貴的蒙古世勳，一旦貶至邊陲，自然無法適應。

　　延祐三年（1316）十一月，在阿思罕任陝西行省左丞相剛滿一年之際，海山的長子和世琜，帝國未來皇位的繼承人，被封為周王，就國雲南。在行經陝西行省之際，一位過去的太師；一位未來的天子，發現雙雙被驅離了中央。他們連絡海山舊臣，準備起兵奪回失去的政權，阿思罕渡河進兵山西。

> 陝西行省丞相阿思罕為亂，舉兵至河中。時事起不虞，達魯花赤朵兒只趨晉寧告亂，天孚日夜治戰守具，選丁壯，分守要害。令河東縣達魯花赤脫因都守大慶關津口，盡收船舫東岸。令判官孫伯帖木兒守汾陰，推官程謙守禹門，河東縣尹王文義守風陵等渡。阿思罕軍列柵河西岸，使來索舟，天孚度不能拒，凡八遣人至晉寧乞援兵，不報。居七日，阿思罕縛栰河上，欲縱火屠城，同知府事鐵哥，與河東廉訪副使明安答見事急，且患城中人俑，乃詣阿思罕軍，阿思罕囚之，而斂船濟兵。兵既入城，阿思罕以扼河渡、鎖舟楫為天孚罪，欲脅使附己。方坐府治，號令諸軍，天孚佩刀直前，眾遏之，不得進。退謂幕僚王從善等曰：「吾家本微賤，荷朝命至此，今不幸遭大變，吾何忍從之，而負上恩哉！且與其辱於阿思罕之手，吾寧蹈河死。」遂拂衣出。時天寒，河冰方堅，天孚拔所佩刀斫冰開，北望為國語若祝謝者，再拜已，脫衣帽岸滸，乃投水中。阿思罕大怒，籍其家。郡人咸哀痛之。〔註65〕

延祐三年（1316）三月甲寅，和世琜一行就國雲南，九日後的三月癸亥，愛育黎拔力八達往上都巡行。和世琜則在赴雲南行途中舉事，依據《元史》明宗本紀記載，和世琜一行從大都出發，八個月後的延祐三年十一月，他們到達陝西延安後，展開一個規模不大的兵變。

　　這時候，海山的舊臣來會。原翰林侍講學士、被任命兼周王府常侍，扈從雲南的教化說：「天下，是我武皇帝的天下。」當時，陝西行省丞相是東方系許兀慎族，當時居淇陽王位的瓜頭（阿思罕、阿撒罕）是也。此瓜頭即是阿思罕，

〔註65〕見《元史》193〈忠義列傳・劉天孚〉，頁4386～4388之記載。

從明宗本紀可知其在延祐二年之前任太師。阿思罕遭答己太后寵臣鐵木迭兒奪太師一職，並奉命出任陝西行省丞相。在阿思罕失去太師位赴陝西之約略同時，和世㻋亦喪失皇太子之位，並奉派出鎮雲南。愛育黎拔力八達政權意圖打壓海山派的阿思罕，並想逐走和世㻋，目的是要掃除海山勢力餘孽。

此連串事件，很可能是早就事先安排好的。據《元史‧明宗本紀》，遙授中書左丞相禿忽魯，以和世㻋的周王府首席常侍身分，隨侍赴雲南；但依《元史‧仁宗本紀》，他是在延祐三年十二月被任命爲陝西行省左丞相。而和世㻋是在十一月抵延安，故而教化的京兆行，阿思罕的舉兵、東征、戰死，以及禿忽魯的任命等事件，都是在一個月內接連發生之事。愛育黎拔力八達封和世㻋爲周王的眞正用意，是要將他跟另一麻煩人物阿思罕綁在一起，成爲在陝西叛亂的亂賊。從阿思罕遭左遷起一年所發生的連患事件，皆是爲了策立碩德八剌爲太子（即掃除海山餘黨）而做的佈局。延祐四年（1317）正月十日頒「赦罪之詔」，詔告和世㻋、阿思罕不軌、搆亂，而叛賊阿思罕、教化與徹里哥思等遭斬首，並自誇「隆平之治」而大赦天下。翌月，即頒下「建儲之詔」，下令免稅，並賜諸王金銀以示慶。〔註66〕

奈何他們已經中計，最後，阿思罕被出賣而遭誅殺；和世㻋則狼狽西奔察合台汗國。愛育黎拔力八達立己子碩德八剌爲太子的心願；還有鐵木迭兒的太師之夢，就在聯手合作下完成。

延祐四年一月十日（1317.1.23），愛育黎拔力八達頒布「赦罪詔」，強調海山長子和世㻋受到奸臣蠱惑作亂，現在內亂已經平定，故頒詔大赦天下。此舉表示和世㻋已喪失帝位繼承資格，而國家正朝「隆平之治」邁進。

> 延祐四年正月初十日，上天眷命皇帝聖旨：朕仰惟太祖皇帝聖訓，若曰應天順人，惟以至誠，保安天下。宜遵正道，重念列聖繼承丕祚。我世祖皇帝混一之初，顧予菲德，懼弗克荷，不遑寧處。比者，忽失剌年屬幼弱，聽信憸人阿思罕等謀爲不軌，搆亂我家。已爲陝西行省行臺管軍官等，將叛賊阿思罕、教化、徹里哥思等斬首以徇。其同謀及脅從者，欲盡加誅，有所不忍。推曠蕩之恩，開以自新之路。可大赦天下，自延祐四年正月初十日昧爽以前，除殺祖父母、

〔註66〕杉山正明，〈大元ウルスの三大王國——カイシャンの奪權とその前後——〉（上）載於《京都大學文學部研究紀要》第 34 號（京都：京都大學文學部，1995 年），頁 124～128 之論述。

父母，不赦外，其餘常赦所不原者，罪無輕重，咸赦除之。於戲！

赦過宥罪，惟期反側之安；發政施仁，聿底隆平之治。〔註67〕

延祐四年閏一月十八日（1317.3.2），愛育黎拔力八達可汗正式將冊立己子碩德八剌爲皇太子之事詔告天下。而在二個月前，當陝西之亂告一段落時，愛育黎拔力八達可汗已達成心願，其立皇太子之儀式，甚至有諸王宗戚、親王大臣參與朝會，並特別賜予金銀鈔等。爭取認可之心，昭然若彰。〔註68〕

鐵木迭兒（Temuder），蒙古族人，木兒火赤之子。從忽必烈時期開始，鐵木迭兒就是怯薛成員。鐵穆耳可汗時期，開始「出任使，服官政」，但皆以擔任皇室內務相關職務爲主，如同知宣徽院事、通政院使等職。〔註69〕

海山即位，鐵木迭兒先任宣徽使；次年，出爲行省官員，先後擔任江西行省平章政事與雲南行省左丞相。鐵木迭兒與答己皇太后有著不尋常關係，這讓他爲官行事皆肆無忌憚，竟擅離職守，而其與尚書省關係亦甚惡劣。但在海山可汗英年駕崩，而答己皇太后的強勢干政，而鐵木迭兒以蒙古世勳家族，且靠皇太后之寵信，遂讓其有機會展開首相生涯。〔註70〕

〔註67〕見《大元聖政國朝典章》第1卷〈詔令·赦罪詔〉，頁18～19之記載。
〔註68〕見《元史》26〈仁宗本紀〉2記載：「延祐三年十二月丁亥，立皇子碩德八剌爲皇太子，兼中書令、樞密使，授以金寶，告天地宗廟。陞同知樞密院事床兀兒知樞密院事。諸王按灰部乏食，給米三千一百八十六石濟之。」另見同書〈仁宗本紀〉3記載：「延祐四年春正月閏月丙戌，以立皇太子詔天下，給賜鰥寡孤獨鈔，減免各路租稅有差。賜諸王、宗戚朝會者，金三百兩、銀二千五百兩、鈔四萬三千九百錠。」另見《大元聖政國朝典章》第1卷〈詔令·建儲詔〉記載：「延祐四年閏正月，上天眷命皇帝聖旨：朕荷上天之鴻佑，纂列聖之丕緒，比承皇太后慈訓。若稽世祖皇帝成憲，深爲國本，宜建儲嗣，親王大臣僉言允同。皇子碩德八剌地居嫡長，天錫仁孝，可以主重器、奉宗祧。已於延祐三年十二月十九日授以金寶，立爲皇太子，中書令、樞密使，一如舊制。其有司，備立冊命，因茲盛舉，庸布新條。於戲！萬國以貞允屬，元良之重四方。其訓永建太平之基，咨爾臣民體予至意。故茲詔示，想宜知悉。」
〔註69〕見《元史》87〈百官志〉3記載：「宣徽院，掌供玉食。凡稻粱牲牢酒醴蔬菓庶品纖物，燕享宗戚賓客之事，及諸王宿衛、怯憐口糧食，蒙古萬戶、戶戶合納差發，係官抽分，牧養孳畜，歲支芻草粟菽，羊馬價值，收受闌遺等事，與尚食、尚藥、尚醞三局，皆隸焉。所轄內外司屬，用人則自爲選。皇慶元年，增院使三員，始定怯薛丹一萬人，本院掌其給授。」同書88〈百官志〉4記載：「通政院，國初，置驛以給使傳，設脫脫禾孫以辨奸僞。至元七年，初立諸站都統領使司以總之。十三年，改通政院。十四年，分置大都、上都兩院；二十九年，又置江南分院；大德七年罷。至大四年罷，以其事歸兵部。是年，兩都仍置，止管達達站赤。延祐七年，仍兼領漢人站赤。」
〔註70〕屠寄，《蒙兀兒史記》（台北：鼎文書局，1994年），頁2899～2900論述：「鐵

　　鐵木迭兒在歷史上評價很低，《元史》甚至把他列入〈姦臣列傳〉裏，與阿合馬、桑哥等並列。其實，鐵木迭兒並非理財之臣，他是蒙古人中頗有統馭能力的政府首長人選，與哈剌哈孫類似，祇不過道德操守差距太大而已。〔註71〕

　　鐵木迭兒首度出任中書右丞相時，愛育黎拔力八達尚未即位，後來只得承認其任首相之事實。鐵木迭兒行事學習哈剌哈孫，每年夏季，皇帝幸上都時留守大都；而對中書省內之左右司六部，展開整頓。他不僅建立首相尊榮與權威，且有強烈攬權之企圖心，所以在皇慶元年三月三日（1312.4.5）以病為愛育黎拔力八達所罷，這是他第一次罷相。

> 皇太后在興聖宮，已有旨，召鐵木迭兒為中書右丞相。踰月，仁宗即位，因遂相之。及幸上都，命鐵木迭兒留守大都，平章完澤等奏：「故事，丞相留治京師者，出入得張蓋。今右丞相鐵木迭兒大都居守，時方盛暑，請得張蓋如故事。」許之。……皇慶元年三月，鐵木迭兒奏：「臣誤蒙聖恩，擢任中書，年衰且病，雖未能深達政體，思竭忠力，以圖報效，事有創行，敢不自勉，前省弊政，方與更新。欽惟列聖相承，混一區宇，日有萬幾，若非整飭，恐致解弛。繼今朝夕視事，左右司六部官有不盡心者，當論決，在不悛者，黜必敘，其有託故僥倖他職者，亦不敘。」仁宗是其言。既而以病去職。〔註72〕

延祐元年（1314）九月，鐵木迭兒第二度回任中書右丞相；同年十二月，李孟也回任中書平章政事。李孟回任的職責是為了科舉之進行；鐵木迭兒的回任是為了驅離和世㻋與阿思罕在中央的勢力。這兩件事，李孟與鐵木迭兒均不負愛育黎拔力八達之期望，二項任務均達成。

> 木迭兒，巴阿鄰分族速客訥氏，曾祖速客該者溫，祖不憐吉觲。不憐吉觲二子，長忽魯不花，中統初，立中書省，首拜左丞相之命，兼中書都斷事官；次木兒火赤，怯薛官。鐵木迭兒，木兒火赤之子也。以便辟善取容，逮事忽必烈汗。海山汗殂，八達汗居憂東宮，而興聖太后已有懿旨，召鐵木迭兒入為中書右丞相。」

〔註71〕蕭啟慶，〈元中期政治〉載於《劍橋中國遼西夏金元史》頁603註1論述：「竇德士認為鐵木迭兒是『忽必烈朝理財之臣的繼承者』（征服者與儒士，第37頁）。但是，阿合馬和桑哥原來都是蒙古統治機構之外的人，因為他們具有理財能力而被忽必烈所信任。鐵木迭兒與他們不同，他原來已經是統治機構中的一員，他的掌權與財政事務全無干係。」

〔註72〕見《元史》205〈姦臣列傳・鐵木迭兒〉，頁4577之記載。

延祐改元，丞相哈散奏：「臣非世勳族姓，幸逢陛下爲宰相，如丞相
鐵木迭兒，練達政體，且嘗監修國史，乞授其印，俾領翰林國史院，
軍國重務，悉令議之。」仁宗曰：「然。卿其啓諸皇太后。與之印，
大事必使預聞。」遂拜開府儀同三司、監修國史、錄軍國重事。居數
月，復拜中書右丞相，合散爲左丞相。鐵木迭兒奏：「蒙陛下憐臣，
復擢爲首相，依阿不言，誠負聖眷。比聞内侍隔越奏旨者眾，倘非禁
止，政治實難。請敕諸司，自今中書政務，毋輒干預。又往時富民，
往諸蕃商販，率獲厚利，商者益眾，中國物輕，蕃貨反重。今請以江
浙右丞曹立領其事，發舟十綱，給牒以往，歸則征稅如制；私往者，
沒其貨。又，經用不給，苟不預爲規畫，必至愆誤。臣等集諸老議，
皆謂動鈔本，則鈔法愈虛；加賦稅，則毒流黎庶；增課額，則比國初
已倍五十矣。惟預買山東、河間運使來歲鹽引，及各冶鐵貨，庶可以
足今歲之用。又，江南田糧，往歲雖嘗經理，多未覈實。可始自江浙，
以及江東、西，宜先事嚴限格、信罪賞，令田主手實頃畝狀入宮，諸
王、駙馬、學校、寺觀亦令如之；仍禁私匿民田，貴戚勢家，毋得沮
撓。請敕臺臣協力以成，則國用足矣。」仁宗皆從之。……明年，鐵
木迭兒奏：「天下庶務，雖統於中書，而舊制，省臣亦分領之。請以
錢帛、鈔法、刑名，委平章李孟、左丞阿卜海牙、參政趙世延等領之。
其糧儲、選法、造作、驛傳、委平章張驢、右丞蕭拜住、參政曹從革
等領之。」得旨如所請。七月，詔諭中外，命右丞相鐵木迭兒總宣政
院。十月，進位太師。十一月，大宗正府奏：「累朝舊制，凡議重刑，
必決於蒙古大臣，今宜聽於太師右丞相。」從之。〔註73〕

延祐四年（1317）閏正月，詔告天下，碩德八剌已立爲皇太子。此事已告一
段落，科舉亦已舉行。同年六月，在内外監察御史四十餘人彈劾之下，鐵木
迭兒二度下臺；次月，李孟亦隨之下臺。

　　在此次鐵木迭兒、李孟任職中書省期間，鐵木迭兒將中書省做了規劃，
一方面對各地行中書省，尤其是江南，推行「經理」；另一方面，將中書省臣
的職務劃分清楚。後者，使得首相的職權更爲擴張，「合議制」變爲「首長制」，
其他宰執成爲首相的僚屬。在愛育黎拔力八達當政時期，除了鐵木迭兒以外，
曾經有合散、禿忽魯、伯答沙三位中書右丞相。這三位中書右丞相在專制君

〔註73〕見《元史》205〈姦臣・鐵木迭兒傳〉，頁 4577～4578 之記載。

王面前，卻無法同鐵木迭兒一樣，有著可以匹敵的相權。

合散，回回人。和其他回回能臣一樣，合散對理財頗有一套，尤其是屯田事宜最爲專精。所以合散以技術官僚身分爲可汗所重用，一路當到首相之位。至元二十九年六月，大寧路惠州（今內蒙古寧城西南）連年旱澇，加以役繁，民餓死者五百人，詔給鈔二千錠及糧一月賑之，仍遣使責遼陽省臣合散。合散第一次出現在政治舞台上，就受到譴責，似乎是不祥之兆，預示他二十八年後將遭到殺身之禍的冤案！但合散並未因此是受責而影響其官位與工作。

元貞元年（1295）七月，立肇州（今屬黑龍江省）屯田萬戶府，以遼陽行省左丞合散領其事。說明他有領導軍事屯田的能力，對當地的農業生產作出了一定貢獻。大德九年（1306）五月，復立洪澤（今安徽湖泊）、芍陂（今安徽壽縣南安豐塘）屯田，合散以河南行省平章領其事。

如前所述，合散在遼陽行省任左丞時，曾管領肇州屯田萬戶府事，可見他對屯田事業很有管理才能。次年閏正月，合散調入中書省任平章政事，海山即位後又出任遼陽行省平章。〔註74〕

表3-7　仁宗愛育黎拔力八達政權的中書右丞相

時　　間	人　物	史　料　記　載	任　期
至大四年正月丁酉	鐵木迭兒（蒙古）	以雲南行中書省左丞相鐵木迭而爲中書右丞相（537）	2 年
皇慶二年正月丁未	禿忽魯（蒙古）	以太府卿禿忽魯爲中書右丞相（555）	1 年 1 月
延祐元年二月壬午	合　散（色目）	以合散爲中書右丞相、監修國史（563）	7 月
延祐元年九月己巳	鐵木迭兒（蒙古）	復以鐵木迭兒爲右丞相，合散爲左丞相（566）	3 年 9 月
延祐四年六月戊申	合　散（色目）	鐵木迭兒罷，以左丞相合散爲中書右丞相（579）	3 月
延祐四年九月丙寅	伯答沙（蒙古）	制以宣徽使伯答沙爲中書右丞相，合散爲左丞相（580）	2 年 4 月
延祐七年正月甲辰	鐵木迭兒（蒙古）	太子太師鐵木迭兒以太后命爲右丞相。（598）	

禿忽魯（Tuglug），一名禿魯，是蒙古勳貴，怯烈氏。祖父孛魯歡是憲宗

〔註74〕楊志玖，《元代回族史稿》（天津：南開大學出版社，2003 年），頁 204 之論述。

蒙哥可汗的中書右丞相（必闍赤）；父親也先不花爲眞金太子王傅，成宗時，
曾任湖廣行中書省左丞相；叔叔答失蠻爲第一怯薛必闍赤，成宗時，曾任內
八府宰相；弟弟怯烈在大德晚年擔任中政院使，爲卜魯罕皇后的親信。禿忽
魯家族在整個蒙元時代，有著很大的勢力。〔註75〕

　　禿忽魯初爲宗正的大斷事官（也可扎魯忽赤），至大元年（1308）十月，
以中書右丞轉任知樞密院事；皇慶二年（1313）正月，由太府卿拜中書右丞
相。在擔任中書右丞相期間，禿忽魯常以災變提出辭呈，但都沒有獲得皇帝
的允許。延祐元年（1314）二月，合散擔任中書丞相，禿忽魯於十一月復知
樞密院事。

> 武宗崩，仁宗立，延祐三年春，議建東宮，時丞相鐵木迭而欲固位
> 取寵，乃議立英宗爲皇太子，又與太后幸臣識烈門譖帝於兩宮，浸
> 潤久之，其計遂行。於是封帝爲周王，出鎮雲南。置常侍府官屬，
> 以遙授中書左丞相禿忽魯、大司徒斡耳朵、中政使尚家奴、山北遼
> 陽等路蒙古軍萬戶孛羅、翰林侍講學士教化等並爲常侍，中衛親軍
> 督指揮使唐兀、兵部尚書賽罕八都魯爲中衛，仍置諮議、記室各二
> 員，遣就鎮。是年冬十一月，帝次延安，禿忽魯、尚家奴、孛羅及
> 武宗舊臣氂日、沙不丁、哈八兒禿等皆來會。〔註76〕

延祐三年（1316）三月，愛育黎拔力八達封和世㻋（海山之子）爲周王，置
常侍府，秩正二品。設常侍七員，中尉四員，諮議、記室各二員。史料有紀
錄的常侍有禿忽魯、斡耳朵、尚家奴、孛羅、教化、伯顏等六人。周王行至
陝西，教化與陝西行省左丞相阿思罕（月赤察兒之子脫兒赤顏）謀舉兵，事
敗，阿思罕與教化死之，周王奔金山。當時，禿忽魯以知樞密院出任陝西行
省左丞相，可能主要任務是處理阿思罕叛亂事件。

〔註75〕見《元史》134〈也先不花傳〉，頁 3266～3268 之記載：「也先不花，蒙古怯
　　　　烈氏。昔剌斡忽勒早世，其子孛魯歡幼事睿宗，入宿衛。憲宗即位，與蒙哥
　　　　撒兒密贊謀議，拜中書右丞相，遂專國政。賜眞定之束鹿爲其食邑。至元元
　　　　年，以黨附阿里不哥論罪伏誅。子四人：長曰也先不花，次曰木八剌，初立
　　　　御史臺，爲中丞；次曰答失蠻，累至銀青光祿大夫；次曰不花帖木兒，拜榮
　　　　祿大夫、四川省平章政事。也先不花初世其職，爲必闍赤長。裕宗封燕王，
　　　　世祖命也先不花爲之傅。子五人：曰亦憐眞，曰禿魯，曰答思，曰怯烈，曰
　　　　按灘。禿魯，歷事四朝，起家宗正府也可扎魯花赤，拜開府儀同三司、中書
　　　　右丞相、御史大夫、太傅、錄軍國重事。」
〔註76〕見《元史》31〈明宗本紀〉，頁 693～694 之記載。

> 伯答沙幼入宿衛，爲寶兒赤。歷事成宗、武宗，由光祿少卿擢同知宣徽院事，陞銀青光祿大夫、宣徽院使，遙授左丞相。武宗崩，護梓宮葬于北，守山陵三年，乃還。仁宗即位，眷顧益厚。延祐二年，拜中書右丞相。時承平日久，朝廷清明，君臣端拱廟堂之上，而百姓乂安於下，一時號稱極治。〔註77〕

伯答沙（Baidasa），蒙古察哈札剌兒氏，忙哥撒兒之孫，帖木兒不花子。鐵穆耳與海山時期，伯答沙都擔任要重的怯薛。海山駕崩，伯答沙固守山陵三年之久，回朝後，仍擔任宣徽使，延祐四年（1317）九月，出任愛育黎拔力八達政權的最後一任首相。

　　合散、禿忽魯、伯答沙三人皆謹慎忠厚，在政務上惟皇帝馬首是瞻，對一般庶務採授權方式處理，乃愛育黎拔力八達心目中理想的首相人選。但處於答己皇太后及鐵木迭兒的政治勢力下，合散二度以非蒙古世勳，懇辭首相職位；禿忽魯則數度以災異懇辭首相職務；伯答沙則較爲清慎寬厚，以清廉自持，端拱廟堂之上，無爲而治。與鐵木迭兒的攬權相比，不啻有天壤之別。

表3-8　禿忽魯、合散、伯答沙等首相之施政理念比較〔註78〕

首　相	史　料　記　載	頁　碼
禿忽魯 （蒙古）	皇慶二年春正月丁未，以太府卿禿忽魯爲中書右丞相。二月辛巳，詔以錢糧、造作、訴訟等事悉歸有司，以清中書之務。三月壬子，禿忽魯言：「臣等職專燮理，去秋至春亢旱，民間乏食，而又陰霜雨沙，天文示變，皆由不能宣上恩澤，致茲災異，乞黜臣等以當天心。」帝曰：「事豈關汝輩耶？其勿復言。」六月己未朔，京師地震。癸亥，禿忽魯等以災異乞賜放黜，不允。延祐元年春正月庚戌，中書省禿忽魯等以災變乞罷免，不允。二月壬午，以合散爲中書右丞相。	555～563
合　散 （色目）	延祐元年二月壬午，以合散爲中書右丞相、監修國史。	563
	延祐改元，丞相合散奏：「臣非世勳族姓，幸逢陛下爲宰相，如丞相鐵木迭兒，練達政體，且嘗監修國史，乞授其印，俾領翰林國史院，軍國重務，悉令議之。」仁宗曰：「然。卿其啓諸皇太后。與之印，大事必使預聞。」遂拜開府儀同三司，監修國史、錄軍國重事。居數月，復拜中書右丞相，合散爲左丞相。	4577
	延祐元年九月己巳，復以鐵木迭兒爲右丞相，合散爲左丞相。多十月乙未，敕：「吏人轉官，止從七品，在選者降等注授。」申飭內侍及諸司隔越中書奏請之禁。	566

〔註77〕　見《元史》124〈伯答沙傳〉，頁3058之記載。
〔註78〕　見《元史》24、25、26〈仁宗本紀〉；同書124〈伯答沙傳〉；同書134〈也先不花傳‧禿魯傳〉；同書205〈鐵木迭兒傳〉等記載。

合散 （色目）	延祐四年六月乙巳，內外監察御史四十餘人劾鐵木迭兒姦貪不法。戊申，鐵木迭兒罷，以左丞相合散爲中書右丞相。己酉，兀伯都剌復爲中書平章政事。丙辰，敕：「諸王、駙馬、功臣分地，仍舊制自辟達魯花赤。」秋七月乙亥，李孟罷，以江浙行省左丞爲中書平章政事。八月庚申，合散奏事畢，帝問曰：「卿等日所行者何事？」合散對曰：「臣等第奉行詔旨而已。」帝曰：「卿等何嘗奉行朕旨，雖祖宗遺訓，朝廷法令，皆不遵守。夫法者，所以辨上下，定民志，自古及今，未有法不立兒天下治者。使人君制法，宰相能守而勿失，則下民知所畏避，綱紀可正，風俗可厚。其或法弛民慢，怨言並興，欲求治安，豈不難哉。」	579
伯答沙 （蒙古）	延祐四年九月丙寅，合散言：「故事，丞相必用蒙古勳臣，合散回回人，不厭人望。」遂懇辭。制以宣徽使伯答沙爲中書右丞相，合散爲左丞相。	580
	延祐六年十月戊午，遣中書右丞相伯答沙持節授皇太子玉冊。	592
	仁宗即位，眷顧益厚。延祐二年，拜中書右丞相。時承平日久，朝廷清明，君臣端拱廟堂之上，而百姓乂安於下，一時號稱極治。伯答沙爲人清愼寬厚，號稱長者。	3058

二、拜住與至治新政

拜住（Baiju，1298～1323），蒙古札剌兒氏。拜住家族在蒙古人中的影響是無以倫比的，因爲他是成吉思汗的伴當和統帥木華黎的後人，是忽必烈時期頗有影響力的首相安童之孫。而且拜住是在蒙古人中，最能得到儒臣支持的人。安童曾以反對忽必烈的色目理財之臣，並以堅持政府的儒治原則而享名天下；拜住本人則受到過良好的儒學教育，在延祐二年（1315）就任太常禮儀使後，他與許多儒士建立了密切的關係。〔註79〕作爲第五代的「四傑」後裔，木華黎家族的拜住與博爾忽家族的也先鐵木兒先後成爲大汗的怯薛長。

表3-9　拜住與也先鐵木兒家族世代表

家族名	東平忠憲王家族	淇陽王家族
第一代	木華黎（左手萬户、國王）	博爾忽（第一千户）
第二代	孛魯（國王）	脫歡（千户）

〔註79〕蕭啓慶，〈元代四大蒙古家族〉，收錄於氏著《元代史新探》（台北：新文豐出版公司，1983年），頁210論述：「木華黎家不僅儒者輩出，而且是元廷中維護漢法的重心所在，前後共出了三位儒治砥柱。安童之孫拜住是木華黎家的第二位儒治砥柱。自幼其母便令『知文學者陳聖賢孝悌忠信之說開導之』，受過良好的儒學教育。西元1315年任太常禮儀使，主掌禮儀與宗廟祭祀，常向儒士諮訪古今禮樂治亂得失，與名儒虞集、吳澄常有往還。西元1322年拜中書右丞相，獨相天下，擢用漢臣張珪、吳元珪、王約等人。據說當時『士大夫遭擯棄者，咸以所長收斂，文學之士，待以不次之除』。他在漢臣輔佐下，推行漢法。」

第三代	霸都魯	失烈門
第四代	安童（中書右丞相）	月赤察兒（太師）
第五代	兀都台（大司徒）	塔剌海（中書右丞相） 馬剌（大宗正府也可札魯忽赤） 狐頭（太師） 失禿兒也不干（內供奉） ◎也先鐵木兒（知樞密院事）
第六代	◎拜住（中書右丞相）	完者帖木兒（御史大夫）

拜住與也先鐵木兒在仁宗、英宗二朝長期擔任怯薛長，依據現有的史料，次數也最多。拜住執掌的是第三怯薛，這是長久以來木華黎家族的傳統；也先鐵木兒則執掌第四怯薛。

表 3-10　武宗朝至英宗朝怯薛長輪值史料 〔註80〕

怯薛長 時　　間	木華黎家族——拜住怯薛長（第三怯薛）	博爾忽家族——月赤察兒、也先鐵木兒怯薛長（第四怯薛）
大德 11.9.9 庚午（1307.10.5）		大德十一年九月初九日，月赤察兒怯薛第二日，別不花平章奏。（南臺備要）
至大 1.2.1 辛卯（1308.2.23）	（池北偶談）	
至大 4.5.12 癸未（1311.5.30）		至大四年五月十二日，月赤察兒太師怯薛第三日吾殿西壁火兒赤房子裏有時分，忽都魯都兒迷失、學士九耀奴等有來，李平察、察罕參政、回回參議、禿兒哈帖木兒參議、忽都不花都事等奏過事內一件。（秘書監志）
皇慶 2.10.23 己卯（1313.11.11）	（類編歷舉三場文選）	
延祐 1.7.4 丙辰（1314.8.15）	延祐元年七月初四日，拜住怯薛第三日香殿裏有時分，對速古兒赤扎班、咬住、阿塔赤眾家等有來，曲出太保、也里牙國公奏過事內一件。（秘書監志）	
延祐 1.12.1 庚辰（1315.1.6）	延祐元年十二月初一日拜住怯薛第三日，奏過事內一件。（元典章）	

〔註80〕洪金富，〈元朝怯薛輪值史料攷釋〉載於《中央研究院歷史語言研究所集刊74-2》之所列怯薛長年表格移載。

延祐 1.12.25 甲辰（1315.1.30）	延祐元年十二月二十五日，拜住怯薛第三日，光天殿兩壁棕毛主廊內有時分，速古兒赤乞兒不花、天寶赤買驢等有來，趉兒只中丞、脫火歹治書、買驢經歷等奏：苔剌罕大夫等眾臺官商量定教俺奏。（元典章 1929）	
延祐 2.4.28 乙巳（1315.5.31）		延祐二年四月廿八日，也先帖木兒怯薛第一日，嘉僖殿裏有時分，速古兒赤也奴院使，火者撒札兒、鐵木迭兒等，李平章特奉聖旨。（元典章 1218）
延祐 3.9.7 丙午（1316.9.23）		延祐三年九月初七日，也先帖木兒怯薛第二日嘉禧殿裏有時分，本監官守司徒苫思丁對出出太保、昔寶赤薛兒帖該、怯烈馬赤也里牙等有來，苫思丁奏。（秘書監志 68）
延祐 4.閏 1.10 戊寅（1317.2.22）	（常山貞石志）	
延祐 4.9.4 丁卯（1317.10.9）	（東平王世家）	
延祐 4.10.12 乙巳（1317.11.16）		延祐四年十月十二日，也先帖木兒怯薛第一日，嘉禧殿有時分，速古兒赤大慈都察里兒、給事中不花帖木兒等有來，兀伯都剌平章、阿禮海牙平章、盌釋鑑郎中、哈剌都事等，伯苔沙丞相、阿撒丞相俺眾人商量來。（元典章 1914）
延祐 4.12.26 戊午（1318.1.28）		（茅山志）
延祐 5.2.3 乙未（1318.3.6）		延祐五年二月初三日，也先帖木兒怯薛第三日嘉禧殿裏時分，對大慈都承旨妙長老有來，孔子五十四代孫孔思逮進獻魯司寇石碑像的上頭。（秘書監志 96）
延祐 5.11.11 丁卯（1318.12.3）	延祐五年十月十一日，拜住怯薛第二日文明殿裏有時分。博兒赤不花，怯里馬赤闊兒魯，昔博赤買驢，給事中定住等有來。伯答沙丞相，阿散丞相，兀伯都剌、亦列赤平章，土平章，高右丞，換住左丞，晏只哥參政，敬參政，欽察參議，哈剌都事等奏過事內一件。（元典章 259）	

延祐6.5.2 丙辰（1319.5.21）	延祐六年五月初二日，拜住怯薛第三日鹿頂殿裏有時分。塔失帖木兒，赤明里董阿、咬住、孛可、馬木沙等有來。阿散丞相、阿禮海牙平章、燕只于參政、郄釋鑑郎中、李家奴都事等奏過事內一件。（元典章2097）	
延祐6.9.1 壬午（1319.10.14）		延祐六年九月初一日，也先帖木兒怯薛第二日文德殿後鹿頂店內有時分，幹赤丞相、鄭司農對速古兒赤也先帖木兒院使、唆南院使、相哥失里司農、帖木歹院使、續院使等官有來。幹赤丞相奏。（秘書盛志97）
延祐6.10.15 丙寅（1319.11.27）	延祐六年十月十五日，拜住怯薛第一日，文德殿後鹿頂殿內有時分，速古兒赤乞兒吉歹、黑廝、黑漢，失寶赤買納等有來。本臺官禿禿大夫、帖木兒不花大夫、咬住侍御、納赫樞治書、帖木哥殿中等，奏過事內一件。（南臺備要145）	
延祐7.4.21 庚午（1320.5.29）		延祐七年四月二十一日，也先帖木兒怯薛第二日，馬家瓮納鉢裏火兒赤房子內有時分，速古兒赤定住，昔寶赤買驢、怯烈、馬赤站班，必闍赤也里牙，給事中也滅劫歹等有來。帖木兒太師右丞相，哈散丞相，拜住平章，趙平章，木八剌右丞，張左丞，怯烈郎中等奏。（元典章1028）
延祐7.11.27 壬寅（1320.12.27）	延祐七年十一月二十七日，拜住怯薛第一日嘉禧殿裏有時分，速古兒赤咬住、八里灣，必闍赤要束某，給事中桑哥失里，殿中帖木哥等有來。拜住丞相、塔失海牙平章、怯來參議、忽都不花郎中、脫亦那中丞等奏過事內一件。（秘書監志43）	
至治1.6.23 乙丑（1321.7.18）		奉當六月二十三日失禿兒怯薛第三日，睿思閣後鹿頂殿內有時分，對速古兒赤八思吉思院使、鎖南院使、朵歹承旨、欽察歹知院等有來，拜住丞相、塔剌海員外郎兩個特奉聖旨。（秘書監志101）
至治3.3.25 丙辰（1323.4.30）	至治三年三月二十五日，拜住怯薛第三日，速速左丞特奉聖旨。（元代法律資料輯存203）	

　　英宗皇帝碩德八剌，在至治二年（1323）權臣鐵木迭兒、興聖宮皇太后相繼死去，重用開國功臣木華黎的子孫，安童的孫子拜住擔任中書右丞相，進行政治改革的實際推動工作。

　　拜住作爲首相，與哈剌哈孫是屬於同樣的典型，都接近儒士。但作爲東平王的後代，他的家族世居漢族農業經濟發達地區，他們與具有悠久文化傳統的漢族士大夫集團，有著長期密切的交往與合作，因此，這個家族中出現過不少的蒙古儒者。〔註81〕

> 公諱別里哥帖穆兒，系出札剌爾氏。……五世祖木華黎，從太祖皇
> 帝滅克烈王汗。……考諱碩德，……先是，嘗獲玉璽，其文曰：「受
> 命于天，既壽永昌。」，……隸事仁宗皇帝，眷遇尤渥，擢居通政，
> 俾世父官。上嘗問周文王父母及其所以興，侍臣未有對者。公言之
> 甚詳，上爲之俯聽，賜以卮酒，獎諭之曰：「卿，蒙古人中儒者也。」
> 〔註82〕

作爲主掌禮儀、祭祀宗廟和贈諡的太常禮儀院使，拜住有更多的機會與吳澄等儒臣交往，這自然與皇帝碩德八剌有更多的共同語言。

> 太常事簡，每退食，必延儒士諮訪古今禮樂刑政，治亂得失，盡日
> 不倦。嘗曰：「人之仕宦，隨所職司，事皆可習。至於學問有本，施
> 於事業，此儒者之能事，宰相之資也。」英宗在東宮，問宿衛之臣
> 於左右，咸稱拜住賢。遣使召之，欲與語。拜住謂使者曰：「嫌疑之
> 際，君子所慎，我掌天子宿衛而與東宮私相往來，我固得罪，亦豈
> 太子福耶？」竟不往。〔註83〕

碩德八剌當皇太子的時候，就對拜住極有好感，只是雙方不便往來。此外，拜住作爲赫赫功臣木華黎的後代，又是名相安童之孫，在貴族中享有極高威望，這也有利於勢單力薄的碩德八剌加強自己在宮廷中的地位和權力。

　　延祐七年四月十一日（1320.5.19），拜住出任中書省平章政事，並且仍兼第三怯薛長；一個月後的五月十一日（1320.6.17），拜住取代合散出任中書左丞相。於是，以答己與鐵木迭兒爲主的宣徽院集團，和以碩德八剌與拜住爲

〔註81〕 蕭功秦，〈英宗新政與南坡之變〉載于《元史論叢 2》，頁 147 之論述。
〔註82〕 黃溍，《黃文獻集》10 上〈朝列大夫僉通政院事贈榮祿大夫河南江北等處行中
　　　　書省平章政事柱國追封魯國公札剌爾公神道碑〉收錄於《全元文》第 30 冊，
　　　　卷 968，頁 157～160 之記載。
〔註83〕 見《元史》136〈拜住傳〉，頁 3300～3301 之記載。

主的儒治集團的元廷中央兩大勢力就這樣形成了。

> 故事，天子即位之日，必大會諸侯，王讀太祖寶訓。是日命王啓兒
> 讀之。王風儀峻整，音節鴻亮，聽者肅然。……王與之並相，獨堅
> 持正論，不少回撓。遇佐僚闕，必公選掄而用之。臺臣奏疏，謂君
> 子小人不可同處，首相以爲譏己，而深銜之，固未有以發。……既
> 橫加酷罰，因盡斥舊臣，而援鐵實爲御史大夫，又以其子八里吉思
> 爲宣政、中政等九使，鎖南爲治書侍御史，姻黨分據要途。〔註84〕

從鐵穆耳時代開始，鐵木迭兒就供職宣徽院。海山時代，鐵木迭兒當上了宣
徽使。愛育黎拔力八達時代做過首相的鐵木迭兒、合散、伯答沙等都是宣徽
院出身的怯薛大臣。拜住雖也是怯薛長，但卻非宣徽院出身。

> 秋某月，王至自上京，視事于中書，首相稱疾不出以伺間，而謀爲
> 中傷。已而言疾愈將出，上使止之，氣乃沮。……王舉前平章政事
> 張珪與之共政，集大臣及故老，詢所以弭日食地震之變。士大夫遭
> 擯棄者，咸以所長收叙。文學之臣，則待以不次之除。格內降待銓
> 者六、七百人。〔註85〕

從即位初年，碩德八剌就顯出了超出他年齡的獨立性和獨裁性。在政治信仰
上有著堅強的決定意志，甚至在即位之前就敢於違抗祖母的旨意，拒絕以她
的親信取代愛育黎拔力八達可汗時期的大臣。爲了遏制太皇太后和鐵木迭兒
的權力擴張，碩德八剌於延祐七年（1320）夏季，任命二十二歲的拜住爲中
書省的平章政事，不久，又取代合散爲中書左丞相。拜住開始建構新的政權
核心，雖然面對的是強大的答己與鐵木迭兒的勢力。拜住初期以儒期治天下
的理想，氣魄很大，但支持的力量卻很小，而他對於別人關於鐵木迭兒陰謀
中害自己的警告，竟然毫無防備之心。

> 思明爲盡力，忌拜住方正，每與其黨密語，謀中害之。左右得其情，
> 乘間以告，請請備之。拜住曰：「我祖宗爲國元勳，世篤忠貞，百有
> 餘年。我今年少，叨受寵命，蓋以此耳。大臣協和，國之利也。今

〔註84〕黃溍，《黃文獻集》10 上〈中書右丞相贈孚道志仁清忠一德功臣太師開府儀同
　　　　三司上柱國追封郇王諡文忠神道碑〉收錄於《全元文》第 30 冊，卷 967，頁
　　　　148～149 之記載。

〔註85〕黃溍，《黃文獻集》10 上〈中書右丞相贈孚道志仁清忠一德功臣太師開府儀同
　　　　三司上柱國追封郇王諡文忠神道碑〉收錄於《全元文》第 30 冊，頁 967，頁
　　　　148～149 之記載。

以右相離我，我求報之，非特二人之不幸，亦國家之不幸。吾知盡
吾心，上不負君父，下不負士民而已。死生禍福，天實鑒之，汝輩
母復言。」……然其黨猶布列朝中，事必稟于其家，以拜住故不得
大肆其奸，百計傾之，終不能遂。……秋七月，奉召張思明詣上都，
數其罪，杖而逐之，鐵木迭兒繼亦病卒。拜住哭之慟。〔註86〕

拜住對於鐵木迭兒之死，竟報以傷悼的淚水。或許是答己與鐵木迭兒的勢力仍
然很強，拜住採低姿態之緣故。但到了至治二年（1322）九月，鐵木迭兒與答
己相繼去世，十月，拜住被任命為中書右丞相，整個局面變得完全不一樣。

帝王之職，在論一相。于以表正百司，綱領庶績。朕纂承丕緒，勵精
求治。然而澤有所未洽，政有所未舉，豈委任之道有遺缺與？今特命
中書左丞相拜住，為開府儀同三司、上柱國、錄軍國重事、中書右丞
相，監修國史。一新機務，使邪正異途，海寓乂康，以復中統、至元
之治。所有便民條畫，具列於後。於戲！朝廷既正，著端本澄源之功；
風俗斯醇，廣摩義漸仁之化。咨爾有眾，體于至懷。〔註87〕

元朝歷史上，也許還沒有一個皇帝的國策政令，在短時間內，發生像至治二
年十月開始的那種涇渭分明的改變。在此之前，碩德八剌所頒布的詔令，基
本上與鐵穆耳或海山並無很大差異。〔註88〕

冬十二月，進右丞相、監修國史。帝欲爵以三公，懇辭，遂不置左
相，獨任以政。首薦張珪，復平章政事，召用致仕老臣，優其祿秩，
議事中書。不次用才，唯恐少後，日以進賢退不肖為重務。患法制
不一有司無所守，奏詳定舊典以為通制。〔註89〕

所謂漢法，就是建立在中原、南方封建農業經濟基礎之上，並與之相適應的
一整套制度文化，包括中央集權制的官僚國家機器、法律制度與正統儒家思
想等等。任何遊牧民族的統治階級，要在中原和南方建立統治，都必須順應
中原與南方的文化環境與條件。因此，實行「以漢法治漢地」是歷史的要求。
元朝中葉由蒙古統治階級內部分化出來的，長期定居中原和南方的地主化的

〔註86〕見《元史》136〈拜住傳〉，頁3303～3304之記載。
〔註87〕袁桷，《清容居士集》35〈特命右丞相詔〉，收錄於《全元文》第23冊，卷708，
　　　　頁39之記載。
〔註88〕蕭功秦，〈英宗新政與南坡之變〉載於《元史論叢》第2輯，頁148～149之
　　　　論述。
〔註89〕見《元史》136〈拜住傳〉，頁3304之記載。

貴族官僚，他們的政治勢力也漸漸有了發展。他們和漢族在經濟上有更爲密切的聯繫，也更爲熱衷以地租剝削的方式來維持其階級利益。碩德八剌可汗和拜住丞相，正是這一新核心集團在政治上的代表。

拜住並不想以「三公」虛銜得寵，而是要以「獨相」來完成改革大業。而其大規模起用漢族儒臣，並詳定典制，爲推行儒治作基礎準備。

> 至治二年冬十有一月，皇帝以故丞相東平忠憲王之孫中書左丞相位右丞相，總百官，新庶務，徵用老成，開明治道。皇元聖聖相繼，百有餘年。宸斷之所予奪，廟謨之所可否，禁頑戢暴，仁恤黎元，綽有成憲。然簡書所載，歲益月增，散在有司，既積既繁，莫知所統。挾情之吏，用謫行私，民恫政蠹。臺憲屢言之，鼎軸大臣恒患之。……今年春正月辛酉，上御樓殿，丞相援據本末，奏宜如仁廟制，制可。於是樞密副使完顏納丹、侍御史曹伯啓、判宗正府普顏、集賢學士欽察、翰林直學士曹元用，以二月朔奉旨，會集中書平章政事張珪暨議政元老，率其屬眾共審定。時上幸柳林之辛巳，丞相以其事奏，仍以延祐二年及今所未類者，請如故事。制若曰：「此善令也，其行之。」繇是堂議題其書曰大元通制，命艸序之。〔註90〕

制定《大元通制》，頒行天下。使行漢法的行政措施以法令條文的形式確立下來，這是元朝中葉國家發展的一個重要的分水嶺，而拜住正承擔此一責任。

表 3-11　拜住新政集團成員英宗朝動態〔註91〕

人　物	動　　　態	備註
拜　住	延祐七年四月中書平章政事；同年五月中書左丞相；至治二年十月中書右丞相	新任
張　珪	至治二年十二月中書平章政事	新任
欽察台	至治二年十二月宣政院使	新任
速　速	至治二年十二月中書左丞	新任
馬　剌	至治二年十二月中書參知政事	新任
只兒哈郎	至治二年十二月知樞密院事	新任
朶　台	至治二年十二月太常禮儀院使以諡議告于太廟	現任

〔註90〕李尤魯艸，《菊潭集·大元通制序》，收錄於方齡貴校注之《通制條格校注》（北京：中華書局，2001年），頁1～2之記載。
〔註91〕見《元史》28〈英宗本紀〉之記載。

吳元珪	至治三年正月集賢大學士商議中書省事	新任
王　約	至治三年正月集賢大學士商議中書省事	新任
韓從益	至治三年正月昭文館大學士商議中書省事	新任
趙居信	至治三年正月翰林學士承旨	新任
吳　澄	至治三年正月翰林學士	新任
完顏納丹	至治三年正月樞密副使	現任
曹伯啓	至治三年正月侍御史	現任
不　顏	至治三年正月也可扎魯忽赤	現任
欽　察	至治三年正月集賢學士	現任
曹元用	至治三年正月翰林直學士	現任

　　碩德八剌與拜住組成的「革新」核心集團，主要是以「建立中原漢式獨裁體制」為前提，所以法典的制定與頒布，成為首要之工作。「蒙古傳統派」與「漢法派」之爭，在「大元通制」等漢式法典頒布以後，展開了血腥的鬥爭。而「漢法派」的逐漸優勢，也代表著中央專制獨裁帝王的出現，此點亦違背了「傳統派」堅持的草原分封制度。〔註92〕

第三節　統治危機與體制崩解

　　愛育黎拔力八達對中央權力結構建立的模式，採提高君權，利用相權，隔開官僚與怯薛的方式。提高君權，必須降低諸王與太后的干政力量，先採降低諸王特權；利用相權，必須分散其權，以輪流任相分權；隔開官僚與怯薛，則必須將能行漢法的人擺到中書省與御史臺官僚集團，其他蒙古色目利益集團，則擺到樞密院或宣徽院等怯薛衙署裏去。鐵木迭兒雖為中書右丞相，但他知道中書省不是他的勢力所在，他全力爭取怯薛集團的力量。

　　　　至治二年五月□日，抄白延祐六年三月二十八日，御史臺承奉中書省
　　　　劄付御史臺呈，准江南行臺咨：據監察御史咬住、奉直大思都、承務
　　　　郝志善將仕叚輔徵事呈。……皇元立制，政柄總歸中書。雖屢誡諸司

〔註92〕王明蓀，《元代的士人與政治》（台北：學生書局，1992年），頁144之論述：
　　　　「中央與封建之問題與蒙古社會結構有關，在未一統成帝國以前自無所謂中
　　　　央，強大勢力的形成是靠部族聯盟，游牧社會的領袖即有汗號的聯盟領袖，
　　　　若以此為中央，則只是組織異常疏鬆的結合體，汗與部族長一樣是草原貴族，
　　　　聯盟領袖沒有如同君王般的最高權力。」

> 不得隔越奏事，然諸司奉行不至，旋即背違，凡有陳請，輒自朦朧奉
> 行。或有經由中書，而政府事務繁冗，不暇詰難可否。故添樂人氣力
> 者有之，斷民間家私者有之，或爲僧道護持，或爲權豪執把。冗徵細
> 事，動輒宗示中外，變易紛紜，法無所守。……迹其所由，蓋因挾權
> 撓法之臣，不惜國體，越職犯分，各私其所爲而致然也。〔註93〕

上述材料提到的諸衙門、諸司，主要指一些已經官署化的怯薛執事機構。按
元朝制度，除樞密院、御史臺、宣政院等少數幾個機構外，其餘任何機構，
任何官員，都不能隔越中書省奏事。

愛育黎拔力八達與碩德八剌的儒治成果，對鐵穆耳、海山以來官僚機構
大幅度膨脹和升格的趨勢有所抑制，另外，御史臺督察朝政的功能在儒治風
氣激發下顯著加強。大汗依草原舊制約束諸王、那顏的權威，遠不如漢法中
的專制君主那樣大。然而體現在儒治時期諸多政令裏的一個重要意圖，正是
用儒家的君臣名分去重新規範大汗和蒙古上層的相互關係。怯薛不予官階，
而與宿衛親軍各司所守。愛育黎拔力八達和碩德八剌都沒有親勞鞍馬的業
績，又不屑講求惟和來加強自身及其政治主張的合法性以及上層集團內部的
認同感。這樣就造成了統治集團內部的危機。

在這種的情勢下，儒家政治作爲一種純粹的外來資源，就很難在改塑蒙
古內部關係方面取得多少時效。有一個更基本的因素在支配著當時的形勢發
展：僅僅依靠儒治派所動員的儒家政治資源，尚不足以按其預期程度來改變
當日制度體系及權力結構各部分之間的既有制衡關係。君臣關係對立，逐漸
成熟的漢化體制終於崩解。

一、中書省官僚集團儒治化的演進

愛育黎拔力八達的核心懷孟集團，除了李孟以外，幾乎清一色是由色目
精英所組成。哈剌魯人曲樞、伯鐵木兒父子；畏吾兒人野訥、阿禮海牙兄弟；
唐兀人楊朵兒只等重要人物。在監國政權轉爲皇太子勢力時刻，懷孟集團擴
充勢力範圍，加進了張珪、王毅。賀伯顏（賀勝）、蕭拜住等漢人菁英，還有
察罕等色目能臣。在愛育黎拔力八達可汗即位之前，他們主要擔任詹事院及
陝西行省封地官員，爲未來的天子打下基礎。

〔註93〕見《大元聖政國朝典章》新集〈朝綱・中書省・紀綱・不許隔越中書省奏啓〉
（北京：中國廣播電視出版社，1998 年），頁 2209～2210 之記載。

成宗崩，仁宗自藩邸入誅羣臣之爲異謀者，迎武宗于邊。河南平章囊加台薦察罕，即驛召至上都，曰：「卿少留，行用卿矣。」武宗即位，立仁宗爲皇太子，授察罕詹事院判，進僉詹事院事，遣先還大都立院事。仁宗至，謂曰：「上以故安西王地賜我，置都總管府，卿其領之，愼選僚屬，勿以詹事位高不屑此也。」〔註 94〕

表 3-12　仁宗朝懷孟集團重要人物之仕途發展

人　物	族　屬	官　　職	出處
李　孟	潞州上黨（漢人）	仁宗嗣立，眞拜中書平章政事，進階光祿大夫。孟在政府，帝日：「朕在位，必卿在中書，朕與卿相與終始，自今其勿復言。」繼賜爵秦國公。皇慶元年正月，授翰林學士承旨、知制誥兼修國史，仍平章政事。十二月，乃命以平章政事議中書省事，承旨翰林。延祐元年十二月，復拜平章政事，二年春，命知貢舉。七月，進金紫光祿大夫、上柱國，改封韓國公，職任如故。已而以衰病不任弗，乞解政權歸田里，帝不得已從所請，復爲翰林學士承旨。	元史 4087
曲　樞	哈兒魯氏（色目）	授太保、錄軍國事重、集賢大學士，兼大司農，領崇祥院、司天臺事，官爵勳封如故。	元史 3312
伯鐵木兒	哈兒魯氏（色目）	遷資德大夫、大都留守，兼少府監。擬擢侍御史，改除翰林學士承旨、知制誥兼修國史。未幾復爲大都留守，兼少府監、武衛親軍都指揮使，佩金虎符。	元史 3313
野　訥	畏吾兒族（色目）	仁宗即位，請召文武老臣，咨以朝政。又請以中都苑囿還諸民。拜樞密院副使，進同知樞密院事。命爲中書平章政事，辭不拜。野訥之在臺及侍禁中，於國家事有不便，輒言之，言無不納。然韜晦惡盈，不泄於外。延祐四年卒，年四十。	元史 3314
阿禮海牙	畏吾兒族（色目）	早事武宗、仁宗，爲宿衛，以清愼通敏與父兄並見信任。十餘年間，歘歷華近，入侍帷幄，出踐省闥，建無間言。	元史 3314
楊朶兒只	河西唐兀（漢人）	仁宗始總大政，執誤國者，將盡按誅之，朶兒只曰：「爲政而尚殺，非帝王治也。」帝感其言，特誅其尤者，民大悅服。拜禮部尚書，遷宣徽副使。拜朶兒只爲侍御史。拜資德大夫、御史中丞。特加昭文館大學士、榮祿大夫。遷中政院使。未幾，復爲中丞，遷集賢大學士。	元史 4152
察　罕	板勒紇城（色目）	東宮故有左右衛兵，命囊加台、察罕總右衛。仁宗即位，拜中書參知政事，但總持綱維，不屑細務，識者謂得大臣體。	元史 3311
蕭拜住	契丹石抹（漢人）	武宗即位，起復爲中書左司郎中，出爲河間路總管，召爲右衛率使，遷戶部尚書，遂拜御史中丞。皇慶元年，遷陝西行中書省右丞。延祐三年，進中書平章政事，除典瑞院使，超授銀青榮祿大夫、崇祥院使。	元史 4156

〔註 94〕見《元史》137〈察罕傳〉，頁 3310 之記載。

　　懷孟集團在愛育黎拔力八達即位後，掌握了怯薛宿衛，但在中書省的功能卻不彰顯，主要是答己皇太后的強勢介入高層人事。中書省除了首相鐵木迭兒之外，另一個平章政事完澤，也是屬於答己皇太后的人馬，完全效於答己與鐵木迭兒。完澤是葉仙鼐之子，畏吾兒人。〔註95〕

　　懷孟集團另一個隱憂是缺少統籌全局的核心人物，是一個鬆散集團，師保與近侍為集團的主要成員，多為色目人或漢人，缺少一個像哈剌哈孫或鐵木迭兒般的蒙古大臣為支柱，關鍵時刻只能單打獨鬥。

> 至大四年二月，仁宗即皇帝位，拜王資德大夫、大都留守兼少府監，
> 尋擢侍御史。固辭，上不允，諭之曰：「振紀綱，達耳目，惟卿是賴，
> 其勿辭。」王乃拜命。即日以臺評劾右丞相鐵木迭兒素乏人望，貪
> 墨敗官。上可其奏，而皇太后不直之。王扣頭陳世祖舊訓所以彰善
> 癉惡之意，卒罷之。〔註96〕

在鐵木迭兒兩次罷相的過程中，懷孟集團都扮演了重要的角色。第一次發生在皇慶二年一月十七日（1313.2.12），鐵木迭兒被罷職，由禿忽魯接替，原先皇太后答己不允，惟賴伯鐵木兒叩頭陳世祖舊訓，乃得罷其相職。

> 武宗皇帝方賓天，皇太后在興聖宮，以帖木迭兒為丞相。踰月，仁
> 宗皇帝即位，遂相之。居兩歲，得罪斥罷。更自結興聖左右，至為
> 折辱宰輔，撓制中書，諷以再相。既而居位怙勢貪虐，兇穢滋甚，
> 中外切齒。羣臣不知所為。於是，蕭拜住自御史中丞拜中書右丞，
> 又拜平章政事，稍牽制之。而朵兒只自侍御史拜中丞，慨然以糾正
> 其罪為己任。上都富民張弼殺人繫獄，時宰使大奴脅留守出之，及
> 強以它奸利，事不能得。丞相坐都堂，盛怒以它事召留守，將罪之。
> 留守昌言，大奴所干非法，不敢從，它實無罪。丞相語絀，得解去。
> 而中丞已廉得時宰所受張弼賕鉅萬計，大奴猶數千，使御史徐元素

〔註95〕見《元史》133〈葉仙鼐傳〉，頁 3227～3228 之記載：「葉仙鼐，畏吾人。父
　　　土堅海牙，以才武從太祖、太宗平金及西夏，俱有功。仙鼐幼事世祖於潛藩，
　　　從征土蕃、雲南，常為前驅。歲己未，伐宋，至鄂州，先登奪其外城。中統
　　　元年，從征阿里不哥。明年，討李璮。授西道都元帥、金虎符、土蕃宣慰使。
　　　為宣慰使歷二十四年，遷雲南行省平章政事。尋改江西行省平章政事。至元
　　　三十一年，成宗即位，召還，改陝西行省平章政事。子完澤，太子詹事，進
　　　金紫光祿大夫、中書平章政事。」

〔註96〕黃溍，《金華黃先生文集》第 42 卷，〈太傅文安忠憲王家傳〉，收錄於《全元
　　　文》第 30 冊（南京：鳳凰出版社，2004 年），卷 962，頁 29 之記載。

按得實，入奏。而御史亦羣眞又發其私罪二十餘事。天子震怒，有
詔逮問。時宰匿興聖近侍家，有司不得捕。天子爲不御酒飲者數日，
以待獄竟，盡誅其大奴同惡數人。時宰終不得，中丞持之急，興聖
左右以中旨召中丞至宮門，責以違旨意者。對曰：「待罪御史，奉行
祖宗法，必得罪人，非敢違太后旨。」天子仁孝，恐誠出太后意，
不忍重傷唏之，徒罷其相，而中丞亦遷集賢。天子猶數以臺事問之，
對曰：「非職事，臣不敢與聞。所念者，帖木迭兒雖去君側，反得爲
東宮師傅，在太子左右，恐售其姦，則禍有不可勝言者。」〔註97〕

鐵木迭兒第二次罷相，發生在延祐四年六月十四日（1317.7.22），中書右丞相職
位由合散接替。在前一年，伯鐵木兒與蕭拜住已經接任中書平章政事，所以罷
相之提案由接伯鐵木兒任御史中丞的楊朵兒只領銜，聯合內外監察御史四十餘
人彈劾鐵木迭兒姦貪不法，乃罷其職。這次，懷孟集團開始展現團結力量。

仁宗天性慈孝，聰明恭儉，通達儒術，妙悟釋典，嘗曰：「明心見性，
佛教爲深，修身治國，儒道爲切。」又曰：「儒者可尚，以維三綱五
常之道也。」平居服御質素，澹然無欲，不事遊畋，不喜征伐，不
崇貨利。事皇太后，終身不違顏色；待宗戚勳舊，始終以禮。大臣
親老，時加恩賚；太官進膳，必分賜貴近。有司奏大辟，每慘惻移
時。其孜孜爲治，一遵世祖之成憲云。〔註98〕

惟懷孟集團在鐵木迭兒罷相之後，也漸失去作用。愛育黎拔力八達雖然尊儒
術建禮制，但是頗爲迷信，《元史》對他的評價過分溢美。實際上，愛育黎拔
力八達自信心不足，也不容易相信別人，無法建立一個互取其利的核心集團。

明年，擢宣徽副使，進通奉大夫。嘗朝仁宗皇帝別殿，見近臣急趨
出，公徐入，玉色殊不怡，左右無一存者，公退拱立。上默然，以
手命公闔戶；久之，復手命公闔戶；又久之，命公取某物，敬奉以
前。公出，左右入。翌日，平章蕭拜珠入朝，上告曰：「朕端居深念，
憂形于色，左右望走，獨和和色不變。彼望走者，皆內愧於心者也。
和和自信無愧，朕亦信之。」乃命畫工寫公容，賜公。〔註99〕

〔註97〕 虞集，《雍虞先生道園類稿》第 40 卷〈楊襄愍公神道碑〉，收錄於《全元文》
第 27 冊（南京：鳳凰出版社，2004 年），卷 874，頁 265～266 之記載。

〔註98〕 見《元史》26〈仁宗本紀〉，頁 594 之記載。

〔註99〕 劉岳申，《申齋集》第 8 卷〈資善大夫大都路都總管兼大興府尹和和墓誌銘〉
收錄於《全元文》第 21 冊（南京：江蘇古籍出版社，2001 年），卷 670，頁

懷孟集團在人君這種心態下，也無法有所作爲了。在鐵木迭兒第二次罷相的一個月後，中書平章政事李孟也隨著罷去職務。而鐵木迭兒在仁宗朝最後的二年七個月雖未能再進中書省，但卻家居不逾年，又起爲太子太師。姚大力認爲原因是省臺衝突，而御史臺的力量難以對統治階層的妥協造成影響，在帝后矛盾緩和的同時，省臺衝突趨於激烈。〔註100〕

延祐四年（1217）六月，內外監察御史四十餘人，聯名參劾中書右丞相鐵木迭兒受賄、瀆職、佔奪田產等事。愛育黎拔力八達聞奏，震怒於宮廷，他擊碎太師印，散諸左右。鐵木迭兒走匿太后近侍家中。皇帝愛育黎拔力八達爲此不樂者數日。但他暴怒之後，仍屈服於答己壓力，僅將鐵木迭兒罷相了事。一個月後，李孟虛掛的中書平章政事的職銜也被罷去。而鐵木迭兒家居不逾年，又起爲太子太師。可見最高統治層內部一旦妥協，以臺臣爲代表的朝廷輿情，即使再有任何聲勢，也難以眞正起到匡救時弊的作實際上，鐵木迭兒雖並不能代表中書省的勢力，而御史臺的背後卻是懷孟集團。

> 公諱月魯帖木而，卜領勤多禮伯臺氏。曾大父貴裕，宿衛太祖，爲管領怯憐口怯薛官。大父合剌，幼侍睿宗皇帝。世祖皇帝即位之初，合剌倉皇自和林奔還，阿里不哥怒甚，追殺其家百餘人。丞相安童留海都，久而未還，裕宗引合剌見於世祖，請以執政，合剌力辭。父普蘭豀，首與丞相哈爾哈孫建議迎立武宗皇帝。公幼而警穎，年十二，成宗皇帝命與丞相哈爾哈孫之子脫歡同學，三日一次入國子學。延祐□年，御史大夫達思不華引見仁宗皇帝，有旨入宿衛。因命脫忽台傳旨四怯薛札撒火孫，令公常侍禁廷，毋止其入。丞相哈爾哈孫欲用爲中書蒙古必闍赤，公辭焉。仁宗有旨，以公爲殿中侍御史。御史大夫伯忽奏：「世祖皇帝嘗謂，有能與人正辭辨對者，可爲御史。」拜公監察御史，分察上都。乃按，帖木兒懼而逃。仁宗怒，擊碎太師印，散諸左右。宣徽使帖失侍坐便殿，公入見，亦賜坐。仁宗謂帖失曰：「哈散且老，恐不能久總機務，欲令有才力者代之。月魯帖木兒識量明遠，二三年間浖加名爵，俟其地位可及，必大用之。」仁宗嘗召近侍之在宿衛者入備顧問，一夕語近臣曰：「朕聞前代皆有太上皇之號，今皇

590 之記載。

〔註100〕姚大力，〈元仁宗與中元政治〉載於《內陸亞洲歷史文化研究——韓儒林先生紀念文集》（南京：南京大學出版社，1996 年），頁 139 之論述。

太子且長，可居大位，朕欲爲太上皇，與若等遊觀西山，以終天年，
不亦善乎？」御史中丞蠻子、翰林學士明里董瓦皆欣然稱善。公獨起
拜曰：「臣聞昔之所謂太上皇，唐之高祖、元宗，宋之徽宗，皆當禍
亂，不得已而爲之者也。因具陳其故，願陛下正居大位，以保萬世無
疆之業。前代虛名，何足慕哉！」仁宗善其對。〔註101〕

延祐四年以後，政局相對穩定，但儒治精神已逐漸淡去。懷孟集團的主要任
務從協助抵制鐵木迭兒，轉爲鞏固碩德八剌皇太子接班地位。在愛育黎拔力
八達的倦勤之下，太上皇的提議浮上檯面。後因月魯帖木而反對，愛育黎拔
力八達始打消此意。

　　愛育黎拔力八達聯合省院臺官僚與怯薛大臣，罷廢尚書省。其對於蒙古
怯薛大臣懷有戒心，他理想中的大臣佈局，仍存有「中統體制」的精神，以
蒙古世勳爲虛位首相，色目與漢人精英爲中書官僚，如禿忽魯爲相，李孟、
完澤、蕭拜住等爲平章政事。碩德八剌則是「元貞體制」的突變或成熟，在
鐵木迭兒死後，是以蒙古世勳拜住爲首相，另以鐵失爲御史大夫，各掌三個
侍衛親軍。怯薛大臣與官僚首腦均掌禁衛軍，此爲「泰定體制」之先例。

表3-13　英宗朝期宰相層一覽〔註102〕

人　物	任　職　年　月	卸　職　年　月	年月
鐵木迭兒（蒙古）	延祐七年正月中書右丞相	至治二年八月卒	2.07
拜　住（蒙古）	延祐七年四月中書平章政事 延祐七年五月中書左丞相 至治二年十月中書右丞相	至治三年八月爲弒君集團所殺	3.04
哈　散（色目）	仁宗朝中書左丞相	延祐七年五月嶺北行省平章政事；同月誅殺	0.05
塔失海牙	延祐七年五月中書平章政事	至治元年九月坐受賕杖免	1.04
乃剌忽	延祐七年五月中書平章政事	延祐七年七月罷	0.02
鐵木兒脫	延祐七年五月中書平章政事	至治元年八月罷爲上都留守	1.03

〔註101〕危素，《危太樸文集》續集，第 7 卷，〈故榮祿大夫江浙等處行中書省平章政
事月魯帖木兒公行狀〉，收錄於《全元文》第 48 冊（南京：鳳凰出版社，2004
年），頁 409～411 之記載。

〔註102〕依據野口周一，〈元代仁宗・英宗朝の政治的動向についての一考察〉載於《吉
田寅先生古稀紀念アジア史論集》（東京：東京法令出版株式會社，1997 年），
頁 273 製作之「英宗朝期宰相層一覽」爲基礎；並參考《元史》27・28〈英宗
本紀〉之記載；及屠寄，《蒙兀兒史記》157〈宰相表〉所注列之大臣遷轉資料。

廉恂 （色目）	延祐七年七月中書平章政事	至治二年十二月罷為集賢大學士	2.05
黑驢	延祐七年二月中書平章政事	延祐七年五月誅殺	0.03
趙世榮	延祐七年二月中書平章政事	延祐七年七月罷	0.05
只兒哈郎	延祐七年五月中書參知政事 延祐七年十二月中書右丞 至治元年六月中書平章政事	至治二年五月御史大夫 至治二年十二月知樞密院事	2.00
欽察	至治二年二月中書平章政事	泰定元年三月陝西行臺御史大夫	2.01
買驢	至治二年二月中書平章政事	至治二年十二月罷為大司農	0.10
張珪	至治二年十二月中書平章政事	泰定二年二月乞疾	2.02
木八剌	延祐七年二月中書右丞	延祐七年十二月罷為江西行省右丞	0.10
薛處敬	延祐七年十二月中書參知政事	至治二年二月罷為河南行省左丞	1.02
張思明 （漢人）	延祐七年二月中書左丞	至治二年七月坐罪杖免	2.05
速速 （色目）	至治二年十二月中書左丞	至治三年八月罷為御史中丞	0.08
王居仁 （漢人）	至治二年二月中書參知政事	泰定元年三月罷為副詹事	2.01
馬剌	至治二年十二月中書參知政事	泰定元年四月罷為太史院使	1.04

　　至治二年（1322）十月之後，碩德八剌以拜住為中書右丞相，欽察、張珪為中書平章政事，速速為中書左丞，王居仁、馬剌為中書參知政事。此六人為中書省官僚集團的核心，並進行一系列的改革行動。另外，吳元珪、王約、韓從益、趙居信、吳澄、王結、宋本、韓鏞等人，都在短期間內擢任集賢、翰林二院及六部官職。與在中書省、御史臺的拜住等大臣，形成一個龐大的儒臣集團，執行「至治新政」的推展。

> 　　至治元年，英宗即位，元珪與知樞密院事帖木兒不花上軍民之政十
> 餘事，大抵言：諸王近侍，不可干軍政；管軍官吏，不可漁取軍戶；
> 軍官之材者，常遷其職；有司賦役，當務均一，而軍民不可有所偏；
> 軍官襲職，惟傳嫡嗣，而支庶不可有所亂。帝並嘉納，即降旨施行
> 之。元珪以年老致仕，至治二年，起商議中書省事。三年卒。〔註103〕

吳元珪對軍政謀略、律令章程都有一套。長期任職於樞密院、中書省，並對江淮田土經理事宜提出警告，是一位極佳的幕僚參議人才。

> 　　至治元年，英宗即位，帖木迭兒復相，約辭職不出。二年，以年七

〔註103〕見《元史》177〈吳元珪傳〉，頁4126之記載。

十致仕。三年，丞相拜住一新政務，尊禮老臣，傳詔起約，復拜集
賢大學士，商議中書省事，以其祿居家，每日一至中書省議事，至
治之政，多所參酌。又嘗奉詔與中書省官，及他舊臣，條定國初以
來律令，名曰大元通制，頒行天下。朝廷議罷征東省，立三韓省，
制式如他省，詔下中書雜議，約對曰：「高麗去京師四千里，地僻民
貧，夷俗雜尚。非中原比，萬一梗化，疲力治之，非幸事也，不如
守祖宗舊制。」丞相稱善，奏罷議不行。高麗人聞之，圖公像歸，
祠而事之，曰：「不絕國祀者，王公也。」〔註104〕

王約在忽必烈時期曾斥桑哥罪，儒臣中務達國體之精英。他對高麗與安西王
的存廢，皆有見地；另外，對皇帝與皇太子間的君臣關係有完善界定。

至治二年，參議中書省事。時拜住爲丞相，結曰：「爲相之道，當正
己以正君，正君以正天下，除惡不可猶豫，猶豫恐生它變，服用不
可奢僭，奢僭則害及于身。」丞相是其言。未幾，除吏部尚書，薦
名士宋本、韓鏞等十餘人。〔註105〕

王結認爲拜住爲相，必須注意二件事，一是勸戒碩德八剌的奢華；另一是壓
制蒙古保守貴族的勢力，但拜住均無法做到，而種下了後來悲慘的弒君事件。

英宗立，召拜山北廉訪使，時敕建西山佛寺甚亟，御史觀音保等，
以歲饑，請緩之；近臣激怒上聽，遂誅言者。伯啓曰：「主上聰明睿
斷，是不可以不諍。」迺劾臺臣緘默，使昭代有殺諫臣之名，帝爲
之悚聽。俄拜集賢學士、御史臺侍御史。有詔同刊定大元通制，伯
啓言：「五刑者，刑異五等，今黥杖徒役於千里之外，百無一生還者，
是一人身備五刑，非五刑各底於人也。法當改易。」丞相是之，會
伯啓除浙西廉訪使，不果行。〔註106〕

曹伯啓歷任監察御史、刑部侍郎，對法令有深入研究，在政治理想與政治實
務上也有著精要的見識。

二、宣徽院怯薛集團的弒君行動

愛育黎拔力八達執國命伊始，曾用歷行鎮壓的手段把武宗時當權集團的

〔註104〕見《元史》178〈王約傳〉，頁4142～4143之記載。
〔註105〕見《元史》178〈王結傳〉，頁4144之記載。
〔註106〕見《元史》176〈曹伯啓傳〉，頁4100～4101之記載。

核心人物一網打盡。這在客觀上為他實現自己的政治目標排除了一些宿敵，儘管如此儒治仍然不可能在沒有干擾的情形下推行。在成、武兩朝受盡「惟和」政治之惠的權幸勳貴們，自然很不甘於自己的既得利益隨朝政的改變而受到損害。雖然他們自己很難依靠本身的能量聚集起足夠的影響力，卻很快圍繞在答己太后與鐵木迭兒身邊。

　　愛育黎拔力八達即位之初，除保留原任知樞院事一、二人外，一次任命八位知樞密院事。似以樞密院為安置勳臣的機關，人事頗多調動。知樞密院事編階雖只正二品，與御史大夫相同，皆須受中書省領導的。然愛育黎拔力八達把知樞密院事的地位提得很高，大多封了王爵。月赤察兒之子脫兒赤顏嗣淇陽王；玉昔帖木兒之子木剌忽嗣廣平王；鐵木兒不花封宣寧王；脫火赤封威寧王；床兀兒封句容郡王。〔註107〕

表 3-14　仁宗、英宗朝重要知樞密院事〔註108〕

序	人　名	原　任　職　務	《元史》記載任職年月	頁碼
1	鐵木兒不花	知樞密院事、中書右丞相	至大四年春正月壬午 至大四年三月	537 541
2	塔失鐵木兒		至大四年春正月辛丑	538
3	床兀兒	中書平章政事、知樞密院事	至大四年三月	541
4	脫火赤拔都兒	欽察親軍都指揮使	至大四年三月	541
5	也　速	錄軍國重事、知樞密院事	至大四年三月	541
6	也先鐵木兒	知樞密院事兼山東河北蒙古軍都萬戶	至大四年三月	541
7	也兒吉尼	遙授左丞相、仁虞院使	至大四年三月	541
8	月魯鐵木兒	太子詹事	至大四年三月	541
9	木剌忽	故太師月兒魯子	至大四年十月戊子	547
10	脫兒赤顏	太師、錄軍國重事、知樞密院事	皇慶元年春正月甲辰	549
11	醜　漢	知樞密院事	皇慶元年春正月庚戌	549
12	答失蠻	知樞密院事	皇慶元年十二月庚辰罷 延祐元年十一月辛未再任	554 567
13	完　澤	宣徽院使	皇慶二年九月癸巳	558
14	禿忽魯	前中書右丞相	延祐元年十一月戊寅	567
15	鐵木兒脫	同知樞密院事	延祐二年十月乙未	571
16	燕鐵木兒		延祐三年七月丙寅	574

〔註107〕李則芬，《元史新講》第 3 冊，頁 368 之論述。
〔註108〕見《元史》24～28〈仁宗・英宗本紀〉，頁 535～633 之記載。

17	床兀兒	同知樞密院事	延祐三年十二月丁亥	575
18	禿滿迭兒	內宰領延福司事	延祐四年十二月丁巳內宰領延福司事	581
19	忠嘉	同知樞密院事	延祐五年十一月己巳	587
20	鐵木兒不花	宗正扎魯火赤	延祐七年六月丁巳	603
21	買驢	知樞密院事	延祐七年七月甲申	604
22	哈丹	知樞密院事	延祐七年七月甲申	604
23	欽察台	甘肅行省平章	延祐七年七月	604
24	闊徹伯	典瑞院使	延祐七年十二月丙寅	608
25	班丹	鐵木迭兒子同知樞密院事	至治二年閏五月戊申	623
26	只兒哈郎	御史大夫	至治二年十二月癸未御史大夫	626

　　上述二十六位知樞密院事，原任職務為知樞密院事的有九位，同知樞密院事者有四位，合計十三位；而其他職務轉任者也有十三位，可見這個怯薛的大本營，有其安定性與容納性，是安插勳臣的重要機構。

　　御史大夫也是給安插勳臣，塔思不花為海山時的中書右丞相；沙沙為海山時的徽政院使；火尼赤為海山朝連任的御史大夫。其後調任的有伯忽、禿禿合、鐵木兒不花。鐵木兒不花曾任知樞密院事，封宣寧王。

> 鐵失者，當英宗即位之初，以翰林學士承旨、宣徽院使，為太醫院使。未逾月，特命領中都威衛指揮使。明年，改元至治，有珍珠燕服之賜。三月，特授光祿大夫、御史大夫，仍金虎符、忠翊侍衛親軍都指揮使，依前太醫院使。〔註109〕

鐵失出身宣徽院，在愛育黎拔力八達時期就常以翰林學士承旨與宣徽院使身分陪侍皇帝，可見他早已是統治集團中的核心人物。

> 公固辭，不允。仍命伯答沙以羊酒飲公為慶。宣徽使帖失侍坐便殿，公入見，亦賜坐。仁宗顧帖失曰：「哈散且老，恐不能久總機務，欲令有才力者代之。月魯帖木兒識量明遠，二三年間浸加名爵，俟其地位可及，必大用之。」〔註110〕

至治元年（1321）三月，碩德八剌拔擢鐵失為御史大夫，佩金符，領忠翊侍衛親軍都指揮使，其拉攏鐵失的態度相當明顯。

〔註109〕見《元史》207〈逆臣‧鐵失傳〉，頁4599之記載。
〔註110〕危素，《危太樸文續集》7〈故榮祿大夫江浙等處行中書省平章政事月魯帖木兒公行狀〉，收錄於《全元文》第48冊（南京：鳳凰出版社，2004年），卷1477，頁411之記載。

> 英宗嘗御鹿頂殿，謂鐵失曰：「徽政雖隸太皇太后，朕視之與諸司同，
> 凡簿書宜悉令御史檢覈。」既而又命領左右阿速衛。冬十月，英宗
> 親祀太廟，以中書左丞相拜住爲亞獻官，鐵失爲終獻官。〔註111〕

鐵失也出自於皇室的歷代姻戚，是碩德八剌皇后的兄弟。而且鐵失與鐵木迭兒有強固的聯繫，鐵木迭兒援引鐵失爲御史大夫。

> 而援鐵實爲御史大夫，又以其子八里吉思爲宣政中政等九使，鎖南
> 爲治書侍御史，姻黨分據要途。〔註112〕

在答己太后的保護下，鐵木迭兒在徽政院和宣徽院的親信實際上組成了一個對抗中書省的權力中心，鐵失則兩邊討好。

> 英宗嗣位，召拜御史大夫。時帖赤先爲大夫，陰忌之，奏改江南行
> 臺御史大夫。復嗾言者劾其擅離職守，將徙之雲南，會帖赤伏誅，
> 乃解。家居不出者五年。〔註113〕

鐵失爲御史大夫，碩德八剌以常例，準備召海山時代的重臣康里脫脫還朝同列御史大夫，但爲鐵失所阻擋。

> 明年冬十月，江南行臺御史大夫脫脫以疾請于朝，未得旨輒去職，
> 鐵失奏罷之，杖六十七，謫居雲南。〔註114〕

頒佈了《大元通制》後，碩德八剌政權猶有不穩定的因素，即位以來碩德八剌以拜住和鐵失爲兩個中心集中軍政權力。延祐七年（1320）四月，碩德八剌以太常禮儀院使怯薛長拜住爲中書平章政事；同年五月，又以拜住取代阿散爲中書左丞相。至治二年（1322）二月，委任其掌管新設置的左右欽察衛，拜住是忽必烈時期擁護漢法的右丞相安童之孫。可是，隨後此二人反目，並招致了碩德八剌政權的崩潰。而二人之反目與鐵木迭兒家族有很大關係。

> 秋某月，王至自上京，視事于中書，首相稱疾不出以伺間，而謀爲
> 中傷。已而言疾愈將出，上使止之，氣乃沮。二年秋，遂以病死。
> 八里吉思與姦人妄獻民田，而冒受其直，王奏誅之。又奏黜鎖南，
> 以通言路。〔註115〕

〔註111〕見《元史》207〈逆臣・鐵失傳〉，頁 4599 之記載。
〔註112〕黃溍，《金華黃先生文集》34〈拜住神道碑〉，收錄於《全元文》第 30 冊，卷
　　　　967，頁 149 之記載。
〔註113〕見《元史》138〈康里脫脫傳〉，頁 3325 之記載。
〔註114〕見《元史》207〈逆臣・鐵失傳〉，頁 4599 之記載。
〔註115〕黃溍，《金華黃先生文集》34〈拜住神道碑〉，收錄於《全元文》第 30 冊，卷

至治二年（1322）鐵木迭兒死後，其子治書侍御史鎖南因拜住劾奏，被黜爲翰林侍講學士，鐵失曾庇護鎖南，試圖讓其官復原職。

> 治書侍御史鎖南，鐵木迭兒之子也，罷爲翰林侍講學士，鐵失奏復
> 其職，英宗不允。〔註 116〕

拜住就任中書右丞相後，再論劉夔獻田貪污事件，鐵木迭兒之子八里吉思因此被誅，翌年二月劉夔、囊加台伏誅。這樣獨攬中書省事的中書右丞相拜住與掌管御史臺事的鐵失之間，存在的矛盾極度惡化了。

> 既而負罪懼誅者復陰群僧言，國當有厄非作佛事而大赦無以禳之，
> 王叱曰：「爾輩不過圖得錦而已，又欲庇有罪耶！」姦黨聞之皆失色，
> 而八里吉思之囧上爲姦利事連鐵失恐不自保，遂予赤因鐵木兒等潛
> 蓄異謀。〔註 117〕

至治三年（1323）五月，監察御史蓋繼元、宋翼，奏請毀鐵木迭兒碑，碩德八剌同意；六月，毀鐵木迭兒碑；七月，籍鐵木迭兒家貲。

> 英宗嘗謂臺臣曰：「朕深居九重，臣下奸貪，民生疾苦，豈能周知，
> 故用卿等爲耳目。曩者，鐵木迭兒貪蠹無厭，汝等拱默不言，其人
> 雖死，宜籍其家，以懲後也。」又明年（三）正月，申命大夫鐵失，
> 振舉臺綱，詔諭中外。既而御史臺請降旨開言路，英宗曰：「言路何
> 嘗不開，但卿等選人未當爾。朕知嚮所劾者，率因宿怨，羅織成獄，
> 加之以罪，遂玷其人，終身不得伸。監察御史嘗舉八思吉思可任大
> 事，未幾，以貪墨伏誅。若此者，言路選人當乎，否乎？」時鐵木
> 迭兒既死，罪惡日彰，英宗委任拜住爲右丞相，振立紀綱，修舉廢
> 墜，以進賢退不肖爲急務。鐵施以姦黨不自安，潛蓄意圖。〔註 118〕

對於鐵失來說，作爲鐵木迭兒死後宣徽院怯薛集團的領導人，一種不詳的陰影好像漸漸迫近了。他必須找到一條擺脫困境的出路才可以，否則，悲慘的結局是可以設想的。在這種情況下，鐵木迭兒長期任宣政院使，與喇嘛僧侶的密切關係就只好派上用場了。〔註 119〕

　　　967，頁 149 之記載。
〔註 116〕見《元史》207〈逆臣・鐵失傳〉，頁 4599～4600 之記載。
〔註 117〕黃溍，《金華黃先生文集》34〈拜住神道碑〉，收錄於《全元文》第 30 冊，頁
　　　　150 之記載。
〔註 118〕見《元史》207〈逆臣・鐵失傳〉，頁 4600 之記載。
〔註 119〕藤島建樹，〈元朝における權臣と宣政院〉載於《大谷學報》第 52 卷第 4 號

時鐵木迭兒過惡日彰，拜住悉以奏聞。帝悟，奪其官，仆其碑。奸
黨鐵師等甚懼。帝在上都，夜寐不寧，命作佛事。拜住以國用不足
諫止之。既而懼誅者復陰誘羣僧言：「國當有厄，非作佛事而大赦無
以禳之。」拜住叱曰：「爾輩不過圖得金帛而已，又欲庇有罪耶？」
奸黨聞之益懼，乃生異謀。晉王也孫帖木兒時鎮北邊，鐵失遣人至
王所，告以逆謀，約事成推王爲帝。〔註120〕

鐵失首先考慮到的是利用碩德八剌信奉藏傳佛教的宗教意識，慫恿宮內喇嘛
僧侶誘勸皇帝實行大赦。但當拜住拆穿這個陰謀時，鐵失已無選擇，除了下
定決心要將這對年輕且自以爲是的君相加以刺殺外，沒有第二條路了。鐵失
陰謀弑君固然可以擺脫被立即誅殺的困境，但他也意識到這樣做更是構成死
有餘辜的大逆之罪。然而弑君固然有罪，擁立新帝確是有功的，鐵失決定冒
險一搏。〔註121〕

鐵失選擇晉王也孫鐵木兒而不是其他宗王，一方面，當然是也孫鐵木兒
駐守漠北，是蒙古諸王中最強有力的軍是游牧貴族首領；另一方面，則是和
宗教信仰有很大關係。也孫鐵木兒與他的部屬旭邁傑等蒙古世勳篤信藏傳佛
教，而另有很大部分的回教徒，也在晉王府中佔有很大的勢力。這些回教徒
以晉王內史倒剌沙爲核心，積極與宣徽院內侍集團密切聯繫。〔註122〕

延祐七年四月二十一日，中書省奏：「諸色戶計，都有當的差發有，
回回人每，并他放良通事人等，不當軍站差役。依體例合教當差發
的，多人言說，臺官每也幾遍動文書，『教商量者』麼道，有聖旨來。
如今俺商量來：回回、也里可溫、竹忽、答失蠻，除看守著寺院住
坐念經祝壽的，依著在前聖旨體例，休當者。其餘的每，並放良通
事等戶，在那州縣裏住呵，本處官司抄數了，定立文冊。有田的，
教納地稅，做買賣，納商稅。更每戶額定包銀二兩折至元鈔一十貫，
驗著各家物力高下，品答均科呵，怎生？」奏呵，奉聖旨：「依著恁
眾人商量來的，行著。」〔註123〕

（京都：大谷大學，1973 年），頁 17～31 之論述。

〔註120〕見《元史》136〈拜住傳〉，頁 3305 之記載。

〔註121〕蕭功秦，〈英宗新政與南坡之變〉載於《元史論叢》第 2 輯，頁 154 之論述。

〔註122〕見《元史》29〈泰定帝本紀〉，頁 637 之記載。

〔註123〕見《至正條格》27〈賦役‧回回納稅〉（首爾：韓國學中央研究院編，2007
年），頁 76 之記載。

由於碩德八剌減少對蒙古部民及蒙古貴族的扶助，而且抑制回回人。碩德八剌即位（延祐七年三月十一日）不滿一月，即於四月六日罷回回國子監；不久，又下令課回回散居郡縣者戶歲輸包銀二兩；過了一年（至治元年五月三日），並搗毀了上都的回回寺，以其地營造帝師殿。

元朝母后在立帝與朝政中的作用很大，答剌麻八剌的長妃答己從愛育黎拔力八達奪位的鬥爭開始參與國政，武、仁時期，她以懿旨與聖旨、令旨並行，直接干預朝政。碩德八剌初期，答己的勢力達到顛峰，但至治二年答己與鐵木迭兒的去世，整個政治生態逐漸失去平衡。〔註124〕

這樣，在學術、宗教、差稅方面，回回人都受到打擊，這當然與原中書左丞相合散被殺有關。這些作為引起握有重要政治軍事勢力的回回各族的反感，尤其是晉王內史府的倒剌沙等回回重臣，與中央不滿漢法政治改革的蒙古貴族，組成聯合戰線，南坡之變因此發生。〔註125〕

表3-15　南坡之變參與謀弒集團人員背景表

編號	姓　名	官　職	備　　註
1	鐵　失	御史人夫	國舅，忠翊、左阿速、右阿速衛親軍指揮使，太醫院使，兼領廣惠司事。
2	也先帖木兒	知樞密院事	淇陽王，第四怯薛長。
3	失禿兒	大司農	第二怯薛長，當天輪值怯薛長。
4	赤斤鐵木兒	前平章政事	曾任翰林學士承旨、集賢大學士，當天怯薛歹。
5	完　者	前雲南行省平章政事	又譯完澤，曾任太子詹事、中書平章政事、宣徽使、知樞密院事，當天怯薛歹。
6	鎮　南	前治書侍御史	鐵木迭兒之子，當天怯薛歹。
7	鎖　南	宣徽使	鐵失之弟，當天怯薛歹。
8	脫火赤	典瑞使	怯薛執事。
9	阿　散	樞密院副使	倒剌沙之子，拜住宿衛。
10	章　台	僉書樞密院事	怯薛在樞密院的斷事官。
11	禿　滿	衛士	專任怯薛歹。

〔註124〕岡田英弘，〈元朝秘史の成立〉171頁之論述：「武宗、仁宗の兩朝を通じて，實權は皇帝ではなく，興聖宮皇太后が握っていた。英宗はこの狀況を打破すべく，1322年に太皇太后が崩ずると，ジャライルのアントンの孫バイジュを中書右丞相に任じて改革に乘り出した。これは興聖宮の利權に巢くう舊勢力と眞向から衝突することにたり。」
〔註125〕楊志玖，《元代回族史稿》，頁224之論述。

12	按梯不花	諸王	前安西王阿難答之弟。
13	孛 羅	諸王	阿里不哥之孫。
14	月魯鐵木兒	諸王	前安西王阿難答之子。
15	曲呂不花	諸王	又譯曲律不花。
16	兀魯思不花	諸王	憲宗蒙哥汗之孫，昔里吉之子。

當時，以鐵木迭兒的死黨鐵失（鐵木迭兒的義子，當時任御史大夫）和
也先鐵木兒（博爾忽家）、諸王月魯鐵木兒（安西王阿難答之子）、按壇不花
（阿難答之弟）爲中心的集結，進行對碩德八剌與拜住的暗殺陰謀。結果，
碩德八剌與拜住在從上都往大都的歸途中，於上都附近的南坡被殺。整個參
與南坡之變的諸王、大臣共十六人名列在《元史》本紀之記載：

> 車駕南還，駐蹕南坡。是夕，御史大夫鐵失、知樞密院事也先帖木
> 兒、大司農失禿兒、前平章政事赤斤鐵木兒、前雲南行省平章政事
> 完者、鐵木迭兒子前治書侍御史鎖南、鐵失弟宣徽使鎖南、典瑞院
> 使脫火赤、樞密院副使阿散、僉書樞密院事章台、衛士禿滿及諸王
> 按梯不花、孛羅、月魯鐵木兒、曲呂不花、兀魯思不花等謀逆，以
> 鐵失所領阿速衛兵爲外應，鐵失、赤斤鐵木兒殺丞相拜住，遂弒帝
> 於行幄。〔註 126〕

不論碩德八剌統治的得失如何，其結束是既突然而又悲慘。至治三年八月四
日（1323.9.4）皇帝一行從上都返回大都，在上都南面三十里的南坡駐帳。當
天深夜，御史大夫鐵夫帶領他管領的阿速衛軍，衝進皇帝的大帳，將碩德八
剌和拜住二人殺死。直接參與這次政變的有十個官員，一個衛士與五個諸王。
但值得討論的應是怯薛的輪值。〔註 127〕

〔註 126〕見《元史》28〈英宗本紀〉，頁 632～633 之記載。

〔註 127〕洪金富，〈元朝怯薛輪值史料攷釋〉載於《中央研究院歷史語言研究所集刊
74-2》325～388 頁論述：西元 1916 年，箭內互據 18 條史料，宣稱四怯薛按
地支輪班之制，世祖以後，實未嘗行。片山共夫與葉新民則證明四怯薛條所
載，基本符合歷史實際。或謂輪值地支，僅適用於至元二十八年以後。有關
仁宗、英宗時期的四怯薛輪值史料如下：木剌忽怯薛四見，三條無誤，另一
條經考證後修正亦無誤。木剌忽爲博爾朮曾孫，玉昔帖木兒之子，世領第二
怯薛。南坡之變爲癸亥日，屬第二怯薛第一日。拜住在仁宗、英宗時期怯薛
輪值史料最多，共十一見，其中九條無誤，二條經考證後修正亦無誤。拜住
爲木華黎後人，所領爲第三怯薛。也先帖木兒怯薛史料七見，他是博爾忽曾
孫月赤察兒之子。蕭師啓慶謂，博爾忽後人至遲自世祖至元二十一年起，已
經世領第四怯薛。

參加謀弒的集團成員都具有怯薛身分，得以進入宿衛範圍內，而且當日應輪由失禿兒擔任第二怯薛輪值之日。

> 至治元年七月初二日，本監卿大司徒苫思丁榮祿傳：奉當年六月二十三日失禿兒怯薛第三日睿思閣後鹿頂殿內有時分，對速古兒赤八思吉思院使、鎖南院使、朶歹承旨、欽察歹知院等有來，拜住丞相、塔剌海員外郎兩個特奉聖旨：「三顆玉寶、一顆象牙寶，分付與秘書監裏教收拾著。」麼道，聖旨了也，欽此。〔註128〕

失禿兒應是弒君叛逆集團選擇至治三年八月四日（1323.9.4）進行弒君行動的關鍵人物，當時失禿兒擔任大司農，但這個官職並非關鍵，重要的是他長第二怯薛，事當天輪值的怯薛長。

> 初，朶兒只爲集賢學士，從其從兄丞相拜住在上都。南坡之變，拜住遇害。賊臣鐵失、赤斤鐵木兒等并欲殺朶兒只，其從子朶爾直班方八歲，走詣怯薛官失都兒求免，以故朶兒只得脫於難。〔註129〕

當天爲癸亥日，亥日輪值應爲第二怯薛長的第一輪值日，失禿兒曾在至治元年六月二十三日（1321.7.18）爲輪值怯薛長。依據《秘書監志》的記載，當時失禿兒爲怯薛長，鐵木迭兒之子宣政院使八思吉思、鐵失的弟弟宣徽使鎖南，當時都是擔任怯薛執事中的速古兒赤（掌管大汗的御服供應）。八思吉思在至治二年十二月十一日（1323.1.18）因坐受劉夔冒獻田地而伏誅，此舉或許使得怯薛執事們寒心，因而產生了弒君的潛在心態。

在官僚職務上，沒有現任中書省大臣或官員參加，而諸王高達五位，幾近總人數三分之一。所以此次從參與、支持、默許者人數之多，充分表明南坡之變事件，遠遠超過蒙古統治階層內部爭權奪利的內鬨性質範圍，它是蒙古色目統治階層內部因利益不同而分化出來的二大集團之間的一場深刻的政治衝突。

簡而言之，鐵木迭兒一派的殘餘勢力與不滿的蒙古諸王結盟，終於演出了南坡之變。探視其更深的背景，碩德八剌的被殺是怯薛與官僚兩個政治集團之間衝突的極點，而這種衝突至少在愛育黎拔力八達初年就已經開始有跡象了。愛育黎拔力八達父子在達化的蒙古大臣和漢人儒臣的支持下，作了多

〔註128〕王士點、商企翁編次，高榮盛點校，《秘書監志》（杭州：浙江古籍出版社，1992 年），頁 101 之記載。
〔註129〕見《元史》139〈朶兒只傳〉，頁 3355 之記載。

種努力使元廷更加儒化，這意味著加強中央集權和官僚體制。另一方面，以皇太后答己和他的親信鐵木迭兒、鐵失等爲首的一派似乎不只是爲他們自己的利益而鬥爭，他們還在蒙古、色目貴族和官員中得到了廣泛的支持，這些貴族和官員對於有損於他們世襲政治、經濟特權的改革自然是持反對態度。雖然碩德八剌在答己皇太后和鐵木迭兒死後贏得了短暫的勝利，他的進一步行動卻激起反叛，並導致了他自己的悲慘死亡。

二大家族捲入政爭漩渦，木華黎家族的拜住與皇帝同遭難於南坡，其從兄弟朵兒只也險遭不測；而博爾忽家族的也先鐵木兒弑英宗於南坡，迎立泰定帝，雖因此得官拜中書右丞相，但不久即遭誅戮。蕭師啓慶認爲：二大家族某一成員的政治錯誤，雖使家族暫時遭到挫折，但並不會導致整個家族的覆亡，主要是同一家族的子孫往往黨同伐異，支持政爭中不同的皇裔；另外，不問大汗何人，都需要這些家族的子孫來點綴宮廷。〔註 130〕

至治三年（1323）八月癸亥，第九代的蒙古大汗，從忽必烈算起的第五代大元朝皇帝碩德八剌，在御史大夫鐵失及以下高級將官的陰謀策動下，與中書右丞相拜住於移動式天幕中遇害。當時正是秋高氣爽的季節，他們從夏期之都的上都南還多期之都的大都途中，野營的地點是有名的宿驛行營地南坡店。

被弑當時，碩德八剌年僅二十一歲。第二年二月有了漢語廟號「英宗」；同年四月有了蒙古語諡號「格堅」皇帝，這個可能在其生前就有的稱號，意味英明之君。〔註 131〕碩德八剌皇帝，其絕大權力者祖母答己太皇太后在年前的至治二年（1322）九月丙辰日，以及其寵臣太師右丞相掌握中央政權的鐵木迭兒早二十六日的八月庚寅日，相繼去世的結果，碩德八剌在自身被殺害前能讓新政實行。密謀中心人物果然不出所料，就是殺害碩德八剌本人的鐵失，他一掃舊鐵木迭兒黨羽僅一人的態勢，睹上了自己的生命前途，皇帝與右丞相都死在他手上。

歷代的蒙古皇帝之死因，自然死的並不少，疑似他殺的場合也很多，但公然明目張膽的刺殺皇帝，還是頭一遭。歷史上，對此次事變的弑虐行動以駐蹕地爲名，稱之爲「南坡之變」。

延祐七年（1320）三月，十七歲的碩德八剌順利地繼承他的父親愛育黎

〔註 130〕蕭啓慶，《元代史新探‧元代四大蒙古家族》，頁 188～189 之論述。
〔註 131〕洪金富，〈元朝皇帝的蒙古語稱號問題〉載於《漢學研究》第 23 卷第 1 期（台北：漢學研究中心，2005 年），頁 475〔註 24〕之探討。

拔力八達，登上皇位。他在位僅短短四年。至治三年（1323）八月，當他與
中書右丞相拜住從上都返回大都，途徑南坡駐蹕時，被以御史大夫鐵失爲首
的一伙蒙古貴族官僚所殺，這就是元朝著名的弑君政變，稱爲南坡之變。這
場政變似乎牽涉到長期以來的派系問題，雖然愛育黎拔力八達在後期政治上
漸趨保守，但碩德八剌被立爲太子後，又進一步成爲朝內外儒臣竭力施加影
響的對象。等碩德八剌即位後，爲了牽制鐵木迭兒，鞏固自己的政治地位，
把木華黎的後代，忽必烈時期的丞相安童之孫立爲中書左丞相，並引爲心腹。
如果說，中書右丞相是元朝中葉蒙古保守貴族勢力的典型代表，二十五歲的
拜住，則是蒙古貴族中分化出來的完全不同的一種類型。〔註132〕

　　元朝中葉蒙古統治階層內部出現新的分化，除了帶有保守性格的軍事遊牧
貴族勢力以外，從蒙古統治階層中分化出來的，長期定居中原和南方的地主化
之貴族官僚，他們的政治勢力也漸漸有了發展，他們和漢族在經濟上有更爲密
切的聯繫，也更熱衷以地租剝削的方式來維持其階級利益，碩德八剌和拜住正
是這一集團在政治上的代表。但是碩德八剌所進行的改革，觸犯了大多數保守
的蒙古色目貴族的利益，自然引起他們的抵制和反對。尤其中央與行省不斷增
置的冗官冗署，本來是貴族特權賴以寄生的肥缺美差，碩德八剌一紙詔令，減
去七、八十餘署，不可謂不是對蒙古色目特權集團的一項直接打擊。鐵木迭兒
死後，這些反帝派的勳貴們集合到鐵失周圍。鐵失是鐵穆耳的外孫，也是碩德
八剌的大舅子，更是鐵木迭兒的養子及親信。在碩德八剌的朝廷上，他是最有
權勢的大臣之一，以御史大夫兼忠翊衛、阿速衛都指揮使。

　　碩德八剌對鐵失的寵信，似乎並未因他涉及誆取官弊案而改變，以鐵失
獨署御史大夫事，就發表在事後二個多月的至治三年五月。但到了六月，形
勢忽然發生了變化。由於拜住等人將鐵木迭兒的過惡反覆陳奏，碩德八剌和
對這個死去已近一年的權臣之憎惡，竟急劇加深而不能自抑。他的怒火開始
發洩到被視爲鐵木迭兒奸黨的那些朝臣，包括先已宣布赦免不究的御史大夫
鐵失身上。此時恰逢碩德八剌在上都夜寐不寧，懼誅者於是唆使番僧建言作
佛事禳災，希冀借作佛事而獲得大赦。但拜住卻聲色俱厲地責備番僧：「爾等
不過圖得金帛而已，又欲庇有罪邪？」鐵失等人把拜住的話理解爲皇帝又要
懲治有罪者的暗示。聞之益懼，乃生異謀。八月，碩德八剌在從上都南還途
中駐蹕南坡。鐵失以所領阿速衛兵爲外應，先殺拜住，又入行幄刺殺碩德八

<hr>

〔註132〕蕭功秦，〈英宗新政與南坡之變〉載於《元史論叢》第 2 輯，頁 147 之論述。

刺。自答己太皇太后死後重新推行的至治新政，不到一年復遭中止。〔註 133〕

　　從表面上看來，南坡之變完全是一次難以事先預料的突發性事件。但它的發生又與碩德八剌的個人性格，以及當時的蒙古、色目勳貴與漢法派之間的鬥爭形勢，具有某種程度的必然聯繫。雖然漢族文人經常喜歡按照儒家觀念將碩德八剌的形象理想化，但他的個人性格卻絕非如此單純。或許恰恰是由於長期受太皇太后的壓抑，碩德八剌似乎比他之前的任何一個皇帝都熱衷于表現天子的威嚴。史稱：「英宗臨朝，威嚴若神；廷臣懍懍異懼。」又稱當時禁衛周密，若非元勳貴戚，不得入見。但是在威嚴若神的虛名下處處受制於答己太皇太后，反過來更增加了碩德八剌的心理挫折，結果只好遷怒于臣下。因此，朝廷上諸大臣，甚或近侍，動遭譴責，與以前諸朝講求惟和，對臣下寬縱有餘的政風完全不同。他的另一種發洩的方法則是酗酒，但酗酒又往往以乘醉殺人收場。還有傳說他有吸食鴉片、縱情聲色的嗜好，延祐七年（1320）七月，回回太醫進藥曰「打里牙」，給鈔十五萬貫；十二月，修秘密佛事于延春閣。按打里牙爲波斯語鴉片的音譯；而藏傳佛教的男女雙修、恣情房中的秘密佛法一派也在宮廷中流傳。

　　碩德八剌曾爲憲臺官員諫其修壽安山佛事，殺監察御史觀音保、鎖咬兒哈的迷失，杖竄成珪、李謙亨，引起轟動朝野的四御史之獄。這種專制個性使他難以在自己身邊聚集起眞正積極維護新政的政治勢力，同時卻把越來越多的官僚推向自己的政敵一邊。答己太皇太后與鐵木迭兒死後，他不但沒有

〔註 133〕葉新民，《元史論叢》4〈兩都巡幸制與上都的宮廷生活〉151 頁論述：按照元朝制度，天子時巡上京，則宰執大臣，下至百司庶府，各以其職，分官扈從。（黃溍，《黃金華集》8，〈上都御史臺殿中司題名記〉）中書省、御史臺、樞密院三大系統的官員和僚屬都要派人參加扈從。每年皇帝巡幸上都，御史臺殿中司必須派二名殿中侍御史，歲至上都，官曹之從幸者，不出三日，皆以關白：出三日，非有故不至，得糾其罪，此殿中侍御史之職。（危素，《危太僕集》2，〈殿中司題名記〉）翰林國史院的官員也要扈從，他們的主要任務是：取經史中切於心德治道者，用蒙古語或漢語向皇帝進讀。（虞集，《道園學古錄》11，〈書趙學士簡經筵奉議〉）對扈從百官規定騎二歲駒的答罕馬，延祐間拜住丞相常騎騾子出入，今則此禁稍緩。（楊瑀，《山居新語·巡幸之禁條》）除了大批官員僚屬外，扈從皇帝到上都的還有怯薛部隊和扈從軍，樞密院每年都要抽調大批衛軍充當扈從軍。忽必烈時，從駐紮在大都東南漷州（今北京漷縣）的中衛侍衛親軍中抽調兵力，每歲鑾輿行幸上京，則分其大半，以備扈從，餘則留屯於營力田。（析津志輯佚 35 頁）至大二年十一月，據樞密院報告，要從六衛漢軍內抽調騎兵六千人、步兵二千人參加扈從。（元史兵志宿衛）

利用時機示以寬恕，爭取緩解與太后集團黨羽的關係，而後再伺機各個擊破，反而自以為對立面已經瓦解，因此繼承對他們任情使法。鐵失敢以臣子弒君，重要的原因之一，是他看出了蒙古諸王勳貴已經對碩德八剌產生普遍的怨忿。《元史・英宗本紀》中有二年未提到朝廷對諸王頒發歲賜之事，如果這不是因為疏忽而忘了記載，則是碩德八剌汗對待宗親勳戚刻薄寡恩的又一例證。南坡之變發生時，宗戚之中，能自拔於逆黨，盡忠朝廷者，惟有買奴。這條史料生動地說明碩德八剌當時已經何等的孤立。因此，即使他不死於南坡，至治新政又能推行到何種程度，這也是不容樂觀的。〔註134〕

　　至治新政的核心問題就是行漢法，所謂漢法，就是建立在中原、南方封建農業經濟基礎之上並與之相適應的一套制度文化，包括中央集權制的官僚國家機器、法律制度與正統儒家思想等等。忽必烈汗即位之前，長期經營漠南漢地，對此有所認識，他起用大批儒臣，並採用一系列行漢法的措施。但是，另一方面有相當數量的保守蒙古貴族卻竭力主張以蒙古舊俗統治，從而形成頑固的消極勢力。自忽必烈汗以來，蒙古貴族內部行漢法派與守舊派之間不斷對峙，雙方力量互有消長。這種情況，到元朝中葉又逐漸有了新的發展。蒙古統治階層內部出現了新的分化。除保守的軍事游牧貴族勢力外，從蒙古統治階層中分花出來的，長期定居中原和南方的地主化的貴族官僚，他們的政治勢力也漸漸有了發展，他們和漢族在經濟上有更為密切的聯繫，也更熱衷以地租剝削的方式來維持其階級利益。碩德八剌和拜住，正是這一集團在政治上的代表。中央既然為官僚系統所把持，怯薛系統只得將希望寄託在北方王國。南坡之變後，鐵失等人迎立當時鎮守漠北的晉北也孫鐵木兒，晉工就在克魯倫河畔即位，是為泰定帝。〔註135〕

　　至治三年（1323）十月，泰定帝也孫鐵木兒誅殺鐵失等逆賊後，以名正言順的姿態君臨天下。儘管時人梁寅在《石門集》曾稱讚泰定帝也孫鐵木兒「能不賞私勞，逆臣正法」；〔註136〕然而，這項後來舉動實為人心所向的逼迫。

〔註134〕姚大力，〈從變通祖制到粉飾文治〉載陳得芝主編《中國通史》第 8 卷，頁477～484 之論述。

〔註135〕岡田英弘，〈元朝秘史の成立〉171 頁之論述：「この當時，フンギラト氏の母からまれた皇族といえば，チンギス・ハンの四大オルトを領する晉王イェスン・テムルしか殘っていなかった。そこでテクシ等は晉王を迎立せんとし。」

〔註136〕梁寅，《石門集》（台北，新文豐出版公司〈元人文集珍本叢刊〉影印光緒刊本，頁 17 上。

但也孫鐵木兒的潛邸近臣與逆黨的要結，也並非是沒有證據。依據《元史》卷二九〈泰定本紀〉一開頭就有詳細記載。

> 至治三年三月，宣徽使探忒來王邸，爲倒剌沙言：主上將不容于晉王，汝盍思之。於是，倒剌沙與探忒深相要結。八月二日，晉王獵于禿剌之地，鐵失密遣斡羅思以其事來告曰：我與哈散、也先帖木兒、失禿兒謀已定，事成，推立王爲皇帝。又命斡羅思以其事告倒剌沙，且言：汝與馬速忽知之，勿令旭邁傑得聞也。〔註137〕

另在宋褧的《燕石集》卷一五〈宋本行狀〉亦有明確的記載。〔註138〕碩德八剌的被剌，造成「元貞體制」的崩潰，中書省大臣皆無參加此次弒君行動，官僚集團已經失去政治主導權，怯薛集團是也孫鐵木兒新權力結構的主要核心成員，「泰定體制」隨之展開。另《元文類》卷五三虞集〈張珪墓誌銘〉有詳細描述。〔註139〕《滋溪文稿》卷八〈李朮魯翀神道碑〉亦有相同意見。〔註140〕

　　碩德八剌的改革與新政，觸犯了大多數保守的蒙古色目貴族的利益，自然引起他們的抵制與反對。元朝軍事游牧貴族集團是依靠軍功世襲和歲賜財幣維持自己的特權，他們把國家常常視爲祖先遺贈的一份巨大家產，自然把科舉、引薦漢人、行漢法等視爲對其世襲傳統利益的侵犯和威脅，這也是怯薛集團和官僚集團的潛在矛盾。袁桷稱拜住選賢與能，奸黨滋懼，正是從漢族仕紳地主角度來看世襲貴族集團中反對派對起用儒臣的抵制心理。如果說愛育黎拔力八達稍稍起用一些儒臣，就遭到世家子弟以才名進者的強烈反對，以致虞集、吳澄不得不先後病免或投檄而去，那麼，碩德八剌在短期內試圖作出上述安排，自然更直接觸犯了他們的世襲利益。

　　碩德八剌改革政治的其他措施，也同樣不利蒙古色目的保守貴族集團。

〔註137〕見《元史》29〈泰定帝本紀〉之記載。

〔註138〕宋褧，《燕石集》15〈宋本行狀〉之記載：「泰定元年春，拜監察御史，按劾所言：逆賊鐵失等伏誅，其黨樞密副使阿散身先弒逆，後乃告變。朝廷以公掩過，恬不加罪。公上疏言其罪滅絕倫理，雖有莫大之功，舉不足贖，起早正天討。」

〔註139〕蘇天爵，《元文類》53〈張珪墓誌銘〉之記載：「久之，稍有知上暴薨于南坡者。公還顧無與共事，而魏王徹徹禿以親王監省，有感動意，因曰：若此大統當在晉邸，我有密書陳誅定亂之宜，非王莫敢致。於是，王遣人達其書。今上皇帝位于龍居河，躬行大誅，罪人以次就戮。」

〔註140〕虞集，《滋溪文稿》8〈李朮魯翀神道碑〉之記載：「英皇崩，王（拜住）亦遇害，逆黨列居津要，公（李朮魯翀）移疾不出。晉邸遣使誅其逆黨，公即起視事。」

如中央與行省的不斷增置的冗官冗署，本來是貴族特權階級賴以寄生的肥缺美差，碩德八剌汗一紙詔令，減罷七、八十餘署，不可謂不是對蒙古色目特權集團的又一直接打擊。另一方面，碩德八剌力圖改變積重難返的弊習。他常警告群臣說，卿等居高位，食厚錄，當勉力圖報，若為不法，則刑必無赦，其矛頭所向又是蒙古上層貴族官僚集團。蘇天爵在《滋溪文稿》中的一段史料，十分有力的證明，蒙古保守貴族對新政的不滿和抵制，正是「南坡之變」的主要政治原因。至治二年（1322）冬，天子勵精圖治，獨任丞相，期望恢復中統至元之盛。丞相拜住也感激盡力，銳然勇為，思稱天子責任之意。如此君臣一心，親信無間，真千載之一時也。拜住因上言，臣少無能，蒙陛下拔擢，待罪丞相。方欲除惡進善，致治隆平，諸人共阻撓之。臣度不能有所為矣。上曰，卿有言，第言之，他人言，朕弗從也。在這一段珍貴的史料中，感覺出新政推行者所遭到的沉重壓力和困難，透露出少年君臣孤獨的一面。

第四章　泰定體制與漠北政權

　　泰定皇帝也孫鐵木兒是在元朝最高統治集團崩解之際，入主大都，重新
建構中央權力系統而君臨天下的。在中原儒治化的仁、英二宗之後，來自漠
北的草原皇帝卻帶來嶄新的格局。至治三年十二月改元詔書說：

> 詔曰：「朕荷天鴻禧，嗣大歷服，側躬圖治，夙夜祇畏，惟祖訓是遵。
> 乃開歲甲子，景運伊始，思與天下更新。稽諸典禮，踰年改元，可
> 以明年為泰定元年。」〔註1〕

也孫鐵木兒在建構其新權力結構中，「調和」是一個基調，所以並沒有遭遇多
大困難，主要是因為原先的蒙古統治集團已經崩解，從外部建構統治階層比
從內部重組要容易得多。

　　第一節「君權的繼承與延續」，論述皇帝也孫鐵木兒為「君權」之繼承、
鞏固並延續，所作的努力。第二節「君臣一體下的相權發展」，論述首相呈現
出內為主奴一體，而外為君臣一體的權力結構。第三節「新統治集團權力系
統之建構」，論述怯薛與官僚集團權力系統之發展。

第一節　君權的繼承與延續

　　也孫鐵木兒可能是元朝最幸運的皇帝，大德六年（1302），父親老晉王甘
麻剌去世，十歲的也孫鐵木兒襲封「晉王」，成為全蒙古帝國最顯貴的親王；
至治三年（1323），英宗碩德八剌被弒，三十一歲的也孫鐵木兒又被擁立為皇

〔註1〕見《元史》29〈泰定帝本紀〉（北京：中華書局，1976年），頁642至治三年
　　　十二月丁亥條。

帝。其在位五年，《元史》給他的評價，頗爲公允。

> 泰定之世，災異數見，君臣之間，亦未見其引咎責躬之實。然能知
> 守祖宗之法以行，天下無事，號稱治平，茲其所以爲足稱也。〔註2〕

也孫鐵木兒由北方王國之外藩入爲皇帝，其具有較爲明顯的蒙古大汗與中原皇帝雙重性格。故而在其君權的發展中，宗王的支持與漢法的表象，都有莫大的助益。「優遇宗王」與「敷以漢法」也就成爲也孫鐵木兒爲君之準則。

一、晉王稱帝的正統性與合法性

晉王也孫鐵木兒，是皇帝碩德八剌被刺殺後的最大受益者，他達成父親三十年前的願望，成爲元朝的新任皇帝。他論述其得位的正統性與合法性，可從他的即位詔書看出。

> 薛禪皇帝可憐見嫡孫、裕宗皇帝長子、我仁慈甘麻剌爺爺根底，
> 封授晉王，統領成吉思皇帝四個大斡耳朵，及軍馬、達達國土都
> 付來。依著薛禪皇帝聖旨，小心謹慎，但凡軍馬人民的不揀甚麼
> 勾當裏，遵守正道行來的上頭，數年之間，百姓得安業。在後，
> 完澤篤皇帝教我繼承位次，大斡耳朵裏委付了來。已委付了的大
> 營盤看守著，扶立了兩個哥哥曲律皇帝、普顏篤皇帝，姪碩德八
> 剌皇帝。我累朝皇帝根底，不謀異心，不圖位次，依本分與國家
> 出氣力行來，諸王哥哥兄弟每，也都理會的也者。今我的姪皇帝
> 生天了也麼道，迤南諸王大臣、軍上的諸王駙馬臣僚、達達百姓
> 每，眾人商量著；大位次不宜久虛，惟我是薛禪皇帝嫡派，裕宗
> 皇帝長孫，大位次裏合坐地的體例有，其餘爭立的哥哥兄弟也無
> 有，這般，晏駕其間，比及整治以來，人心難測，宜安撫百姓，
> 使天下人心得寧，早就這裏即位提說上頭，從著眾人的心，九月
> 初四日，於成吉思皇帝的大斡耳朵裏，大位次裏坐了也。交眾百
> 姓每心安的上頭，赦書行有。〔註3〕

詔書中提到的有「諸王哥哥兄弟每」、「迤南諸王」、「軍上的諸王」，這些王的支持，對於也孫鐵木兒的帝位確認有很大的意義。日本學者杉山正明認爲：這份「詔書」是由鐵失身旁策士所擬，目的在取得也孫鐵木兒的信任，並爲

〔註2〕見《元史》30〈泰定帝本紀〉，頁687之記載。
〔註3〕見《元史》29〈泰定帝本紀〉，頁638～639之記載。

未來更立新君作準備。「新君」是參與謀逆的安西王阿難答之子月魯鐵木兒，鐵失等人原想擁立的皇室子孫就是月魯鐵木兒。〔註4〕

惟從晉王府內史倒剌沙在「南坡之變」前的動作，顯示也孫鐵木兒對「弒君密謀」是瞭若指掌的。

> 王府內史倒剌沙得幸於帝，常偵伺朝廷事機，……八月二日，晉王獵於禿剌之地，鐵失密遣斡羅思來告曰：「我與哈散、也先鐵木兒、失禿兒謀已定，事成，推王爲皇帝。」〔註5〕

也孫鐵木兒的家庭背景和更早些的帝位繼承歷史，很容易看出他有謀求帝位的強烈野心。也孫鐵木兒的父親甘麻剌，是眞金的長子，在至元三十一年（1294）即是帝位的強有力的競爭者。所以論也孫鐵木兒的帝位繼承權，他應當是相當具有資格的。雖然周良霄以甘麻剌非闊闊眞所生，而認定其不具備繼承皇位的資格，他的兒子也孫鐵木兒當然更不具備此種資格。〔註6〕

事實上，元朝的帝位繼承制度，一直無法確立。海山的繼位，說明了雖然「次序居長」的資格有關，但更爲重要的是，海山作爲漠北最高軍事統帥所擁有的武裝實力和威懾力量。從海山之後，愛育黎拔力八達與碩德八剌父子，相繼以「皇太子」身分登上皇帝寶位，表面上，帝位更迭呈現出穩定狀態。事實上，帝位繼承危機一直存在統治階層中。〔註7〕

大德六年（1302），也孫鐵木兒襲封晉王，統領成吉思汗四大斡耳朵，成爲當時眞金的孫子中地位最高的人。因此，在大德十一年（1307）他與海山與愛育黎拔力八達一樣具有繼承帝位的資格。在其後幾朝皇帝在位時，也孫鐵木兒憑藉在漠北的廣大封地和強大的軍隊，成爲朝廷最爲尊崇的宗王。

將皇帝寶璽獻給也孫鐵木兒的極其尊貴的同姓王與異姓王，前者是秦王忙哥剌的兒子按梯不花、孫兒月魯鐵木兒；後者是淇陽王月赤察兒的兒子也先鐵木兒。在也孫鐵木兒成爲皇帝的當天，也先鐵木兒成爲新任中書右丞相，而月魯鐵木兒也如願襲封安西王。

〔註4〕杉山正明，〈大元ウルスの三大王國〉載於《京都大學文學部研究紀要》34（京都：京都大學文學部，1995年），頁145～150之論述。

〔註5〕見《元史》29〈泰定帝本紀〉，頁638之記載。

〔註6〕周良霄，〈蒙古選汗儀制與元朝皇位繼承問題〉載於《元史論叢》第3輯（北京：中華書局，1986年），頁42～44之論述。

〔註7〕蕭功秦，〈論元代皇位繼承問題〉載於《元史及北方民族史研究集刊》第7期（南京：南京大學歷史系元史研究室，1983年），頁28～32之論述。

癸亥，英宗南還，駐蹕南坡。是夕，鐵失等矯殺拜住，英宗遂遇弒
于幄殿。諸王按梯不花及也先鐵木兒奉皇帝璽綬，北迎帝于鎮所。
九月癸巳，即皇帝位於龍居河，大赦天下。……是日，以知樞密院
事淇陽王也先鐵木兒爲中書右丞相，諸王月魯鐵木兒襲封安西王。

〔註8〕

這裡提到的按梯不花，又譯爲按檀不花、按攤不花、按忒不花。他是世祖忽
必烈嫡子秦王忙哥剌之子，安西王阿難答之弟，月魯鐵木兒之叔父，曾於至
元二十四年（1287）襲秦王印。〔註9〕

桑哥言：「先是皇子忙哥剌封安西王，統河西、土番、四川諸處，置
王相府，後封秦王，綰二金印。今嗣王安難答仍襲安西王印，弟按
攤不花別用秦王印，其下復以王傅印行，一藩而二王，恐於制非宜。」
詔以阿難答嗣爲安西王，仍置王傅，而上秦王印，按攤不花所署王
傅罷之。〔註10〕

按梯不花的秦王印被收繳，王傅官被罷去。過了二、三年，忽必烈又相繼下
詔將按梯不花之下屬機構全部罷除。

罷皇孫按攤不花所設斷事官也先，仍收其印。……五月乙巳，罷秦
王典藏司，收其印。〔註11〕

按梯不花的權力幾乎全被拔除，而其兄阿難答保住了安西王位，並在至元三
十年（1293）冬天，以鐵赤、脫脫木兒、黰住、拜延四人，並安西王傅，這
位鐵赤如果照王宗維的論述就是鐵失。〔註12〕而杉山正明也表示，鐵失就是
「舊安西王國家臣團」的有力代表，且其主奴一同參與帝位繼承問題是有歷
史淵源的。〔註13〕

　　杉山正明在西元 1987 年曾對「即位詔」作過分析，他以「奇妙的即位之

〔註8〕　見《元史》29〈泰定帝本紀〉，頁 638～639 之記載。
〔註9〕　〔法〕韓百詩著，張國驥譯，《元史·諸王表箋証》（長沙：湖南大學出版社，
　　　　2005 年），頁 4～6 之論述。
〔註10〕　見《元史》14〈世祖本紀〉，頁 302 至元二十四年十一月丁酉條之記載。
〔註11〕　見《元史》15、16〈世祖本紀〉，頁 322 至元二十六年夏四月甲戌條；頁 337
　　　　至元二十七年五月乙巳條。
〔註12〕　王宗維，《元代安西王及其與伊斯蘭教的關係》（蘭州：蘭州大學出版社，1993
　　　　年），頁 102 之論述。
〔註13〕　杉山正明，〈大元ウルスの三大王國〉載於《京都大學文學部研究紀要》34（京
　　　　都：京都大學文學部，1995 年），頁 145～150 之論述。

詔」作爲標題，其認爲也先鐵木兒及鐵失等弒君貴族，原想選擇參與弒君的安西王阿難答之子月魯鐵木兒爲新帝，但先擁立柔弱的北方兀魯思晉王也孫鐵木兒即位，再作打算。除了中央王國外，西方王國安西王家，北方王國晉王家，三者構成鐵穆耳時期帝國的新支柱，而當時鐵穆耳即對擁兵十五萬的安西王國極爲不滿，欲興兵討伐，但因闊闊眞反對作罷。安西王國第二代阿難答與鐵穆耳皇后卜魯罕結合，試圖掌握大都政權，但是，中央王國系列的宿老、要人等，不滿安西王的帝位繼承權，而引導事實上配流於河南懷孟近鄰貴族愛育黎拔力八達。阿難答死後，愛育黎拔力八達領安西王國。月魯鐵木兒有再興安西王家之意，鐵失等人原想擁立的皇室子孫當然就是月魯鐵木兒。〔註14〕

　　杉山正明的論點與更早的王宗維論點頗爲相同，依據王宗維的推論，早在至元十年（1273）三月眞金被冊立爲皇太子以前，月魯鐵木兒的祖父忙哥剌一直就是皇太子的有力候選人。其所依據的理由是：中統二年，位次在忙哥剌之前的眞金封燕王；至元三年，位次在忙哥剌之後的那木罕封北平王；至元四年忽哥赤封雲南王；至元六年奧魯赤封西平王。僅有忙哥剌遲遲不得封，甚至在至元五年，忙哥剌以親王鎮京兆，仍無封號，即是皇太子候選人。直至立眞金爲皇太子的大局已定，忙哥剌才受封爲安西王、秦王。〔註15〕

　　忙哥剌的帝王夢是隱性的，他的兒子阿難答則是顯性的。本文第二章所討論的繼承關係，阿難答的位次是比不上海山兄弟的；而這次，也孫鐵木兒繼承大位的次序如同當年的阿難答一樣，比不上和世琜或圖帖睦爾的。

　　依據《瓦撒夫書》記載忽里爾臺擁立海山的經過，強調眞金後代繼承皇位的正統性，已經是當時的共識了。

> 瓦撒夫云，親王海山在上都之大會中，詢諸宗王將帥曰：「按據可汗法令，大位應屬何人？」在會諸人同聲答曰：「忽必烈既立其子眞金爲皇儲，僅命阿難答父忙哥剌鎮守一方，則大位則屬海山。」於是大會諸人共立效忠文約。〔註16〕

帝位競爭者的範圍只限於忽必烈的後人，特別是幾乎清一色的眞金後人。蕭

〔註14〕杉山正明，〈大元ウルスの三大王國〉，頁145～150之論述。
〔註15〕王宗維，《元代安西王及其與伊斯蘭教的關係》，頁18～19之論述。
〔註16〕馮承鈞譯，《多桑蒙古史》上冊（上海：上海書店出版社，2001年），頁340引瓦撒夫書第4冊。

師啓慶認爲，因爲蒙古人中有這樣的共識：元朝是忽必烈創建的，其他皇族成員只能在各次帝位之爭中，作爲支持者參加新皇帝的選擇，但是他們自己不能參加帝位的競爭。而眞金的後人最有帝位繼承資格是基於這樣的事實：眞金是忽必烈的嫡子，並且是他指定的繼承人。〔註17〕

　　鐵失等人相當明瞭此點，按梯不花、月魯鐵木兒等尊貴的秦王後嗣，獻皇帝寶璽於晉王，月魯鐵木兒恢復安西王爵位。另外，由顯赫的異姓王也先鐵木兒壓陣，並取得中書右丞相之位。而鐵失、失禿兒等人又控制了大都，整個局面乃爲弑君集團所掌控。

> 豈知各賊雄據兩都，或握兵權，或操省印，或在憲臺，布滿要地，
> 號令百姓。乘輿遠在數千里外，朝廷一有輕舉，則居庸之關不守矣。
> 〔註18〕

作爲眞金的後代，也孫鐵木兒的繼承資格是無庸置疑的，他所需要的是諸王與中央官僚的推戴。而恰好在這時刻，蒙古統治階層內部發生「君相」與「諸王顯貴」對立的局面。也孫鐵木兒的優越條件，必然是「南坡事變弑君集團」最爲倚賴的臨時新君人選。

　　自從忽必烈建國以後，元朝雖然一直沒有放棄「王政」（即宗出鎮制）與「省政」（即行中書省制）並用的制度，但是由於國家行政職能現在主要是通過中央集權的官僚政治來實現的，蒙古諸王對日常行政事務的干預，畢竟受到了很大的限制。不過當大汗去世，需要選舉和擁戴新汗的時候，他們仍然擁有不可忽視的傳統權力，特別是在先帝沒有按漢制冊立皇太子時，就更是如此。

　　愛育黎拔力八達和碩德八剌父子在位十餘年，實施儒治，此舉引起接近權力中心的蒙古諸王中大部分人的不滿。而晉王封藩漠北，祖宗根本之地。也孫鐵木兒如能入繼大統，對增強忽必烈家族與漠北草原游牧貴族的聯繫，與維持大元帝國蒙漢二元政治體系將有較爲理想的發展。所以當鐵失與也先鐵木兒、失禿兒秘密串聯的時候，他們都同意暫時在碩德八剌之後擁戴眞金長子甘麻剌的次子，鎮守漠北四大斡耳朵的嗣晉王也孫鐵木兒作爲新皇帝。

　　皇帝寶璽在手，晉王也孫鐵木兒立即於漠北龍居河就皇帝大位，並頒布

〔註17〕 蕭啓慶，〈元中期政治〉，頁 567 之論述。
〔註18〕 許有壬，《至正集》第 77 卷〈正始十事〉，收錄於《全元文》第 38 冊（南京：鳳凰出版社，2004 年），卷 1184，頁 60 之記載。

「即位詔書」，大赦天下。宣布大赦，所有謀逆者都予封官賜爵。看來，這只是即位時的暫持措施。他必須先擁有皇權，才能幹他想幹的其他事情。

> 七日頒詔以正前赦。蓋聞令出惟行不惟反，此常道也，不得已而處天下之變，必欲泥於古而蔽於常，則亦不通之甚矣。比者各賊惡逆，傳聞四方，震駭物聽。既而詔告天下，除殺祖父母、父母，妻妾殺夫不赦外，其餘如謀反大逆，奴婢殺主，皆與釋免，百姓聞之不得不為之疑也。豈知各賊雄據兩都，或握兵權，或操省印，或在憲臺，布滿要地，號令百姓。乘輿遠在數千里外，朝廷一有輕舉，則居庸之關不守矣。當時危急之勢，易於反掌，雖惡逆授首在理可必，而兩都生靈先肝腦塗地矣。聖卜沈機遠謀，宸斷有待，不欲輕發貽害百姓，故以寬恩而釋其疑，使惡逆之徒有以自安不至狂肆，或生他變。〔註19〕

也先鐵木兒對南坡之變的直接參與者，採取了相當策略的作法。與即位詔同時公布的大赦中，被赦的罪行竟包括儒家最為不容的謀反大逆，和最為蒙古人所見惡的奴婢殺主。由此可見，爭取「推立」之功，以求贖其弒君之罪，從而擺脫當時的困境，乃是鐵失採取行動的出發點。

大赦只不過消極地免除其罪，這點當然不能滿足弒君集團所需，也還不能讓他們恐懼的心靈得到安全的保障。更積極的作法是如其所願的賜予高官，而且與漠北晉邸臣僚一起組織新政府。在即位詔書中，特別強調其正統性與合法性。

另外，日本學者野口周一在西元 1998 年亦曾對「即位詔」做過分析。他認為也孫鐵木兒的即位詔，包括四點證明其正統資格：第一，父親晉王甘麻剌受世祖忽必烈之托付，忠實的以正道統治太祖的四大斡耳朵及蒙古本土；第二，也孫鐵木兒繼承父親的位次，扶立了三個皇帝；第三，表明自己是世祖嫡派，也是裕宗長孫，具有正統性；第四，在蒙古本土祖宗根據地即位，此舉表明乃最為正統的帝位繼承者。〔註20〕

實際上，如果以正統來說，在鐵穆耳崩逝時，也孫鐵木兒與海山有著一

〔註19〕 許有壬，《至正集》第 77 卷〈正始十事〉，收錄於《全元文》第 38 冊（南京：鳳凰出版社，2004 年），卷 1184，頁 60 之記載。

〔註20〕 野口周一，〈元代泰定帝朝における宰相層についての一考察〉載於《新島學園女子短期大學紀要》15（日本群馬縣高崎市：新島學園女子短期大學，1998年），頁 142～143 之論述。

樣的資格繼承帝位。但帝位經愛育黎拔力八達父子承繼後，也孫鐵木兒的繼承權已經落後於和世㻋兄弟之後了。所以其選擇在漠北繼位，一方面，這是他的龍興根據地，可以完全掌控；另一方面，在成吉思汗的龍興地即位，將視野擴展至整個蒙古世界，正統性更為強烈。

鐵失等人之陰謀，早在諸王買奴赴漠北時候，也孫鐵木兒與旭邁傑等已有所準備，一場政權奪取角力，正式展開。

> 旭邁傑言：「近也先鐵木兒之變，諸王買奴逃赴潛邸，願效死力，且言不除元兇，則陛下美名不著，後世何從而知。上契聖衷，嘗蒙獎諭。今臣等議，宗戚之中，能自拔逆黨，盡忠朝廷者，惟有買奴，請加封賞，以示激勸。」〔註21〕

當也孫鐵木兒誅殺也先鐵木兒、完澤等於行在所，旭邁傑誅殺鐵失、失禿兒等於大都之時，按梯不花與月魯鐵木兒等五宗王並沒有立即受到處置，後來是以宗王共議方式，定了「流刑」，發配邊疆、海島。

> 近按忐不花太子等，嘗與惡逆，此在聖上躬斷者，尚且會集宗親，共議處置。〔註22〕

優遇宗王從誅殺弒君集團時即展開，十六個列名史冊的弒君成員中，十一個怯薛大臣有十個被誅殺，而五個參與其事的宗王，卻全部流放，幾年後月魯鐵木兒被赦回中原。

由於月魯鐵木兒代表著安西王國，其父阿難答在海山即位時被誅殺，為了表示寬大，雖為弒君逆賊，卻有擁立之功，所以暫以流放處置。另為強化他作為全體蒙古人的大汗地位，和遏止諸王的反抗，也孫鐵木兒作出了極大努力以贏得皇室各系諸王的贊譽。

為贏得諸王的支持，也孫鐵木兒不僅與愛育黎拔力八達和碩德八剌削弱諸王世襲封建特權的政策背道而馳，還放鬆了對他們的控制。碩德八剌停發或削減的歲賜和特殊賞賜都被恢復，事實上皇帝對諸王相當寬容，甚至對他們中的部份人所犯罪行亦不做懲罰。

> 宗王同姓，為國藩屏，任之固重，至於生殺之柄，雖匹夫有罪，亦不敢僭，而況親族貴重，出於匹夫萬萬者哉！近按忐不花太子等，

〔註21〕見《元史》29〈泰定帝本紀〉，頁642至治三年十二月丙戌條之記載。
〔註22〕許有壬，《至正集》76〈遼王〉，載於《全元文》38（南京：鳳凰出版社，2004年），頁52之記載。

> 嘗與惡逆，此在聖上躬斷者，尚且會集宗親，共議處置。比者脫脫
> 遼王，擅殺親族八里牙等，實違太祖皇帝大法，不聞有所處置，內
> 外無不憂疑。〔註23〕

以上所述，按忒不花即是參與弒君的阿難答之弟，僅遭到流放，而成吉思汗
幼弟鐵木哥斡赤斤的後人遼王脫脫，更是另一個典型的例子，脫脫誅殺本族
人上百人，儘管御史臺多次揭發其惡行，但皇帝卻未對他採取任何行動。

> 庚申，監察御史傅巖起、李嘉賓言：「遼王脫脫，乘國有隙，誅屠骨
> 肉，其惡已彰，恐懷疑貳。如今歸藩，譬之縱虎出柙。請廢之，別
> 立近族以襲其位。」不報。〔註24〕

對於東方三王家的後代，也孫鐵木兒也特別寬待。而這樣的處置，當然引起
漢族儒臣的不滿。惟也孫鐵木兒的天平中，宗王的優遇政策是高於漢儒的。

> 乙未，敕諸王哈剌還本部。辛丑，賜諸王徹徹禿金一錠、銀六十錠、
> 幣帛各百匹，塔思不花金一錠、銀四十錠、幣帛二百匹，阿忽鐵木
> 兒等金銀各有差。己酉，命諸王遠徙者悉還其部。召親王圖帖睦爾
> 于瓊州，阿木哥于大同。甲寅，賜諸王太平、忽剌台、別失帖木兒
> 等金印。敕高麗王還國，仍歸其印。〔註25〕

他對答剌麻八剌的後人最為關照，因為帝位是從他們手中奪去的。海山的二
個兒子圖帖睦爾和阿木哥，前者被碩德八剌放逐到海南島，後者被放逐到山
西大同；泰定元年（1324），也孫鐵木兒下令將他們召回。圖帖睦爾的哥哥和
世㻋亦于泰定四年（1327）遣使來貢，他已在起兵反對愛育黎拔力八達失敗
後逃到察合台汗國境內。察合台汗怯別（1320～1327 在位）、燕只吉台（1327
～1330 在位），伊利兒汗不賽因（1317～1355 在位）以及欽察汗月即伯（1312
～1341 在位）與元廷的通貢確實比以前頻繁得多。〔註26〕

　　另外，也孫鐵木兒即位後，「王號授與」及「宗王出鎮」等蒙古傳統封建
制度比愛育黎拔力八達、碩德八剌時期都要積極地實施。

〔註23〕許有壬，《至正集》76〈遼王〉，載於《全元文》38（南京：鳳凰出版社，2004
　　　　年），頁 52 之記載。
〔註24〕見《元史》29〈泰定帝本紀〉，頁 644 之記載。
〔註25〕見《元史》29〈泰定帝本紀〉，頁 643 之記載。
〔註26〕佐口透，〈十四世紀元朝與西方三王的關係〉關于《北亞細亞學報》第 1 期（1942
　　　　年），頁 173～178 之論述。

表 4-1　也孫鐵木兒時期「王號授與」情況〔註27〕

次	時　間	姓　　名	王　號	備　　　　註
1	至治 3.9	月魯鐵木兒	安西王	秦王忙哥剌之孫；安西王阿難答之子
2	至治 3.12	薛徹干	定　王	阿里不哥次子藥木忽兒之子
3	至治 3	八剌失里	湘寧王	晉王甘麻剌之孫；湘寧王迭里哥兒不花之子
4	至治 3.12	買奴	泰寧王	南坡之變自拔逆黨逃逆潛邸盡忠朝廷
5	泰定 1	八的麻亦兒間卜	晉　王	晉王甘麻剌之孫；泰定帝第二子
6	泰定 1	王禪	梁　王	晉王甘麻剌之孫；梁王松山之子
7	泰定 1	太平	陽翟王	窩闊台系；滅里之子孫
8	泰定 1	忽剌台	汝寧王	窩闊台系；察八兒之孫
9	泰定 1	別失帖木兒	諸　王	不明
10	泰定 1	亦連眞多兒加	泰寧王	不明
11	泰定 1	也速不堅	荊　王	拖雷系；歲哥都之曾孫
12	泰定 1.10	圖帖睦爾	懷　王	武宗皇帝之第二子
13	泰定 1	帖木兒不花	雲南王	晉王甘麻剌之曾孫；梁王王禪之子
14	泰定 2	晃火帖木兒	并　王	憲宗蒙哥之孫；昔里吉次子
15	泰定 2.4	火里兀察兒	威靖王	弘吉剌氏；泰定皇后之父
16	泰定 3	月魯帖木兒	齊　王	太祖弟搠只哈撒兒後裔；齊王玉龍帖木兒之子
17	泰定 3	帖木兒不花	鎮南王	忽必烈第九子鎮南王脫歡之子
18	泰定 3	帖古思不花	武平王	不明
19	泰定 3	寬徹普化	威順王	忽必烈第九子鎮南王脫歡之子
20	泰定 3	買奴	宣靖王	太祖叔答里台斡赤斤後裔
21	泰定 3	阿都赤	綏寧王	忽必烈第八子寧王闊闊出之次子
22	泰定 4	察里台	定　王	阿里不哥之曾孫；定王藥木忽兒之孫；定王薛徹于之子
23	泰定 4	瑣南管卜	岐　王	弘吉剌氏
24	泰定 4.1	闊不花	靖安王	不明

〔註27〕野口周一，〈元代後半期の王号授与について〉收錄於《史學》第 56 卷第 2 號（東京：慶應意義私塾大學文學部內三田史學會，1986 年），頁 58～60 之論述。並參閱〔法〕韓百詩著，張國驥譯《元史·諸王表箋証》（長沙：湖南大學出版社，2005 年）。

　　為了進一步鞏固黃金家族的支持，也孫鐵木兒新封了二十四個王，這裡面有四個是甘麻剌系統，二名窩闊台系統，二名脫歡系統，並有一名海山系統，一名阿里不哥系統，表示這些新封的王，重要性不在於權力系統的擴大，而是在於爭取各系統名義上的支持。

表4-2　也孫鐵木兒時期「宗王出鎮」情況

次	時　間	姓　名	王　號	備　　註
1	泰定 1.3	八剌失里	湘寧王	出鎮察罕腦兒
2	泰定 1.4	八剌失里	昌　王	往鎮阿難答昔所居地
3	泰定 1.6	闊闊出	諸　王	出鎮畏兀
4	泰定 1.7	伯顏帖木兒	諸　王	出鎮闊連東部
5	泰定 1.7	阿剌忒納失里	（西安王）	出鎮沙州
6	泰定 3.1	寬徹不花	威順王	鎮湖廣
7	泰定 3.1	買　奴	宣靖王	鎮益都
8	泰定 3.1	八剌失里	湘寧王	鎮兀魯思部
9	泰定 3.3	失　剌	諸　王	鎮北邊
10	泰定 3.6	八剌失里	湘寧王	出鎮阿難答之地
11	泰定 3.11	鐵木兒不花	鎮南王	鎮揚州
12	泰定 4.2	也先鐵木兒	親　王	出鎮北邊
13	泰定 4.2	火　沙	諸　王	出鎮北邊
14	泰定 4.2	阿　榮	諸　王	出鎮北邊
15	泰定 4.2	答　里	諸　王	出鎮北邊
16	泰定 4.3	允丹藏卜	皇　子	出鎮北邊
17	泰定 4.3	八剌失里	親　王	出鎮察罕腦兒

　　宗王出鎮，是以皇子、宗王分封的形式，封藩不治藩，重在軍事鎮戍，與行省官員相呼應，目的在控制邊徼襟喉。〔註28〕

> 國初征伐，駐兵不常。其地視山川險易，事機變化而位置之，前卻進退無定制。及天下平，命宗王將兵鎮邊徼襟喉之地。如和林、雲南、回回、畏吾、河西、遼東、揚州之類。而以蒙古軍屯河洛、山東，據天下腹心。〔註29〕

〔註28〕李治安，〈元朝時期的宗王出鎮〉載於氏著《元代分封制度研究》（天津：天津古籍出版社，1992年），頁194～219之論述。

〔註29〕見《經世大典・序錄・屯戍》收錄於《元文類》第41卷。

也孫鐵木兒積極指派宗王統軍出鎮漢地和草原，這項任務關係到軍事勢力的擴張，所以甘麻剌系統或威脅較小的宗王，出鎮的機率較大。

也孫鐵木兒妥善地處理了安西王國後代的潛在威脅，但是中央王國海山系統的圖帖睦爾卻是另一個潛在的威脅。尤其鎮南王脫歡系列，鎮守揚州的威順王寬徹不花與鎮南王鐵木兒不花，後來都沒有達成牽制圖帖睦爾的任務。

二、泰定皇帝漢法統御之術與威權政治

依據馮承鈞所譯《多桑蒙古史》引《瓦撒夫書》記載忽里爾臺海山、愛育黎拔力八達即位的經過：

> 波斯史家瓦撒夫記述海山即位事云：海山于星者指定之日時，舉行即位典禮。宗王七人坐海山于白毯上，二王扶其臂，四王舉毯奉之于寶座上。一王獻盞，諸珊蠻爲新帝祝壽，而上尊號曰曲律汗。帝命人在庫中載巴里失布帛滿車，據之于宮前，俵散于眾。撒珍珠無數于地，……瓦撒夫記述海山之繼位者普顏篤可汗即位事云：招集大會時，諸王之由各地赴會者，共有千四百人。……成吉思汗係諸宗王列于寶座之右，拙赤哈撒兒之諸後王列于寶座之左，諸可敦坐機上，諸平章將帥等視其位置高下，或列殿中，或列殿外。〔註30〕

這種描述是蒙古式的盛大典禮，而《元史‧拜住傳》中所述碩德八剌親享太廟之禮，則是漢式的盛大典禮：

> 二年春正月，孟享，始備法駕，設黃麾大杖，帝服通天冠、絳紗袍，出自崇天門。拜住攝太尉以從。帝見羽衛文物之美，顧拜住曰：「朕用卿言舉行大禮，亦卿所共喜也。」〔註31〕

也孫鐵木兒的漠北舉行「即位式」，因事屬匆忙，自然與其曾參與的海山或愛育黎拔力八達的「忽里爾臺」無法相比。惟當至治三年十二月，在大都舉行皇考、皇妣諡于南郊；以及即位大賚之典禮，也孫鐵木兒對漢式典禮，當更有一番之體會。而幾天後，太常院請其裁定祭享，獲得「盛事」的贊同。

> （至治三年十二月）戊辰，請皇考、皇妣諡于南郊，皇考晉王曰光聖仁孝皇帝，廟號顯宗，皇妣晉王妃曰宣懿淑聖皇后。……庚午，

〔註30〕馮承鈞譯，《多桑蒙古史》上冊（上海：上海書店出版社，2001 年），頁 340 引瓦撒夫書第 4 冊。

〔註31〕見《元史》136〈拜住傳〉，頁 3302 之記載。

> 以即位，大賚后妃、諸王、百官。……乙亥，……太常院臣言：「世
> 祖以來，太廟歲惟一享，先帝始復古制，歲四祭，請裁擇之。」帝
> 曰：「祭祀，盛事也，朕何敢簡其禮。」仍命四祭。〔註32〕

正統性與合法性在優遇諸王下獲得基本的確認，因而得以承繼政權，接著就
是政權的延續。眞正對也孫鐵木兒具有吸引力的一項中原制度，是冊立皇太
子制度。許有壬的正始十事，一開始以就「傅翼太子」爲國家最重要之問題，
當然引起也孫鐵木兒的興趣。

> 竊謂春秋王即位，大一統而謹始也。蓋爲政莫大於謹始，未有不正
> 其始而能善其終者也。……夫繼政之間，聖聖相承，帖然無事，猶
> 必勵精更始，思有以聳動天下之視聽，況處大變之後者乎？……謹
> 以十事切於新政者，具列於後。一曰傅翼太子。蓋聞太子天下之本，
> 擇人傅翼，時有國之急先務也。……欽惟今上皇帝，春秋鼎盛，萬
> 年發軔之始，天地祖宗社稷之佑；太子金玉美質，天性聰明，泰山
> 盤石之基也。〔註33〕

在正統性與合法性的前提下，輔導太子的問題屢屢被提出，而事實上也孫鐵
木兒也有積極的作法，泰定元年（1324）三月立詹事院，由蒙古、色目、漢
人大臣擔任太子保傅外，冊立皇太子也依照漢法的配套措施次第展開。

> 三月丁亥朔，罷徽政院，立詹事院，以太傅朵台、宣徽使禿滿迭兒、
> 桓國公拾得驢、太尉丑驢答剌罕，並爲太子詹事，中書參知政事王
> 居人爲太子副詹事。……癸卯，命中書平章政事乃馬台攝祭南郊，
> 知樞密院事閻徹伯攝祭太廟，以策皇后、皇太子告。丙午，御大明
> 殿，冊八不沙氏爲皇后，皇子阿剌吉八爲皇太子。己酉，以皇子八
> 的麻亦兒間卜嗣封晉王。〔註34〕

作爲中原的皇帝，也孫鐵木兒適當地顯示出對儒家傳統的尊重，他在大都大明
殿受諸王、百官朝賀後即派遣官員前往曲阜聖人的出生地祭奠。〔註35〕另外，
有關科舉、祭祀等對「君權」有益無損之事，也孫鐵木兒均適當地保存著。

> （泰定二）時宰執有欲罷科舉法者，元用以爲「國家文治，正在於

〔註32〕見《元史》29〈泰定帝本紀〉，頁641之記載。
〔註33〕許有壬，《至正集》77〈正始十事〉，載《全元文》第38冊，頁57之記載。
〔註34〕見《元史》29〈泰定帝本紀〉，頁644～645之記載。
〔註35〕見《元史》29〈泰定帝本紀〉，頁640之記載：「至治三年十一月丁未，御大
　　　　明殿，受諸王、百官朝賀。……癸丑，遣使詣曲阜，以太牢祀孔子。」

此，胡可罷也」。又有欲損太廟四時之享、止存冬祭者，元用謂：「禴
祠嘗烝，四時之享，不可闕一，乃經禮之大者，豈可惜費而廢禮乎！」
〔註36〕

曹元用的傳雖然寫的是泰定二年（1325）之事，實際上，也孫鐵木兒在泰定
元年的科舉就已經博得士子佳評。當年進士宋褧有《登第詩五首》，皆提到也
孫鐵木兒的重視科舉。

登第詩五首〔註37〕泰定元年甲子

（崇天門唱名）

三月吉日當十三，紫霧氤氳閶闔南。天子龍飛坐霄漢，儒生鵠立耀
冠簮。黃麾仗內清風細，丹鳳樓頭曉日酣。獨愛玉階階下草，解將
袍色染成藍。

（恩榮宴）四月二十六日

上相傳宣弁□趨，玉堂西北拜鑾輿。歌聲縹緲方壺外，酒味氤氳沆
瀣餘。幕額錦光晴爛熳，帽簷花影晝扶疏。君恩誰識深如海，獨倚
東風詠藻魚。

（同年會）四月二十九日海岸之萬春園

臨水亭臺似曲江，同年人物宴華堂。嬋娟笑弄龍香撥，醽醁深涵鳥
羽觴。醉後方言頻爾汝，座中除目互平章。從來期集輸京洛，仍見
詩歌播八方。

（賜章服）是年始，撲頭、花帶靴、銀木簡皆具。簡上仍刻御賜字，金填之，
五月一日皆除書同授

承平天子重科名，章服分頒出大明。袍是涂羅香縷細，笏勝楷木素
文橫。晨趨象魏雲霞粲，夕奏龍池玉雪清。遙想鳴珂朝會處，鵷
行爭訝被恩榮。

（上表謝恩）五月二十一日，時駕已北幸

瑞日鮮明射玉題，華袍縛綟近罘罳。舍人宣贊瞻丹闕，新進趨蹌詣
赤墀。黃屋雲行天杳邈，綠章風送路逶迤。湛恩豈許須史報，要見
他年獻納辭。

〔註36〕見《元史》172〈曹元用傳〉，頁 4027 之記載。
〔註37〕宋褧，《燕石集》6〈登第詩五首〉收錄於顧嗣立所編《元詩選》二集上（北
京：中華書局，1987 年），頁 520～521 之記載。

最有意義和最令人吃驚的是也孫鐵木兒恢復了經筵制度。經筵是儒家的傳統制度，即由著名學者向皇帝講解經典要義，以及其與日常事務相關的皇室諮詢活動。雖然忽必烈之後經筵也非正式的舉行過多次，但經筵制度在元朝還沒有正式恢復。由於也孫鐵木兒不懂漢語，在泰定元年（1324）恢復經筵後通過翻譯向皇帝講解經典。

講解者有著名的漢人學者王結、趙簡、吳澄、虞集、曹元用、鄧文原、張起巖，還有畏兀兒翻譯家忽都魯都兒迷失和蒙古著名作曲家阿魯威。最初講解的是已經翻譯過的經典，但是另有幾部著作亦爲經筵而組織了翻譯。

> 泰定元年春，皇帝始御經筵，皆以國語譯所說書兩進讀，左丞相專
> 領之。凡再進講，而駕幸上都，次北口。以講臣多高年，召王結及
> 集執經從行。至察罕行宮，又以講事，亟召中書平章張公珪，遂皆
> 給傳，與李家奴、燕赤等俱行。是秋將還，皆拜金紋對衣之賜。獨
> 遣人就賜趙公簡於浙省，加白金焉，賞言功也。四年之間，以宰執
> 與者，張公珪之後，則中書右丞許公師敬，與今趙公世延也。御史
> 臺則撒忒迷失。……而集與燕赤，則四歲皆在行者也。今大丞相自
> 爰立後，每講必與左丞相相同侍。而張公既歸老，猶帶之經筵事，
> 皆盛事也。今年春，趙集賢始以建議召入侍講。一日既進書，侍命
> 殿廬，趙集賢慨然歎曰：「於是四年矣，未聞一致事之行，一議論之
> 出，顯有取於經筵者，將無虛文乎！」集乃言曰：「鄉者公奏熒惑退
> 舍事，玉音若曰，講官去歲嘗及此。又欲方冊便觀覽，命西域工人
> 搗楮爲帙，刻皮鏤金以護之，凡二十枚，專屬燕赤繕錄前後所進書。
> 以此觀之，簡在上心明矣。〔註38〕

經筵的實際作用可能不過是使蒙古君主熟悉漢人的政治觀點和歷朝歷史。經筵對朝廷的實際政治傾向顯然影響很小，難怪最早建議實行經筵制度的翰林學士趙簡在泰定四年曾懊喪地表示，沒有任何一個政策源自經筵。

當然，經筵制度的形成，決不意味著元代文化政策有了立竿見影的實質性的變化。因爲在文化政策上，也孫鐵木兒如同以前的蒙古統治者一樣，他們對儒家學說的具體觀念、思想儘管未必贊同，可對其穩定社會秩序，鞏固

〔註38〕虞集，《雍虞先生道園類稿》33〈書趙學士經筵奏後議〉收錄於《全元文》26
（南京：鳳凰出版社，2004 年），頁 323～324 之記載。

統治基礎的作用則認識得一清二楚。〔註39〕

　　元朝經筵制度形成於也孫鐵木兒時期，在歷史的偶然性中包含著必然性，它表明蒙古統治者為加強自己的權威而採用了漢族化的統治藝術。〔註40〕明朝人何喬新評論說：

> 泰定自藩邸入纂宸極，嗣位之初首開經筵，……斯亦可謂賢矣。使是君也，果能始終此心，始終所學，則其所就，豈不為一代之賢主哉？奈何崇儒不如崇帝師之隆，信道不如信梵唄之篤，故終不足以成其德而推諸治也。〔註41〕

實則經筵本為粉飾太平之舉，但在政治上也不能說完全無足輕重。至少，經筵為元朝統治者拉攏儒士階層，鞏固統治基礎起了很大的作用。其中講官中南儒有相當高的比例，如吳澄、鄧文原、虞集、揭傒斯、黃溍、危素、貢師泰、周伯琦等人，都曾在經筵進講中扮演主要角色。皇帝對他們的具體意見雖然未必加以採用，但禮遇一般比較周到，賞賜也不少。〔註42〕

　　在「君權」發展方面，也孫鐵木兒和他的漠北晉邸集團，在經過一番建立了一個穩定的政權。這個政權的本質是蒙古至上原則，權力結構是單一核心，並且以漢法向內向外平衡發展。外面看起來會有矛盾，其實是有其調和之妙，因而形成一個「治平之世」。

　　在回歸傳統方面，在財政本已十分艱困的條件下，濫賜又回到碩德八剌前的水平。周良霄認為整個泰定帝一朝，無一可以稱得上朝漢法邁進的。〔註43〕

　　為了建立政權的合法性，不僅要消極地給蒙古諸王、勳貴賞賜之利益，也要積極地對漢法有一定的尊重，如此，才能說是法世祖之制。對於也孫鐵

〔註39〕　張帆，〈元代經筵述論〉載於《元史論叢》第5輯（北京：中國社會科學出版社，1993年），頁158之論述。

〔註40〕　蘭德彰（Langlois, John D., Jr.），〈虞集與他的蒙古君主：作為辯護士的學者〉載《亞洲研究雜誌》1978年第1期。

〔註41〕　何喬新，《何文肅公文集》8〈史論·元·開經筵〉（清康熙刊本）。

〔註42〕　張帆，〈元代經筵述論〉，頁155之論述。

〔註43〕　周良霄，《元代史》（上海：上海人民出版社，1993年），頁598：「因此，泰定時期，朝廷要職仍然是由一部分帖木迭兒黨羽和一大批騶陛的晉邸藩臣所充斥。他們，包括泰定帝本人在內，都是以草原貴族緊密聯繫的貴族守舊集團。泰定帝雖有『諭百司惜名器，各遵世祖定制』的詔旨，自稱『凡所以圖治者，悉遵祖宗成憲』。實際上，除了前朝的所有弊端秕政，在荒濫的程度上更加有所發展外，幾乎無一善可以稱述。」

木兒可汗以及他的漠北潛邸集團而言，只要能繼續穩定政局，無論是何種作法，都是有利於這個集團的發展的。

> 今上皇帝即位於龍居河，躬行天誅，罪人以次就戮。及大駕至統幕，公迎謁，上顧問曰：「此張平章耶？密書之來，良合朕意。」公拜曰：「陛下入承宗社，大義昭明，皆睿斷也。區區之忠，何及於事？」上曰：「以日計之，卿言不緩。」自探佩囊，出片紙，付翰林承旨闊徹伯曰：「此當書之。」史眠其紙，則公密書也。〔註44〕

蕭功秦認為：歷史，在曲折迂迴中總還是表現了某種進步，也孫鐵木兒風塵僕僕地從蒙古草原來到大都宮殿前面，從他對出迎的儒臣張珪所說的話可以了解，他已經開始不知不覺地去順應漢化的歷史潮流。〔註45〕

對於周良霄與蕭功秦不同的看法，蕭師啓慶有較為中肯的評斷，他認為：在忽必烈朝之後歷朝中，也孫鐵木兒的機構是最"非漢化"的。漢人在政府中所起的作用甚小。也孫鐵木兒的朝廷明顯不同於以前的朝廷，確立了有漠北草原和伊斯蘭教背景的人佔優勢地位的格局。也孫鐵木兒本人及其主要大臣的背景，決定了他不可能繼續進行愛育黎拔力八達和碩德八剌的改革。但是也孫鐵木兒一朝也並不意味著完全回歸傳統的草原帝國制度，作為中原王朝的皇帝，也孫鐵木兒不能使歷史時鐘倒轉。〔註46〕

也孫鐵木兒的時代，在他自己以寬和的態度治理下，帝國和平，雖有水旱災不斷，整體仍是個繁榮時代。義大利人鄂多立克所著遊記《鄂多立克東遊錄》即有詳實細膩的描述。

> 最後我到達那座高貴的城市汗八里，……他們稱之為大都。這後一城有十二門，……大汗在這裡有他的駐地，並有一座大宮殿。……而在兩牆之間則有他的庫藏和他所有的奴隸；同時大汗及他的家人住在內層，他們極多，有許多子女、女婿、孫兒孫女以及眾多的妻妾、參謀、書記和僕人，……當大汗登上寶座時，皇后坐在他的左手；矮一級坐著他的另兩個妃子，……因此若全世界有精美大珠，那準能在那些婦女的頭飾上找到。國王右手是他將繼位的第一個兒

〔註44〕虞集，《道園學古錄‧中書平章政事蔡國張公墓誌銘》《遼金元文彙4下》（台北：國立編譯館，1998年），頁915～916之記載。

〔註45〕蕭功秦，〈英宗新政與南坡之變〉載于《元史論叢》第2輯（北京：中華書局，1983年），頁156之論述。

〔註46〕蕭啓慶，〈元中期政治〉載于《劍橋中國遼西夏金元史》，頁616之論述。

子；下面立著出身於皇室血統者。還有四名書記，紀錄皇帝說的話。……當大王想設筵席的時候，他要一萬四千名頭戴冠冕的諸王在酒席上侍候他。……總之，宮廷確實雄偉，世上最井井有條者，有諸王、貴人、奴僕、書記、基督徒、突厥人及偶像教徒，……現在，這位君王是在一個叫做上都的地方度夏，……他有四支騎兵，一支在他前面先行一日程，兩翼各一支，另一支殿後一日程，所以他可說是始終走在十字的中心。〔註47〕

也孫鐵木兒在中央權力結構中，佔有完全掌控全局的核心位置。對於右、左丞相，諸王，官僚，怯薛等勢力或系統，都由也孫鐵木兒掌握。另爭取各種宗教團體與政治團體的支持，才是也孫鐵木兒手腕高明的表現。

從宗教方面來看，也孫鐵木兒對「君權」的展開已到了精緻的地步。他與碩德八剌一樣，是藏傳佛教的虔誠信仰者。他對佛教的捐贈與碩德八剌一樣多。除了花費巨金建造寺院、佛塔和作佛事外，也孫鐵木兒還不斷請帝師列思巴為他及他的家庭作佛事。帝師在元廷享有的待遇如此之高，以致他的弟弟鎖南藏卜在泰定三年（1326）被賜封白蘭王。〔註48〕鎖南藏卜並與公主成婚，當帝師抵達大都時，依例中書省官員都要奉命出城迎接，不僅帝師的家庭成員得到極大尊崇，許多喇嘛亦得到封號並賜予金、玉印。

其未至而迎之，則中書大臣馳驛累百騎以往，所過供億送迎。……泰定間，以帝師弟公哥亦思監將至，詔中書持羊酒郊勞，而其兄瑣南藏卜遂尚公主，封白蘭王，賜金印，給圓符。其弟子之號司空、司徒、國公，佩金玉印章者，前後相望。〔註49〕

也孫鐵木兒雖特別尊崇佛教，但亦尊崇伊斯蘭教。顯然是在朝廷中回回大臣的影響下，也孫鐵木兒對伊斯蘭教頗為呵護，於泰定元年（1324）撥款在上都和山西大同建造了禮拜寺。〔註50〕同年，下詔免除了伊斯蘭教士（答失蠻）和基督教士（也里可溫）的差役。〔註51〕回回商人尤其得到了官府的好處，

〔註47〕〔意〕鄂多立克著，何高濟譯，《鄂多立克東遊錄》（北京：中華書局，2002年），頁79～83之記載。

〔註48〕陳慶英，〈元朝在西藏所封白蘭王〉，載於《西藏研究》1983年第4期，頁29～32之論述。

〔註49〕見《元史》202〈釋老傳〉，頁4521之記載。

〔註50〕見《元史》29〈泰定帝本紀〉，頁648之記載。

〔註51〕見《元史》29〈泰定帝本紀〉，頁653之記載。

雖然累朝拖欠回回官商（斡脫）的債務已於泰定元年（1324）取消，但元廷在當年付給斡脫的錢超過四十萬錠，在此後的三年中，又付出十萬二千錠，以解決歷朝售寶未付鈔問題。〔註 52〕

第二節　君臣一體下的相權發展

也孫鐵木兒在位五年間，回回人倒剌沙一直是中書左丞相，他是泰定政權的靈魂人物；另外，蒙古貴族旭邁傑、塔失鐵木兒則相繼任中書右丞相。這由三人組成的左、右兩相如何與皇帝「君臣一體」，建構新的權力核心，相互之間的運作如何，爲本節觀察之重點。

依據《元史·百官志》記載元朝宰相總額爲十人，實則往往還不止其數。人數之多，大約在中國古代算首屈一指了。清人曾廉說：

> 予考漢時丞相、太尉、御史大夫爲三公，三師爲上公。元之中書省，
> 漢之丞相府也；樞密院，漢之太尉府也；御史臺，漢之御史大夫也；
> 三公則漢之上公也。然漢人簡而權一，元人繁而權分，此其所以不
> 如漢也。〔註 53〕

他的觀察有一定道理，但就元朝中書省來講，其實談不上「繁而權分」。錢大昕指出：

> 元中書省有右丞相、左丞相、平章政事，有右丞、左丞、參知政事，
> 皆稱宰輔。而秉政者，丞相也，皆蒙古、色目世家爲之。平章間有
> 用事者。右丞以下，雖曰與聞國政，其委任已輕矣。〔註 54〕

錢大昕還在《廿二史考異》92〈元史 7〉上說：「元代政事之柄，一出中書左、右丞相」。其論十分精闢。實際上，元朝宰相員數雖多，眞正握有大權者不過一二人，可以說是一種多相制形式下的獨相制或並相制。〔註 55〕

元貞體制下，所謂「國相」，主要指蒙古大臣擔任的宰相，尤其是右丞相作爲首相，地位最高，權力也最重。如完澤、哈剌哈孫、鐵木迭兒、拜住等。左丞相如爲蒙古人，地位雖不及右丞相，但畢竟相去不遠，因而有一定的權勢。如哈剌哈孫、阿忽台、拜住等。如非蒙古人而得到皇帝信任，只能作到

〔註 52〕見《元史》30〈泰定帝本紀〉，頁 678 之記載。
〔註 53〕曾廉，《元書》22〈職官志〉序。
〔註 54〕錢大昕，《潛研堂文集》34〈三答袁簡齋書〉之論述。
〔註 55〕張帆，〈元代宰相制度研究〉，頁 206～207 之論述。

左丞相，如哈散爲色目人，則權勢有限。

錢大昕說：「平章間有用事者」，指的是「中統體制」時期。當時阿合馬任中書平章政事，很長一階段右、左丞相之位都出現空缺，阿合馬獨當國炳，實際上已經居於首相地位。〔註56〕不忽木擔任平章時，也是大權在握。阿合馬倒臺後，忽必烈任用漢人盧世榮理財，盧雖僅官拜右丞，但「身當要路，手握重權，雖其位在丞相之下，朝省大政實得專之」，「視丞相猶虛位也」。〔註57〕但需要說明的是：盧世榮上任時，中書省左丞相、平章政事都未授人，只有一名右丞相安童。盧的地位僅居安童之下，實爲副相。況且他掌權的時間也很短。

一、左右丞相新權力模式

也孫鐵木兒的調和政策，展現在任命丞相的人選上。中書右丞相旭邁傑是「蒙古至上主義」的奉行者，中書左丞相倒剌沙是「回回法原則」的主導者。

在「元貞體制」下，首相已經成爲官僚首腦，領導著怯薛大臣。這種情形造成怯薛的反彈，因而有「南坡之變」，當也先鐵木兒這位怯薛長奉皇帝寶璽給也孫鐵木兒，他得到的回報就是中書右丞相。這也說明怯薛大臣已經不如官僚首腦的重要。但「泰定體制」則完全不一樣，由於擁立之怯薛大臣皆已見誅，潛邸主要怯薛將出任中央官僚首腦，並兼任御前大臣，孤立相權轉爲君臣一體。

在也孫鐵木兒當皇帝之前，旭邁傑與倒剌沙就是他的左右手。也孫鐵木兒當上皇帝之後，旭邁傑成爲中書右丞相，倒剌沙成爲中書左丞相。主奴化的君臣模式，構成泰定體制中最深層的核心結構。「中統體制」的中央集權體制，「元貞體制」的官僚體制，「泰定體制」則是家產制的變異。原家產制係指政府爲皇室機構之延伸，大臣多具備皇室家臣身份，與皇帝具有私屬性的主從關係，皇帝對大臣擁有絕對的權威，而大臣必須對皇帝絕對效忠，君臣成爲互賴之一體。

旭邁傑與倒剌沙可說是也孫鐵木兒的左右手，也都是漠北潛邸核心集團的靈魂人物，他倆一剛一柔，各扮演黑白臉。旭邁傑的族屬目前尚未清楚，

〔註56〕見《元史》148〈董文忠傳〉，頁3503之記載。
〔註57〕見《國朝文類》14〈陳天祥論盧世榮奸邪狀〉；另參見《元史》205〈盧世榮傳〉。

但以他後來能出任中書右丞相，而回回人倒剌沙僅能擔任左丞相，旭邁傑應是蒙古貴族或是駙馬，柯劭忞在《新元史》中甚至說他是宗室諸王，引起李則芬之反駁。〔註58〕柯劭忞可能是根據《元史·泰定帝本紀》至治三年十二月丙戌條記載，旭邁傑替買奴美言之語，有「宗戚之中，能自拔逆黨」之語，而認定旭邁傑與買奴同是蒙古諸王，但既是宗戚，駙馬之可能性較諸王爲大。

　　在晉王府邸任職期間，旭邁傑有三項特質或特色，使他成爲也孫鐵木兒可汗奪取政權的最佳輔佐與執行者。

　　旭邁傑的第一個特質，是「質樸」。旭邁傑信佛，在其擔任第一個中央官職宣政院使，乃掌釋教僧徒及吐蕃之境的官員，以此推論，旭邁傑應該是信仰藏傳佛教，此點合乎也孫鐵木兒可汗的信仰。〔註59〕且信佛者中，旭邁傑屬於較爲節用愛民者，而非鋪張崇華者。

> 泰定元年，初立詹事院，選爲中議，改中書左司員外郎。京畿饑，有壬請賑之。同列讓曰：「子言固善，其如虧國何！」有壬曰：「不然。民，本也，不虧民，顧豈虧國邪！」卒白於丞相，發糧四十萬斛濟之，民賴以活著甚眾。〔註60〕

泰定元年之丞相，指的就是旭邁傑；在《元史·泰定帝本紀》中記載，泰定二年十一月，旭邁傑以歲饑請罷皇后上都營繕，就是質樸的表現。

　　旭邁傑的第二個特質，是尊君。從他初期並不同意與鐵失、也先鐵木兒等共謀弒君之行動，後來又提議獎賞不參與謀逆的諸王買奴，在漠北晉邸集團中他的這項堅持特別明顯。而可能也是這項特質，讓他可以擔任也孫鐵木兒可汗派至大都的特使，如此，大都的官員較容易接受一位具「正義感」的

〔註58〕柯劭忞，204〈旭邁傑傳〉（台北：台灣開明書店，1962年），頁402之論述：「旭邁傑，宗室諸王也。」；惟李則芬《元史新講》（台北：黎明文化事業公司，1978年）第3冊，頁557之論述：「旭邁傑當係晉王府舊臣，（註：《新元史》輯本紀紀錄，作旭邁傑補傳，然所謂『旭邁傑爲宗室諸王』，似無據，其〈新元史考證〉亦未見說明何據。考《元史》未聞王府中有以諸王作僚屬之例，此說殊可疑，錄之以待他人再考。」

〔註59〕也孫鐵木兒可汗對藏傳佛教的信仰，可從《元史》29〈泰定帝本紀〉中之記載得知：「至治三年十一月己丑朔，車駕次于中都，修佛事于昆剛殿。十二月丁亥，塑馬哈吃剌佛像於延春閣之徽清亭。泰定元年春正月壬寅，命僧諷西番經于光天殿。二月己未，修西番事於壽安山，三年乃罷。甲子，作佛事，命僧百八人及倡優百戲，導帝師游京城。」

〔註60〕見《元史》182〈許有壬傳〉，頁4200之記載。

漠北官員，對於誅逆行動當會有很大的方便作用。〔註61〕

旭邁傑的第三個特質，是知兵。從他到大都後出任中書右丞相，與御史大夫紐澤一起誅殺逆賊鐵失、失禿兒、赤斤鐵木兒、脫火赤、章台等；不久，又兼阿速衛達魯花赤，可知旭邁傑是晉邸中的一名悍將。〔註62〕

> （泰定元）夏，風烈地震，有旨集百官雜議弭災之道。時宿衛士自北方來者，復遣歸，乃百十爲羣，剽劫殺人桓州道中。既逮捕，旭滅傑奏釋之。蒙古千戶使京師，宿邸中，適民間朱甲妻女過邸門，千戶悅之，并從者奪以入，朱泣訴於中書，旭滅傑庇不問。本適與議，本復抗言：「鐵失餘黨未誅，仁廟神主盜未得，桓州盜未治，朱甲冤未伸，刑政失度，民憤天怨，災異之見，職此之由。」辭氣激奮，眾皆聳聽。〔註63〕

旭邁傑雖有質樸善良、遵循傳統的特質，身爲帝國首相，對待國人與漢人應有同樣氣度。但旭邁傑卻是個「蒙古至上主義」者，他袒護漠北來的晉王府怯薛與蒙古千戶，難怪宋本敢激動地指責他。

作爲晉王也孫鐵木兒的左右手，雖然倒剌沙在地位上略遜於旭邁傑，但在政權的奪取建立過程中，倒剌沙的重要性一點也不遜色，甚至更爲關鍵。

〔註61〕 雖然不參與謀逆的蒙古諸王只有買奴，而且大部分的蒙古權貴都是默許此次弒君行動，但碩德八剌可汗與拜住丞相的勢力大本營是在大都的中書省，這些大都官員是支持對謀逆者採取嚴屬的報復行動的。蕭功秦1983年的〈英宗新政與南陂之變〉分析道：「如果說，蒙古諸王中自脫于逆黨者唯有買奴一人，那麼，從可能見到的有關當時事變的史料來看，儒臣們則對此事件多持激烈的反對態度，王結早就密告過拜住『除患不可猶豫』。事變發生後，鐵失黨人迫使二院學士北上，曹元明即表示『此非常之變。吾寧死，不可曲從也』。（《元史》172〈曹元用傳〉）張珪在得知事變消息後，更是知『無足與共事』，立即致書也孫鐵木兒，要求『躬行天誅』。（《元文類》53虞集，〈張珪墓誌銘〉）樞密院一名小官、掾史王貞，在鐵失死黨入據中書奪百官印之後，更是四處奔走，『遍告樞府大臣及其幕府，請急執二使，與中書同問……使不致有它變。』當時，那些蒙古樞府大官巨僚『聞者震慄，是其言而不敢發。』（《元文類》39虞集，〈書王貞言事〉）此外許有壬、趙成慶等在泰定到達大都後，皆紛紛揭發鐵失餘黨，表現了他們明確的反對立場。」

〔註62〕 關於旭邁傑及其所率晉王邸派至大都的北方先遣部隊，王頲西元2002年的〈燕鐵木兒的軍事政變與明文禪替〉分析道：「《永樂順天府志》卷9：『時晉王初立，從北來者多獷悍豪橫，或剽掠殺人；事覺，右相旭滅傑奏釋之。戍北邊軍使寓京邸，至白日奪人朱尚書妻女，而丞相庇之，仍置不問。』。（北京大學出版社影印光緒繆荃孫鈔本，1983年，頁221）」

〔註63〕 見《元史》182〈宋本傳〉，頁4204之記載。

倒剌沙的族屬較爲明確，他是個信奉伊斯蘭教的回回人。〔註64〕在晉王府邸任職期間，倒剌沙也有三個特質，使他成爲也孫鐵木兒身旁最重要的策劃者。

倒剌沙的第一個特質，是本分。倒剌沙是回回人，信仰的是伊斯蘭教，他與也孫鐵木兒的信仰並不相同，但他可以讓伊斯蘭教與藏傳佛教同時發展，而對於宗教的外在儀式，也孫鐵木兒卻是相當注重而欣賞的；另外，身爲一個回回人的倒剌沙，他並不爭取行政上的最高職位。就是旭邁傑在泰定二年（1325）年底去世之後，倒剌沙仍居左丞相一職，而右丞相職務仍由蒙古人塔失鐵木兒繼任。〔註65〕

倒剌沙的第二個特質，是忠君。他的忠君，是忠於晉王，他的整個家族成員幾乎都是晉王府邸官員。〔註66〕他們在也孫鐵木兒可汗駕崩後，仍然全力支持皇太子阿速吉八就任新帝。當然，除了忠於晉王外，也應該無其他選擇了。

倒剌沙的第三個特質，是有謀。旭邁傑知兵有勇，倒剌沙頗負謀略，二人剛柔並濟，奠定也孫鐵木兒可汗政權的基礎。從其常偵伺朝廷事機，並遣其子哈散事丞相拜住，且入宿衛，還與宣徽使探忒深相要結，可知倒剌沙在晉王府邸即對奪取政權佈局已久。

〔註64〕馬娟，〈元代回回人倒剌沙史事鉤沉〉，發表於西元2002年南京舉行的《紀念韓儒林先生誕辰一百週年元代政治與社會國際學術研討會》會議論文，該文頁1：「倒剌沙，西域回回人，故土具體地望難以考證。倒剌沙爲波斯語Daulat Shah之音譯，按波斯語本身譯應爲倒剌特・沙赫，其中Shah在波斯語中又可寫作Sha，《元史》中的漢譯省去了Daulat一詞中的青輔音t，從而譯爲倒剌沙。Daulat有『財富』、『財產』、『運氣、時運』之意，其宗教方面的涵義爲『天賜之福』，Shah意爲『國王』、『君主』、『波斯王』等，譯爲漢語就是『君王的幸福』。從其名來看，倒剌沙當出於中亞操波斯語之部族。」

〔註65〕塔失鐵木兒，仁宗怯薛出身。參見《元史》178〈王約傳〉頁4142之記載：「是夕，知院駙馬塔失帖木兒宿衛。」

〔註66〕關於倒剌沙的家族，仍是以馬娟在西元2002年發表的〈元代回回人倒剌沙史事鉤沉〉最詳細，其分析道：「根據已知史料，倒剌沙有兄馬某沙，子三人，分別是哈散、潑皮和木八剌沙。倒剌沙之兄馬某沙的任命當然與倒剌沙有關，但也不完全是倒剌沙的關係，而其子哈散、潑皮特別是潑皮的榮升與其父倒剌沙的密切關係。左丞馬謀，本晉邸部民，以女妻倒剌沙，引爲都水，遂除左丞。（《元史》31〈明宗本紀〉，頁698）這段史料中提到的馬謀，從其名判斷應是回回人，馬謀當是波斯語Mahmud之音譯，其中清音h和濁音d分別被清化或濁化，意爲『受到稱讚的』、『值得稱讚的』，他把女兒嫁給了倒剌沙爲妻，當時倒剌沙還是王府內史。」

表4-3　至治三年旭邁傑與倒剌沙之比較

時　間	旭　邁　傑	倒　剌　沙	史　料
至治 3.3		宣徽使探忒來王邸，爲倒剌沙言：「主上將不容於晉王，汝盍思之。」於是倒剌沙與探忒深相要結。	元史 637
至治 3.8	且言：「汝與馬速忽知之，勿令旭邁傑得聞也。」	又命斡羅思以其事告倒剌沙。	元史 638
至治 3.9	旭邁傑爲宣政院使	以內史倒剌沙爲中書平章政事	元史 639
至治 3.10	以旭邁傑爲中書右丞相 遣旭邁傑、紐澤誅逆賊鐵失、失禿兒、赤斤鐵木兒、脫火赤、章台等於大都 以旭邁傑兼阿速衛達魯花赤		元史 639～640
至治 3.12	旭邁傑言：「近也先鐵木兒之變，諸王買奴逃赴潛邸，……今臣等議，宗戚之中，能自拔逆黨，盡忠朝廷者。」 賜旭邁傑金十錠、銀三十錠、鈔七千錠。	倒剌沙爲中書左丞相。	元史 642

　　至治三年三月到十月，倒剌沙與「宣徽院怯薛集團」密切聯繫，旭邁傑則負責誅殺這個集團重要成員。十二月，這兩位也孫鐵木兒的左右手，成爲中書省的左右丞相。

表4-4　泰定元年旭邁傑與倒剌沙之史料

時　間	旭　邁　傑	倒　剌　沙	史　料
泰定 1.5	丞相旭邁傑、倒剌沙言：「比者災異，……罪在臣等，所當退黜，諸臣何罪。」	帝諭倒剌沙曰：「朕即位以來，無一人能執成法爲朕言者。」	元史 646～647
泰定 1.10	命左、右相日直禁中，有事則赴中書。		元史 651
泰定 2.5	旭邁傑等以國用不足，請減廐馬，汰衛士，及節諸王濫賜。		元史 656
泰定 2.6	中書參知政事左塔不吉言：「大臣兼領軍務，前古所無。……今軍衛之職，乞勿以大臣領之」		元史 657

泰定 2.10		以倒剌沙爲御史大夫	元史 660
泰定 2.11	旭邁傑以歲饑請罷皇后上都營繕，從之	倒剌沙復爲中書左丞相，加開府儀同三司、錄軍國重事	元史 661

　　忽必烈可汗以降，中書省、樞密院、御史臺三個機關迭起掌大政，與原本內廷由怯薛主掌的皇室各機構，產生了複雜的關係。基本上，也孫鐵木兒可汗的中央政府，是由晉邸舊臣與世勳大老組成，泰定元年五月，即發生省臺領導層集體請辭事件，危機解除後；十月，命左、右相日直禁中，有事則赴中書；泰定二年二月，鞏固核心官員權位；六月，大臣兼領軍務問題提出討論；七月，保、傅日至禁中集議國事。這些危機與解決之道，在在考驗著這個新政權。

　　泰定元年八月丁丑，也孫鐵木兒可汗回大都。冬十月庚申，命中書右丞相旭邁傑與左丞相倒剌沙，「日直禁中，有事則赴中書」。〔註67〕對於此事，監察御史宋本曾上言反對。

　　　　中書宰執視事不常，聚散無度，日趨禁中，有兼旬不至中堂者，僚佐曹掾恒不得同堂議政。公上疏言，其偷安苟容，壅滯機務，刑政差池，紀綱紊弛，乞戒飭臣僚，自非入直宿衛日期，須令日聚公府，以決庶政。俱未報。在位僅閱月，改國子監丞。〔註68〕

此事論及宰相的職權，張帆在《元代宰相制度研究》一文中，將之分爲議政權與施政權二種。〔註69〕因爲元代不行常朝，除了出身怯薛的官員，在值宿衛時可以見到皇帝外，其餘文武百官只得以「入宮奏事」才有機會面聖。但有入宮奏事的資格者，除樞密院、御史臺等少數機關外，都必須經過中書省。

　　現在，有資格入宮奏事的左右丞相長期入直禁中，當然所有政務都會受影響而延遲。要探討的是，爲何也孫鐵木兒可汗要旭邁傑與倒剌沙「日直禁中，有事則赴中書」。

　　在《宋本行狀》中，以「偷安苟容」形容也孫鐵木兒可汗對旭邁傑與倒剌沙的信任，有點不對勁；不若《元史·宋本傳》以「固寵苟安」來得貼切。

〔註67〕見《元史》29〈泰定帝本紀〉，頁 651 之記載。

〔註68〕宋褧，《燕石集》15〈故集賢直學士大中大夫經筵官兼國子祭酒宋公行狀〉，收錄於《全元文》第 39 冊（南京：鳳凰出版社，2004 年），卷 1235，頁 353 之記載。

〔註69〕張帆，《元代宰相制度研究》（北京：北京大學出版社，1997 年），頁 106～139 之論述。

> 泰定元年春，除監察御史。又言：「中書宰執，日趨禁中，固寵苟安，
> 兼旬不至中堂，壅滯機務，乞戒飭臣僚，自非入宿衛日，必詣所署
> 治事。」皆不報。〔註70〕

漠北晉邸集團與大都蒙古諸王、世勳，色目貴族，以及漢人精英之間，結構
功能的區別相當明顯，對新權力系統的維持與穩定有很大幫助。但也埋下嚴
重的危機，所謂動態均衡的概念，均衡的狀態不是靜止的，而是系統中的變
項不停調適，達致暫時的平衡狀態，此暫時狀態不斷被改變，但又不斷被恢
復。任一權力系統，必須內蘊此種動力，才能免於僵化，但權力系統之改變，
有其極限，起出極限，系統就有崩解的危險。

　　泰定元年（1324）五月，也孫鐵木兒透過中書左丞相倒剌沙發表對國事
的看法。

> 己丑，帝諭倒剌沙曰：「朕即位以來，無一人能執成法爲朕言者。知
> 而不言則不忠，且限人於罪。繼自今，凡有所知，宜悉以聞，使朕
> 明知法度，斷不敢自縱。非獨朕身，天下一切政務，能守法以行，
> 則眾皆乂安，反是，則天下罹於憂苦。」又曰：「凡事防之於小則易，
> 救之於大則難，爾其以朕言明告于眾，俾知所慎。」〔註71〕

也孫鐵木兒的聖諭，以訓誡自己和親王大臣方式，希望能緩和監察御史對此
彈劾案之擴大。對於此彈劾案，身爲御史大夫的二位核心集團重要人物，禿
忽魯與紐澤之立場相當關鍵。禿忽魯與紐澤擔任御史大夫，《元史》之記載是
在新政權剛成立的至治三年（1323）十月，而在泰定元年（1324）四月受詔
整飭御史臺。〔註72〕另依據《憲臺通記》則記載著泰定元年四月五日
（1324.4.28），命禿忽魯、紐澤並爲御史大夫。〔註73〕

〔註70〕見《元史》182〈宋本傳〉，頁4204之記載。
〔註71〕見《元史》29〈泰定帝本紀〉，頁646～647之記載。
〔註72〕見《元史》29〈泰定帝本紀〉，頁639、646之記載：「至治三年冬十月甲子，
　　　　陝西行中書左丞相禿忽魯、通政院使紐澤並爲御史大夫。泰定元年夏四月庚
　　　　申，詔整飭御史臺。」
〔註73〕趙承禧編輯，《憲臺通紀》，收錄於洪金富點校之《元代臺憲文書匯編》（台北：
　　　　中央研究院歷史語言研究所，2003年），頁71～72之記載：「泰定元年四月初
　　　　五日，欽奉聖旨：中書省爲頭內外大小諸衙門官人每根底，眾百姓根底，宣
　　　　諭的聖旨：世祖皇帝爲天下百姓上頭，體著歷代典故，立御史臺爲耳目，彈
　　　　劾中書省以下內外百司姦邪貪污、敗法亂常，刷磨案牘，觀察風俗。行呵，
　　　　於國家百姓好生有益來。比因委任失宜，紀綱廢弛，今命禿忽魯、紐澤兩箇
　　　　爲御史大夫，從新整治。」

　　以上差異，合理的解釋應是，至治三年冬的任命，是爲了軍事任務。當時紐澤配合旭邁傑誅殺鐵失等弑君份子，必須有相當職務。而旭邁傑的中書右丞相與紐澤的御史大夫，這兩個職務碩德八剌時期，分別由拜住與鐵失擔任，並各掌控三個衛軍。所以泰定元年夏天的任命，才是眞正執行御史臺臣的任務。

　　在監察御史提出彈劾案之後，皇帝以「不允」結案，並發表聖諭，希望將事情平息，避免引起政爭。但身爲御史大夫的禿忽魯與紐澤二位大臣，卻無法讓事情就這樣簡單的結束，如此有虧御史大夫之職責。〔註74〕

> 壬辰，御史臺臣禿忽魯、紐澤以御史言：「災異屢見，宰相宜避位以應天變，可否仰自聖裁。顧惟臣等爲陛下耳目，有徇私違法者，不能糾察，慢官失守，宜先退避，以授賢能。」帝曰：「御史所言，其失在朕，卿等何必遽爾！」禿忽魯又言：「臣已老病，恐誤大事，乞先退。」〔註75〕

五日前，監察御史董鵬南等採逕赴御前上奏，獲得「不允」的結果。而皇帝的聖諭顯然無法平息此事，所以禿忽魯與紐澤以辭職表明身爲臺臣的立場。

　　元朝的兩都巡幸制度，從忽必烈於中統四年（1263）開始實施，到了泰定元年（1324）已經有六十二年歷史，這也是也孫鐵木兒首次進行兩都巡幸制度。中書省的左右丞相均隨著皇帝前往上都，而留守大都人員則以一兩位諸王及中書省的平章政事、右丞等居守。〔註76〕所以，當監察御史與御史臺臣相繼提出彈劾與辭退等事，皇帝的手詔一到大都，擔任居守的中書省臣皆引罪自劾、並且抗疏乞罷以明志。

> 於是中書省臣兀伯都剌、張珪、楊廷玉皆抗旨乞罷。丞相旭邁傑、倒剌沙言：「比者災異，陛下以憂天下爲心，反躬自責，謹遵祖宗聖訓，修德慎行，敕臣等各勤乃職，手詔至大都，居守省臣皆引罪自

〔註74〕洪金富，〈元代監察制度的特色〉載於《國立成功大學歷史學報》第2號（台南：國立成功大學歷史學系，1975年），頁243～245論述曰：「元代在彈劾案的提出與處理兩方面，都多少顯示了它的獨特性。大體上，監察御史與廉訪司官提出彈劾的方式有二：其一試逕赴御前奏劾，此種逕赴御前奏劾的情形較爲少見。第二種方式是寫立彈章（彈文），呈送御史臺或行御史臺。有元一代，監察御史雖然可以獨立行使職權，提案彈劾，但所提彈劾案是否能上達帝王，還是取決於臺官的。」

〔註75〕見《元史》29〈泰定帝本紀〉，頁647之記載。

〔註76〕見《元史》29〈泰定帝本紀〉，頁646之記載曰：「泰定元年夏四月甲子，車駕幸上都。以諸王寬徹不花、失剌，平章政事兀伯都剌，右丞善僧等居守。」

劾。臣等爲左右相，才下識昏，當國大任，無所襄贊，以致災祲，
罪在臣等，所當退黜，諸臣何罪。」〔註77〕

大都的留守省臣辭退，在上都的右丞相旭邁傑與左丞相倒剌沙二位首腦，則
以當國大任的職責，請求辭職，以代諸臣領罪。

從監察御史提出彈劾開始，皇帝以手詔聖諭自我反省並訓勉諸臣，接著
二位御史大夫提出退避自省，而中書省臣也全部提出辭退之意，如此原來彈
劾的對象均被御史臺臣及中書省臣所代替，而皇帝也在這時候作出裁決。所
有被彈劾與自動請辭者，皆無罪。

帝曰：「卿若皆辭避而去，國家大事，朕孰與圖之。宜各相諭，以勉
乃職。」丙午，侍御史高奎上書，請求直言，辨邪正，明賞罰，帝
善其言，賜以銀幣。六月庚申，張珪自大都至，以守臣集議事言：「逆
黨未討，奸惡未除，忠憤未雪，冤枉未理，致令不信，賞罰不公，
賦役不均，財用不節，請裁擇之。」不允。〔註78〕

此次彈劾案，開啓了核心集團省臺大臣的集團請辭事件，經過皇帝安撫，整
個發生在泰定元年（1324）五月間的上都與大都之間政府危機事件已經落幕。
雖然侍御史高奎仍上書要求論辨邪正，皇帝已經氣定神閒地安撫他，只不過
是爲這件彈劾案加上完美句點而已。

同年六月初，中書平章政事張珪從大都趕赴上都，帶來「百官集議」所
上之萬言書，表達儒臣對左右丞相的不滿。

泰定元年六月，車駕在上都。先是，帝以災異，詔百官集議，珪乃與
樞密院、御史臺、翰林、集賢兩院官，極論當世得失，……其議曰：
國之安危，在乎論相。……如前宰相鐵木迭兒，奸狡險深，……今復
回給所籍家產，諸子尚在京師，夤緣再入宿緣。……中賣寶物，世祖
時不聞其事，自成宗以來，始有此弊。分諸寸石……蠶蠹國財，暗行
分用。……比先也先鐵木兒之徒，遇朱太醫妻女故省門外，……事聞，
有司以扈從上都爲解，竟弗就鞫，輦轂之下，肆惡無忌，……世祖臨
御三十五年，左右之臣，雖甚愛幸，未聞無功而給一賞者。〔註79〕

皇帝對張珪的奏議，給予「不允」的回答。因爲此奏議，針對前朝與本朝之

〔註77〕見《元史》29〈泰定帝本紀〉，頁647之記載。
〔註78〕見《元史》29〈泰定帝本紀〉，頁647～648之記載。
〔註79〕見《元史》175〈張珪傳〉，頁4074～4083之記載。

丞相，提出各項指責，如照此奏議施行，則漠北政權有瓦解之虞。而對於災異現象，則採用「不妄言」或「赦免死罪」等方式來應付。另對於宰相必須為災異負責之傳統，則以「不允」定調。

　　泰定二年（1325）元，也孫鐵木兒連續頒布二件詔諭，第一件是禁止皇室成員妄言災異禍福之事；第二次是詔諭宰相集議有關「大赦、特赦」之事。

　　　　（二年春正月乙未）禁后妃、諸王、駙馬，毋通星術之士，非司天官
　　　　不得妄言禍福。……庚戌，詔諭宰臣曰：「向者卓兒罕察苦魯及山後
　　　　皆地震，內郡大小民饑。朕自即位以來，惟太祖開創之艱，世祖混一
　　　　之盛，期與人民共享安樂，常懷祇懼，災沴之至，莫測其由。豈朕思
　　　　慮有所不及而事或僭差，天故以此示儆？卿等其與諸司集議便民之
　　　　事，其思自死罪始，議定以聞，朕將肆赦，以詔天下。」〔註80〕

從此二件詔諭可知，對於嚴重的天災，也孫鐵木兒將之歸咎於皇帝本身，如此宰相們則能戮力從公，不受災異影響。

　　泰定二年（1325），旭邁傑本著首相職責，屢以國用不足，歲饑等，請罷不急之需。惟當年八月，旭邁傑就因病辭去中書右丞相職務。〔註81〕雖然同年十一月，旭邁傑仍以歲饑請罷皇后上都營繕，獲得皇帝同意。〔註82〕實際上，十二月初，塔失帖木兒繼任中書右丞相，旭邁傑應已在同月去世。旭邁傑與倒剌沙左右相體制結束。

　　泰定二年十月，倒剌沙由中書左丞相轉任御史大夫。御史大夫從忽必烈時代開始，就由博爾朮的後人擔任。策立鐵穆耳繼位的玉昔帖木兒，擔任這個職務達二十年之久，並曾統兵作戰。

　　　　貞憲王月呂魯公，器量宏達，襟度淵深，莫測其際。……國朝重天
　　　　官內膳之選，特命領其事，……未幾，拜御史大夫。……公長臺憲，
　　　　務振宏綱，弗親細故。……宗王乃顏叛東鄙，世祖躬行天討，命工
　　　　總戎以先之。大駕至半道，則公已退敵。〔註83〕

英宗碩德八剌時期，鐵失更是以御史大夫職務，統領三大衛軍。而且玉昔帖

〔註80〕見《元史》29〈泰定帝本紀〉，頁653之記載。
〔註81〕見《元史》112〈宰相年表〉，頁2878之記載：「泰定二年，旭邁傑，正月至
　　　　八月。」
〔註82〕見《元史》29〈泰定帝本紀〉，頁661之記載。
〔註83〕閻復，《靜軒集》3〈太師廣平貞憲王碑〉，載《全元文》第9冊，頁258之記
　　　　載。

木兒領軍是爲了對抗敵人，鐵失則是環衛中央。

> 鐵失者，當英宗即位之初，以翰林學士承旨、宣徽院使，爲太醫院
> 使。未逾月，特命領中都威衛指揮使。明年，……三月，特授光祿
> 大夫、御史大夫，仍金虎符、忠翊侍衛親軍都指揮使，依前太醫院
> 使。……既而又命領左右阿速衛。〔註84〕

當時中書右丞相拜住與御史大夫各領三衛軍，造成相互對峙局面；而後來旭
邁傑與紐澤誅逆時，可能也是相沿襲拜住、鐵失之例，分別以中書右丞相與
御史大夫之職，領衛軍誅逆。〔註85〕大臣領衛軍，造成嚴重後果，許有壬在
泰定元年所上之「正始十事」中已經有所建議。

> 四曰削去兼領軍職。蓋聞總攬威權，乃人主之事，臣下責任，豈宜
> 使之有出位過份者！故太平則注意宰相，有事則責成將帥。世祖立
> 中書省以總機務，立樞密院以治軍旅。治民者不與兵事，治兵者不
> 與民事，其所以防閑之道，截然有不可犯者。邇來漸至紊亂，如元
> 惡帖實，既爲臺端，又領軍衛，雖包藏禍心，固不易測，而恃威藉
> 權，實由乎此。常人之情，手有鞭杖則思菙擊，無是物則無是心也。
> 又如欲擊人者，空拳赤體，雖欲奮作，人得以制；一旦被之以鎧甲，
> 授之以兵杖，則無所不至矣。擬和照勘各衙門官員，凡兼軍職領各
> 衛者，皆與削去。〔註86〕

但這個建議似乎並無受到採納，泰定二年（1325）六月，中書參知政事左塔
不台也對省院臺大臣兼領軍衛之事，備感憂心而提出建議。

> 丙申，中書參知政事左塔不台言：「大臣兼領軍務，前古所無。鐵失
> 以御史大夫，也先帖木兒以知樞密院事，皆領衛兵，如虎而翼，故
> 成逆謀。今軍衛之職，乞勿以大臣領之，庶勳舊之家得以保全。」
> 從之，仍賜幣帛以旌其直。〔註87〕

事實上，正如蕭師啓慶所論，由於衛軍是兩都地區僅有的常備部隊，在政治
危機中具有舉足輕重的力量，因而成爲政治野心家力圖掌握的對象。元朝中
葉以後的權臣多極力掌握衛軍，雖然格於朝廷的大法，這些權臣無法自立爲

〔註84〕見《元史》207〈鐵失傳〉頁4599之記載。
〔註85〕見《元史》29〈泰定帝本紀〉，頁640之記載：「癸未，以旭邁傑兼阿速衛達
　　　　魯花赤。」
〔註86〕許有壬，《至正集》77〈正始十事〉收錄於《全元文》38～59。
〔註87〕見《元史》29〈泰定帝本紀〉，頁657之記載。

帝，但一旦有大量衛軍在手，退則可保持權位，進可廢立帝王。對於左塔不台的憂心與建議，也孫鐵木兒只能獎勵他，爲了捍衛政權不落入他人之手，委託親信掌控衛軍仍是最安全的作法。〔註88〕

　　倒剌沙出任御史大夫，在《元史·韓若愚傳》中，是講明以右御史大夫職位吸引倒剌沙由中書左丞相轉任。

　　　　時左丞相倒剌沙擅威福，以事誣侍御史亦憐珍等，下樞密獄，無敢

　　　　言其冤，若愚以計奏左丞相倒剌沙爲右大夫，其事遂解。〔註89〕

這個時間點，是在泰定二年十月，當時旭邁傑因病已經離開中書省。而同年十一月，旭邁傑可能仍以怯薛大臣身份建言，值得注意的是當年與旭邁傑一起在大都誅殺鐵失的紐澤，這時候仍是御史大夫。在倒剌沙出任右御史大夫之際，紐澤以病乞罷。

　　　　（泰定二年冬十月）癸未，以倒剌沙爲御史大夫。……〔十一月〕……

　　　　庚戌，旭邁傑以歲饑請罷皇后上都營繕，從之。紐澤以病乞罷，不

　　　　允。……丙寅，倒剌沙復爲中書左丞相，加開府儀同三司、錄軍國

　　　　重事。……十二月戊寅，以塔失帖木兒爲中書右丞相。……丁酉，

　　　　加紐澤知樞密院事，與馬某沙並開府儀同三司。〔註90〕

旭邁傑去世後，蒙古怯薛大臣塔失帖木兒繼任中書右丞相。塔失帖木兒，仁宗時曾任知樞密院事，有駙馬身份。在《元史·王約傳》中有提到他的名字。

　　　　拜樞密副使，視事，明日召見賜酒，帝謂左右曰：「人言彥博老病，

　　　　朕今見之，精力尚強，可堪大任也。」是夕，知院駙馬塔失帖木兒

　　　　宿衛，帝戒之曰：「彥博非汝友，宜師事之。」〔註91〕

塔失帖木兒擔任首相的時間超過旭邁傑，從泰定二年（1325）十二月任相，到致和元年九月止。而且一開始就給他很高的榮銜，塔失帖木兒在中書省也力圖表現，呈現一股新人新氣象。

　　　　癸未，加塔失帖木而開府儀同三司、上柱國、錄軍國重事、監修國

　　　　史，封薊國公。……鎮南王脫不花薨，遣中書平章政事乃馬台攝鎮

　　　　其地。中書省臣言山東、陝西、湖廣地接戎夷，請議選宗室往鎮，

〔註88〕蕭啓慶，《元代史新探》2〈元代的宿衛制度〉（台北：新文豐出版公司，1983年），頁90之論述。

〔註89〕見《元史》176〈韓若愚傳〉，頁4112之記載。

〔註90〕見《元史》29〈泰定帝本紀〉，頁660～662之記載。

〔註91〕見《元史》178〈王約傳〉，頁4142之記載。

從之。申禁圖讖，私藏不獻者罪之。癸巳，京師多盜，塔失帖木兒

請處決重囚，增調邏卒，仍立捕盜賞格，從之。〔註92〕

塔失帖木兒為首相時刻，也孫鐵木兒的政權已經鞏固，而其以軍人作風專長
在於軍事管理，形成一個準「軍事政府」之狀態。尤其對嚴禁圖讖，對於思
想的管制越來越嚴格。

〔隱藏玄象圖讖〕泰定二年十二月十三日，中書省奏，節該：「合禁
的文書，如今嚴立斷例，各處徧行文書，張掛牓文。但係世祖皇帝
時分禁了來的，並在後累朝禁了來的禁書，不揀誰根底有呵，文字
到日壹伯日已裏，教他每自便燒燬了者，休藏留著。若壹伯日之外，
不行燒毀的，首告出來呵，杖壹伯柒下，籍沒家產一半，於那錢物
的壹半，付告人充賞呵，庶使無知的人每，不致傷害性命，多人每
不遭禍擾也者。」奏呵，奉聖旨：「那般者」欽此。令太史院、司天
監與禮部、翰林國史院、集賢院、刑部，一同議得，合禁等書，開
列于後。乾象通鑑、……推背圖、血盆，及應合禁斷天文圖書，一
切左道亂正之術。〔註93〕

泰定二年十二月起，新任首相塔失帖木兒與倒剌沙合作，建立一個新的相權
體制。兩人之間的互動，並不亞於旭邁傑與倒剌沙。而塔失帖木兒仍舊是「蒙
古至上主義」的執行者。

表4-5 倒剌沙與塔失帖木兒任職史料

時　間	塔失帖木兒	倒　剌　沙	史　料
泰定 2.12	以塔失帖木兒為中書右丞相。 加塔失帖木兒開府儀同三司、 上柱國、錄軍國重事、監修國史， 封薊國公。 京師多盜，塔失帖木兒請處決重 囚，增調邏卒，仍立捕盜賞格。		元史 661～662
泰定 4.2	帝師參馬亦思吉思卜長出亦思宅卜 卒，命塔失鐵木兒、紐澤監修佛事。		元史 667
泰定 4.6		倒剌沙等以災變乞罷，不允。	元史 679
泰定 4.7	丞相塔失帖木兒、倒剌沙，參知政 事不花，並乞解職		元史 680

〔註92〕見《元史》29〈泰定帝本紀〉，頁 661～662 之記載。
〔註93〕見《至正條格校註本》（首爾：韓國學中央研究院，2007 年），頁 175～178
　　　　之記載。

泰定 4.12	敕塔失鐵木兒、倒剌沙領內史府四斡耳朵事。		元史 683
致和 1.3	塔失帖木兒、倒剌沙言：「災異未弭，由官吏以罪黜罷者怨謗所致，請量才叙用。」		元史 685
致和 1.4	塔失帖木兒、倒剌沙請凡蒙古、色目人效漢法丁憂者除其名，從之。		元史 686
致和 1.9		倒剌沙立皇太子爲皇帝，改元天順，詔天下。	元史 687

　　塔失帖木兒首相承襲旭邁傑首相職務，負責蒙古人較爲熟悉的司法、宗教與人事等事務；倒剌沙左丞相則主要負責理財事務，這是色目人（尤其是回回人）最爲專長的事務。

> 旭邁傑死，左丞相倒剌沙當國得君，與平章政事烏伯都剌，皆西域
> 人，西域富賈以其國異石名曰瓓者來獻，其估鉅萬，或未酬其直，
> 諸嘗有過，爲司憲遞官，或有出其門下者。〔註94〕

倒剌沙與烏伯都剌、伯顏察兒等信仰伊斯蘭教的回回人，在得寵後，又回到成宗鐵穆耳初期那種怯薛與官僚集體經營「中賣寶貨」之情景。而當時的哈剌哈孫左丞相對此事並不支持，現任倒剌沙左丞相不僅大力支持，本身也是這個集團的首腦人物，沉寂已久的「中賣寶貨」事件，又成爲政府的嚴重問題。

　　中書省與御史臺之關係，在旭邁傑與紐澤當首長時刻，雙方甚少衝突。等旭邁傑去世後，倒剌沙與御史臺關係逐漸惡化。

> 中書參政楊廷玉以墨敗，臺臣奉旨就廟堂逮之下吏。丞相倒剌沙疾
> 其摧辱同列，悉誣臺臣罔上，欲置之重辟。起巖以新除留臺，抗章
> 論曰：「臺臣按劾百官，論列朝政，職使然也。今以奉職獲戾，風紀
> 解體，正直結舌，忠良寒心，殊非盛世事。且世皇建臺閣，廣言路，
> 維持治體，陛下即位詔旨，動法祖宗。今臺臣坐譴，公論杜塞，何
> 謂法祖宗耶！」章三上，不報。起巖廷爭愈急，帝感悟，事乃得釋，
> 猶皆坐罷免還鄉里。〔註95〕

雖然倒剌沙曾出任御史大夫，實際上只是補足資歷，省、臺對立加重。塔失帖木兒畢竟非晉邸舊臣，在權力結構上，左丞相逐漸壓過右丞相，倒剌沙成爲皇帝唯一最信任的大臣。

〔註94〕見《元史》182〈宋本傳〉，頁 4205 之記載。
〔註95〕見《元史》182〈張起巖傳〉，頁 4194 之記載。

> （泰定中）是時，宰相倒剌沙密專命令，不使中外預知，師魯又上
> 言：「古之人君，將有言也，必先慮之於心，咨之於眾，決之於故老
> 大臣，然後斷然行之，渙若汗不可反，未有獨出柄臣之意，不咨眾
> 謀者也。」不報。倒剌沙雖剛狠，亦服其敢言。〔註96〕

也孫鐵木兒在位前後，以平衡及調和為手段，對各族之菁英均甚為禮遇。惟
因倒剌沙自旭邁傑死後，已成為中央最重要的政權核心人物，又其與「南坡
弒君宣徽院集團」過從甚密，連回回人中較有「格調」的知識份子，都不認
同其所作為，使其權勢發展受到限制。

> 泰定三年，詔以遺逸徵至上都，見帝于龍虎臺，眷遇優渥。時倒剌
> 沙柄國，西域人多附焉，贍思獨不往見，倒剌沙屢使人招致之，即
> 以養親辭歸。〔註97〕

圖帖睦爾在致和元年（1328）九月首度於大都即位時，對於也孫鐵木兒朝廷
大臣的攻擊對象，主要也是集中在倒剌沙與烏伯都剌等回回人身上。

> 天曆元年九月（十三日），詔書內一款：「諸人中寶，耗盡國財，累
> 朝已嘗禁止。比者，奸臣倒剌沙、烏伯都剌等，違眾任情，擅眾任
> 情，擅將中寶回回人一髹朦朧支給價錢，仰中書省照勘追理。今後
> 似前中獻者，以違制論。」〔註98〕

以一個回回人而能在中央權力結構中，成為一人之下，萬人之上的掌握實權
宰相，倒剌沙在元朝歷史上寫下新的一頁。

二、新權力結構中三公與相權關係之演進

忽必烈的「中統體制」，三公（當時尚稱三師）不常設，僅劉秉忠為太保，
而玉昔帖木兒為太傅。鐵穆耳的「元貞體制」，三公成為位尊權輕的政治作用。
雖然至元三十一年，當時博爾尤之孫玉昔帖木兒為太師，平宋勳臣伯顏為太傅，
博爾忽曾孫月赤察兒為太保。這三個人的資歷、聲望，都在右丞相完澤之上。
在擁立鐵穆耳的過程中，他們發揮的作用也比完澤重要，完澤對他們十分忌憚。
不久玉昔帖木兒、伯顏先後死去，月赤察兒升為太師，而完澤只是太傅，地位
尚在月赤察兒之下。這一時期三公地位較高，與特殊的政治環境也有關係。當

〔註96〕見《元史》176〈趙師魯傳〉，頁4113之記載。
〔註97〕見《元史》190〈儒學·贍思傳〉，頁4351之記載。
〔註98〕見《至正條格》28〈關市·禁中寶貨〉，頁95之記載。

時元朝政府與西北諸王連年作戰，在漠北屯駐重兵。而玉昔帖木兒等三人，都曾擔任漠北元軍統帥，其地位、勢力自不可忽視。不過，就處理日常事務的權力而言，當然還是宰相作用更重要。海山以後，三公（不兼宰相者）在政治生活中的實際作用越來越小，已無法同成宗朝的三公相比。〔註99〕

　　不過，到了也孫鐵木兒時期，由於舊的中央權力結構崩解，新權力系統由「晉邸內史集團」組成，經驗與威望均不足，蒙古世勳的安定作用相當重要，所以「三公」的利用價值升高，而旭邁傑、倒剌沙等左右相均無帶「三公」榮銜，也是這個時期的特點。在這時期帶「三公」銜者，漠北晉邸舊臣僅按答出一人，其餘均為愛育黎拔力八達或碩德八剌時期的宰相或三公。這些蒙古世勳有按答出、闊徹伯、伯忽、朶台、拾得驢、丑驢、禿忽魯、伯答沙等八人。

表4-6　泰定朝任三公三師之蒙古世勳

時　　間	三　　　　　　　　　公	史　　源
至治 3.10	以內史按答出為太師、知樞密院事	元史 639
至治 3.12	知樞密院事、大司徒闊徹伯授開府儀同三司。以前太師拜忽商議軍國重事。	元史 642
泰定 1.3	罷徽政院，立詹事院，以太傅朶台、宣徽使禿滿迭兒、桓國公拾得驢、太尉丑驢答剌罕，並為太子詹事。	元史 644
泰定 1.7	撒忒迷失率衛士佐太師按塔出行邊	元史 649
泰定 2.2	御史大夫禿忽魯加太保，仍御史大夫	元史 655
泰定 2.7	敕太傅朶台、太保禿忽魯日至禁中集議國事。	元史 658
泰定 4.3	以太傅朶台為太師，太保禿忽魯為太傅，也可扎魯忽赤伯達沙為太保。敕前太師伯忽與議大事。	元史 678

　　按答出又叫按攤出或按塔出，他是晉王府邸六個內史中，最為資深且是勳位最高的一位。仁宗延祐四年（1317），他就受封為魯國公，並授資品為正一品金紫光祿大夫。〔註100〕當時身為最資深的王府內史，也不過是正二品官。

〔註99〕張帆，《元代宰相制度研究》，頁172～173之論述。

〔註100〕見《元史》26〈仁宗本紀〉，頁581之記載：「延祐四年十二月丁巳，特授晉王內史按攤出金紫光祿大夫、魯國公」。（北京：中華書局版）金紫光祿大夫，依據《元典章》第7卷〈吏部・官制・資品〉金紫光祿大夫與開府儀同三司、儀同三司、特進、崇進、銀青光祿大夫等皆為文資正一品。（台北：故宮博物院版）

〔註101〕所以在也孫鐵木兒可汗政權建立之後，必定授與按答出最尊貴的大臣之位，所以就任太師之職，且知樞密院事。按答出是也孫鐵木兒政權的漠北鎮藩之寶，主要負責北方邊務，但可能因年歲較大，常由撒忒迷失率衛士輔佐之。〔註102〕

闊徹伯於延祐七年（1320）十二月，受英宗碩德八剌之提拔，由典瑞院使除知樞密院事。闊徹伯擅長禮儀，至治元年（1321）春正月丙戌，皇帝碩德八剌服袞冕，享太廟，當時以中書左丞相拜住爲亞獻官，而闊徹伯則以知樞密院事爲終獻官。至治三年（1323）十二月，也孫鐵木兒授知樞密院事、大司徒闊徹伯開府儀同三司。〔註103〕

伯忽，又譯爲拜忽。仁宗皇慶元年（1312）十二月癸亥，政府改組。中書平章政事李孟致仕，由樞密副使張珪接替。次年正月，伯忽首度登上中央舞台，由察罕腦兒（內蒙古烏審旗）等處宣慰使升任御史大夫。不久，禿忽魯取代鐵木迭兒出任中書右丞相。三月，哈剌哈孫之子御史中丞脫歡答剌罕亦升任御史大夫。夏四月，伯忽加授開府儀同三司、並升任太傅。延祐四年（1317）十月，與參知政事王桂祭陝西嶽鎮、名山，賑恤秦州（甘肅天水）被災之民。延祐六年（1319）閏八月，陞太師。至治三年（1323）十二月，以前太師身分商議軍國重事。〔註104〕

〔註101〕有關晉王內史官職，李治安西元 1993 年的〈元代晉王封藩問題探討〉分析道：「晉王內史府一開始就與一般諸王藩府有些差異。與一般王傅比較，晉王內史具有品秩高，員額多，享官俸，或可遷轉等特徵。一般諸王王傅均爲正三品。晉王內史先爲從二品，延祐五年升正二品。內史亦帶散官，有的還被封爲國公。諸王王傅最多不過六員，晉王內史則多達九員。此外，晉王內史府內史等官吏，均享朝廷俸祿，略高於同品秩的朝廷官吏。最初任命的三名晉王內史中，即有雲南行省平章。而後，知樞密院事札散、同知宣徽院事阿里罕又相繼轉任晉王內史。至大初，晉王內史脫字花還被委以知樞密院事的重任。是証內史府長官或可以與朝廷官員相互遷轉流動，這也是一般諸王王傅所未曾見到的。」

〔註102〕見《元史》29〈泰定帝本紀〉，頁 649 泰定元年秋七月庚子條之記載：「撒忒迷失率衛士佐太師按塔出行邊，賜鈔千錠。」

〔註103〕依據《大元聖政國朝典章》第 7 卷，〈吏部·官制·資品〉（北京：中國廣播電視出版社，1998 年），頁 175 之記載，開府儀同三司是資品中正一品最高榮銜，在職品中，闊徹伯爲知樞密院事（正二品），大司徒（從一品），所以授其開府儀同三司（正一品），可置幕僚，有官署。

〔註104〕見《元史》110〈三公表〉，頁 2780～2781 之記載：「仁宗皇帝皇慶二年至延祐六年，伯忽爲太傅；延祐六年的太師爲鐵木迭兒。」頁 2782 校勘記【一】載：「考異云：『案是年四月以鐵木迭兒爲太子太師，非太師也。至次年三月，

朵台，又譯爲朵羅台、朵帶。爲蒙古四大怯薛長木華黎之後，札剌兒氏，嗣國王。木華黎子孛魯，孛魯第七子阿里吉失（亦作阿禮吉失），事蹟不詳，死後追封莒王。阿里吉失有二子，長子朵羅台，襲國王。〔註105〕朵台初任侍御史，成宗大德七年（1303）正月，改任中書參知政事。仁宗延祐六年（1319）九月，朵台以徽政使授太傅。英宗至治二年（1322）十二月，朵台以太常禮儀院使身分告諡議于太廟，這個位置大部分都是由木華黎後人擔任。泰定元年（1324）三月，罷徽政院立詹事院，以太傅朵台爲太子詹事。

拾得閭又譯爲拾得驢，延祐五年（1318）三月，拾得閭就以晉王內史身分獲加榮祿大夫，並受封爲桓國公。給金九百兩、銀百五十兩，書金字藏經。〔註106〕泰定元年（1324）三月，罷徽政院，立詹事院，拾得閭以桓國公身分出任太子詹事。

醜驢又譯丑閭、丑驢。**醜驢**有答剌罕封號，蒙古乃蠻氏，末赤子。〔註107〕延祐六年（1319）正月，**醜驢**以同知徽政院事特授爲金紫光祿大夫、太尉，給銀印。至治三年（1323）六月，**醜驢**答剌罕以徽政使督師征西番參卜郎諸

始復除太師。表於是年已書鐵木迭兒，誤也。』」伯忽於延祐六年閏八月從太傅升任太師。延祐七年三月，鐵木迭兒復任太師，伯忽應於此時卸職，所以至治三年十二月，伯忽以前太師身分商議軍國重事。

〔註105〕有關朵羅台之身分，參見蕭啓慶，〈元代四大蒙古家族〉載於氏著《元代史新探》（台北：新文豐出版公司，1983 年），頁 146 載有木華黎家世系表。有關朵羅台的結局，在《元史》第 139 卷〈朵兒只傳〉（北京：中華書局版），頁 3353 有記載：「天曆元年，朵羅台國王自上都領兵至古北口，與大都兵迎敵。事定，文宗殺朵羅台。」另有關朵台與朵羅台關係的記載，在《元史》第 32 卷，〈文宗本紀〉（北京：中華書局版），頁 706～714：「致和元年八月癸丑，是日，上都諸王及用事臣，以兵分道犯京畿，留遼王脫脫、諸王孛羅帖木兒、太師朵帶、左丞相倒剌沙、知樞密院事鐵木兒脫居守。冬十月癸巳，燕鐵木兒及陽翟王太平、國朵羅台等戰于檀子山之棗林。」

〔註106〕見《元史》26〈仁宗本紀〉，頁 583 之記載：「延祐五年三月癸未，賜鈔萬錠，命晉王也孫鐵木兒賑濟遼東貧民。晉王內史拾得閭加榮祿大夫，封桓國公。給金九百兩、銀百五十兩，書金字藏經。」

〔註107〕依據錢大昕之〈元史氏族表〉收錄於《宋遼金元明六史補編》（北京：北京圖書館出版社，2005 年），頁 69 記載丑驢爲末赤子；孛朮魯翀，《菊潭集》第 2 卷，〈皇元故武略將軍濟南冠州萬戶府千夫長監默勒齊公神道碑銘〉，收錄於李修生主編之《全元文》第 32 冊（南京：鳳凰出版社，2004 年），卷 1031，頁 344～345 記載曰：「聖朝統有天下，制官以國人冠其上，如古之置監者然，重國體也。兵名所部曰翼，其監以北庭有武功者爲之。濟南冠州新軍萬戶府千夫長劉淯翼監將武略將軍末赤，子男五：曰齊拉（氏族曰寨臘），曰密桑（馬僧），曰華善（和尚）；義男曰孟格台（蒙幹台），曰綽羅（丑驢）」

寇。〔註108〕泰定元年（1324）三月，罷徽政院立詹事院，醜驢由原徽政使改太子詹事。

禿忽魯，一名禿魯，是蒙古勳貴，怯烈氏。祖父孛魯歡是憲宗蒙哥可汗的中書右丞相（必闍赤）；父親也先不花爲眞金皇太子王傅，成宗時，曾任湖廣行中書省左丞相；叔叔答失蠻在成宗時，曾任內八府宰相；弟弟怯烈在大德晚期擔任中政院使，爲卜魯罕皇后的親信。禿忽魯家族，在整個蒙元時代有八人擔任過丞相職務。〔註109〕禿忽魯初爲宗正府也可札魯忽赤（宗正府大斷事官），至大元年（1308），由中書右丞、司徒知樞密院事。至大二年十月，加封左丞相，仍爲知院。仁宗皇慶二年（1313）正月，由太府卿拜中書右丞相。延祐元年（1314）二月，合散擔任中書右丞相，禿忽魯於十一月復知樞密院事。〔註110〕延祐三年（1316），愛育黎拔力八達可汗封皇姪和世㻋（海山嫡長子）爲周王，置常侍府，秩正二品。設常侍七員，中尉四員，諮議、記

〔註108〕屠寄，《蒙兀兒史記》第 12 卷〈碩德八剌可汗本紀〉（台北：鼎文書局，1994年），第 1 冊，頁 635 記載：「遣宣政使醜驢往督師（宣政舊作徽政，誤。按徽政院罷於至治二年十一月，此時不得復有徽政院。且徽政院所掌者，皇太后位下錢糧選法工役之事；宣政院則掌釋教僧徒及吐蕃之境而隸治之，吐蕃有事，則爲分院往鎮，如大征伐則會樞密議。今參卜郎之叛，事屬宣政，故知醜驢事宣政院使，非徽政院使也。）」

〔註109〕見《元史》134〈也先不花傳〉，頁 3266～3268：「太祖以舊好，遇之特異他族，命爲必闍赤長，朝會燕饗，使居上列。昔剌斡忽勒早世，其子孛魯歡幼事睿宗，入宿衛。憲宗即位，與蒙哥撒兒密贊謀議，拜中書右丞相，遂專國政。至元元年，以黨附阿里不哥論罪伏誅。子四人：長曰也先不花；次曰木八剌，初立御史臺，爲中丞；次曰答失蠻，累官至銀青光祿大夫。也先不花初世其職，爲必闍赤長。裕宗封燕王，世祖命也先不花爲之傅。子五人，亦憐眞，事裕宗於東宮，爲家令。禿魯，歷事四朝。怯烈，仕至中政使。按攤，事成宗，襲長宿衛。子阿榮，由宿衛起家。」另同上書，第 143 卷，〈阿榮傳〉，頁 3420：「阿榮字存初，怯烈氏。父按攤，中書右丞。阿榮幼事武宗，備宿衛。天曆三年春，第士于廷。」另《元史》第 205 卷，〈搠思監傳〉（北京：中華書局版），第 15 冊，頁 4585～4588：「搠思監，野先不花之孫，亦憐眞之子也。泰定初，襲長宿衛，爲必闍赤怯薛官。至順二年，除內八府宰相。至正十六年，復遷御史大夫。四月，遂拜中書左丞相，明年五月，進右丞相。怯烈氏四世爲丞相者八人，世臣之家，鮮與比盛。」

〔註110〕見《元史》112〈宰相年表〉，頁 2818～2819：「皇慶二年，帖木迭兒（正月一月）；禿忽魯（正月至十二月）。延祐元年，禿忽魯（正月至二月）。」另見《元史》第 24 卷，〈仁宗本紀〉，頁 555～567：「皇慶二年春正月丁未，以太府卿禿忽魯爲中書右丞相。延祐元年庚戌，中書省臣禿忽魯等以災變乞罷免，不允。二月壬午，以合散爲中書右丞相、監修國史。九月己巳，復以鐵木迭兒爲右丞相，合散爲左丞相。十一月戊寅，以前中書右丞相禿忽魯知樞密院事。」

室各二員。史料上有紀錄者有：禿忽魯、斡耳朶、尚家奴、孛羅、教化、伯顏等六人爲常侍。〔註111〕周王行至陝西，教化與前太師陝西行省左丞相阿思罕（月赤察兒之子脫兒赤顏）謀舉兵，事敗，阿思罕與教化均死之，周王和世㻋奔金山，禿忽魯回朝。之後，禿忽魯的職務仍是陝西行省左丞相。〔註112〕

伯答沙又譯伯達沙，蒙古察哈札剌兒氏，兗國公忙哥撒兒之孫，帖木兒不花之子，《元史》有〈伯答沙傳〉，伯答沙爲人清愼寬厚，號稱長者，也是海山可汗的近侍怯薛。〔註113〕伯答沙在成宗鐵穆耳與武宗海山時期，他一直是重要怯薛，且一直在怯薛官大本營宣徽院任職。仁宗延祐四年（1317）九月，中書右丞相合散以回回人請辭，愛育黎拔力八達以時任宣徽使的伯答沙出任中書右丞相，合散調爲左丞相。

非漠北晉邸的舊勳有六位，皆爲新政府中的安定力量。伯忽爲前太師，此次出馬商議軍國重事，當時「誅逆」行動已經完成，伯忽的任務當爲承認新政權之合法性。醜驢曾在徽政院服務較久，尤其出任太子詹事一職，更是有承認新政權爲正統之象徵性的意義。

〔註111〕 見《元史》31〈明宗本紀〉，頁 693 之記載：「延祐三年春，置常侍府官屬，以遙授中書左丞相禿忽魯、大司徒斡耳朶、中政使尚家奴、山北遼陽等路蒙古軍萬戶孛羅、翰林侍講學士教化等並爲常侍。」另見馬祖常，《石田文集》第 14 卷，〈敕賜太師秦王佐命元勳之碑〉，載於李修生主編之《全元文》第 32 冊，卷 1038，頁 451：「仁宗王明宗於周，命王爲周王常侍。」

〔註112〕 杉山正明，〈大元ウルスの三大王國〉載於《京都大學文學部研究紀要》（京都：京都大學文學部，1995 年），頁 128 之論述：「據明宗本紀，左丞相禿忽魯是以周王府核心集團首席常侍隨伴赴雲南；但依仁宗本紀，禿忽魯是在延祐三年十二月庚午被任命爲陝西行省左丞相。和世㻋於十一月抵達延安，故而，教化的京兆行，阿思罕的舉兵、東征、戰死及禿忽魯的任命，是在一個月內接連發生之事。仁宗政府封和世㻋爲周王的眞意，是要將他跟另一個麻煩人物阿思罕綁在一起，成爲陝西叛亂的亂賊。」

〔註113〕 見《元史》124〈伯答沙傳〉，頁 3058 記載：「伯答沙幼入宿衛，爲寶兒赤。歷事成宗、武宗，由光祿少卿擢同知宣徽院事，陞銀青光祿大夫、宣徽院使，遙授左丞相。武宗崩，護梓宮葬于北，守山陵三年，乃還。仁宗即位，眷顧益厚。延祐二年，拜中書右丞相。（依據本書頁 3061 註：本書卷 26〈仁宗紀〉延祐四年九月丙寅條、卷 112〈宰相年表〉，伯答沙任右丞相在延祐四）時承平日久，朝廷清明，君臣端拱廟堂之上，而百姓义安於下，一時號稱極治。仁宗崩，帖木迭兒執政，改授集賢大學士，仍開府儀同三司、錄軍國重事。未幾，以大宗正札魯忽赤出鎮北方，亦以清靜爲治，邊民按堵。泰定間還朝，加太保。及倒剌沙構兵上都，兵潰，伯答沙奉璽綬來上，文宗嘉之。拜太傅，仍爲札魯忽赤。至順三年薨。」

　　闊徹伯擅長禮儀制度，他在碩德八剌可汗時代即負責各項典禮，也孫鐵
木兒可汗必須依賴他來策劃大都的各項接收工作。闊徹伯除了知樞密院事職
務外，尚擔任翰林學士承旨，協助新政府的權力轉移事宜。

　　禿忽魯與朵台二人均爲蒙古世勳「大根腳」之後代，其代表的意義更大，
所以必須在未來有更實質的任務交代。禿忽魯與伯答沙均在仁宗朝擔任過首
相之職務，納入泰定體制內，無論如何，對政權穩定都有很大的助益。

　　按答出與拾得驢二人爲晉邸舊臣，以太師和太子詹事之榮銜，代表漠北
晉邸集團融入大都蒙古世勳集團中。

　　也孫鐵木兒對於中央權力系統中「相權」的安排，原本旭邁傑代表「蒙
古至上主義」爲首相，倒剌沙則以「回回法」負責理財。此有師法世祖忽必
烈以安童爲首相，阿合馬、桑哥爲理財大臣之意。且收左、右相以合作代替
對抗之意。而按答出、朵台、禿忽魯等蒙古世勳就如世祖時期的玉昔帖木兒、
伯顏、月赤察兒等鞏固「君權」之意。

第三節　新統治集團權力系統之建構

　　本結論述新統治勢力「漠北晉邸集團」權力系統的建構，分兩部分討論。
首先論述「晉邸集團在宿衛系統的安排與展開」，其次論述「回回大臣主導下
的中書省」。

一、晉邸集團在宿衛系統的安排與展開

　　也孫鐵木兒的新政權成立後，對於原先的「官僚集團」與「怯薛集團」
之間的對峙，採取二者皆納的態度。先論對「怯薛集團」的取代。

　　宰相雖兼宿衛者，平常仍須至中書省議事。忽必烈可汗時期，前後中書右
丞相安童與完澤很少直接管理中書省政務，平章政事似乎是當時中書省的靈魂
人物。〔註114〕但自從元朝中葉以後，中書省左右丞相漸漸成爲外朝處理政事的
首腦，庶務的繁雜，自然無法常伴君側。皇帝的近侍怯薛與外朝宰相的分離狀

〔註114〕蕭啓慶，《西域人與元初政治》（台北：國立臺灣大學文學院，1966 年），頁
　　　　72 論述曰：「事實上，自中統建省以來，大權皆在平章政事之手，丞相多位
　　　　崇而不任事，所以由完澤任丞相者，仍是維持蒙古人擔任首長，西域人掌握
　　　　實權的習慣。」

態，越來越嚴重，張帆即指出「隔越奏請」在元朝中葉比較嚴重。〔註115〕

也孫鐵木兒可汗長期生活在漠北，他的晉王府除了祭祀、軍事有特別機構處理外，內史等高級幕僚幾乎就如同怯薛宿衛一樣，整天圍在他身邊。現在，晉王變成了皇帝，國家大事必須由原王府內史轉任的丞相、平章處理，所以陪侍皇帝的時間減少。在上都那段時間，旭邁傑與倒剌沙皆可隨侍在側，一回到大都，左右丞相都必須在中書議政，三日才得入宮奏稟。〔註116〕所以回大都不過二個月，即命左右相日直禁中。

也孫鐵木兒在即位後，面臨新舊怯薛宿衛問題。泰定元年（1324）秋七月丁未，《元史》有一條史料值得探討。

　　丁未，中書省臣言：「東宮衛士，先朝止三千人，今增至萬七人，請命詹事院汰去，仍依舊制。」從之。〔註117〕

爲何東宮衛士先朝止三千，泰定元年即增加五倍，成爲一萬七千人，比皇帝的宿衛怯薛還多。這裡面應包括了原先碩德八剌可汗的舊怯薛，以及也孫鐵木兒可汗的新怯薛，因爲皇帝處無法容納，只得將之安排到東宮處暫時安置。另外同年九月辛卯，賜潛邸衛士鈔萬錠。〔註118〕所以，次月的旭邁傑與倒剌沙之日直禁中應與處理怯薛有很大關係。

泰定二年（1325）五月，旭邁傑等以國用不足，請汰衛士，皇帝同意並賜潛邸怯憐口千人鈔三萬錠。〔註119〕怯薛問題基本上獲得解決，而告一段落。在「南坡之變」中，弒君一方基本上是怯薛組成之集團，但也孫鐵木兒採取的是將清洗對象限制在「鐵失黨羽」，而對於「鐵木迭兒派系」則仍加以重用。

蕭師啓慶認爲：出於報復心理，漢人臣僚不斷請求新皇帝清除鐵木迭兒和鐵失的所有同黨及其家庭，但是被也孫鐵木兒拒絕，因爲在官場上完全依賴一派並清除其他派別對他並不有利。〔註120〕

〔註115〕張帆，《元代宰相制度研究》（北京：北京大學出版社，1997年），頁201～202論述曰：「怯薛干政的各種形式在不同時期也有輕重之異，不能一概而論。大抵在宮中『隨時獻納』，是怯薛干政比較穩定的形式，但裁決全權在皇帝。隔越奏請只是在元代中期比較嚴重，前期、後期都相對較輕，且始終被認爲是不合法的。」

〔註116〕王惲，《秋澗集》第81卷，〈中堂事記〉。

〔註117〕見《元史》29〈泰定帝本紀〉，頁649之記載。

〔註118〕見《元史》29〈泰定帝本紀〉，頁650之記載。

〔註119〕見《元史》29〈泰定帝本紀〉，頁656之記載。

〔註120〕蕭啓慶，〈元中期政治〉，頁615之論述。

　　蕭師啓慶又認爲：鐵木迭兒一派的殘餘勢力與不滿的蒙古諸王結盟，愛育黎拔力八達和碩德八剌在漢化的蒙古大臣和漢人儒臣的支持下，作了多種努力使元廷更加儒化，這意味著加強中央集權和官僚體制。另一方面，以皇太后答己和她的親信鐵木迭兒、鐵失爲首的一派似乎不只是爲他們自己的利益而鬥爭，他們還在蒙古、色目貴族和官員中得到了廣泛的支持，這些貴族和官員對於有損於他們世襲政治、經濟特權的改革自然是持反對態度的。〔註121〕

　　蕭功秦認爲：鐵失是鐵木迭兒餘黨，他是宣徽院內侍集團的主要人物。弑逆集團是否就是怯薛集團，可以從許有壬的二篇文章〈惡黨論罪〉與〈正始十事〉中看出來。

> 近爲帖實惡逆……其餘各賊，皆累世富貴，義同休戚。而怯薛官員，
> 又腹心股肱之託。其赤子帖木兒，微賤匹夫，位極宰輔。〔註122〕

另一篇文章中，亦載明怯薛爲弑君集團。

> 六曰逆賊妻妾。蓋聞有非常之變，必有非常之法治之。比者元惡諸
> 賊，蒙朝廷恩寵，雖海嶽不足以喻其高深，而怯薛之設，又腹心股
> 肱，依託無疑者。〔註123〕

由於逆賊爲怯薛集團，宣徽院是屬於蒙古、色目貴族的大本營。也孫鐵木兒必須設下停損點，當時在弑殺英宗的南坡之變十六人中，第一波處置中，有九人被殺。未處置者七人中，除五位宗王外，另有二人未被殺。一位是阿散，另一位是鐵木迭兒之子鎖南。

　　至治三年十二月鎖南被殺。在這之前原本有釋放之意。《元史‧張珪傳》記載著：

> 三年秋八月，御史大夫鐵失既行弑逆，夜入都門，坐中書堂，矯制奪
> 執符印，珪密疏言：「賊黨罪不可逭。」既皆伏誅，鐵木迭兒之子治書
> 侍御史鎖南，獨議遠流，珪曰：「於法，強盜不分首從，發冢傷尸者亦
> 死。鎖南從弑逆，親斫丞相拜住臂，乃欲活之耶！」遂伏誅。〔註124〕

許有壬在〈鎖南〉一文中，也有下列之敘述。

> 嘗有功不賞，有罪不誅，雖唐虞不能治天下。如奸臣帖木迭兒，蒙

〔註121〕蕭啓慶，〈元中期政治〉，頁612之論述。

〔註122〕許有壬，《至正集》76〈惡黨論罪〉，收錄於《全元文》第38冊，頁55之記載。

〔註123〕許有壬，《至正集》77〈正始十事〉，收錄於《全元文》第38冊，頁60之記載。

〔註124〕見《元史》175〈張珪傳〉，頁4074之記載。

蔽先朝，專權政府，包藏禍心，離間宗室，妄作威福，誅害大臣，使先帝子然宮中。以致賊臣帖實等，乘釁爲逆。其子鎖南，亦與其事。兼本人陰險狡獪，陷害臺諫，附凶黨惡，罪不容誅。已經糾呈聞奏，今奉命乃令杖決，物議喧騰，非示極刑，曷伸邦憲！〔註125〕

鐵木迭兒之子鎖南「親與謀逆」，原本只判杖決，但是制命甫下，即「物議喧騰」，最後也並定爲死罪。而本紀所載，乃談到了鐵木迭兒，是由監察御史脫脫，趙成慶所建議：

乙亥，監察御史脫脫、趙成慶等言：「鐵木迭兒在先朝，包藏禍心，離間親藩，誅戮大臣，使先帝孤立，卒罹大禍。其子鎖南，親與逆謀，久逭天憲，乞正其罪，以快元元之心。月魯、禿禿哈、速敦皆鐵失之黨，不宜寬宥。」遂並伏誅。〔註126〕

在至治三年十二月初，彈劾逆黨已經談到鐵木迭兒專政之事，接下來流弑逆諸王於邊疆後，除了泰定元年二月逆黨左阿速衛指揮使脫帖木兒被劾罷職外，再有任何官僚集團的彈劾皆以不報答覆。而鐵木迭兒諸子，也再度受重用；許有壬則對此無法認同，故再度攻擊鐵木迭兒次子知樞密院事班丹。

嘗謂佞人不遠，實妨日月之明，早辨或虧，必致冰霜之漸。近者奸臣帖木迭兒之子班丹，因取受李文郁等鈔定事覺，奉旨追問，徵贓到官，僥倖遇免。及刑部尚書不答失里、徽政院使哈散兒不花等，俱經斷罷，追奪竄逐。得罪朝廷之人，理宜屏棄，況班丹之兄八里吉思之欺君，弟鎖南之爲逆，俱已誅戮，籍沒家貲。觀音奴亦以贓杖一百七十。一門之內，兄弟父子，險愎凶惡，無所不爲。今班丹概以不叙，不答失里、哈散兒不花等各曾經斷，追奪流徙，當杜門不出，悔過思愆。茲乃出入宮禁，密近清光，偪塞清光，靦然無愧。聖天子即位之初，親賢論道，思致太平。而此等奸凶，豈宜在側！其餘似此犯贓經斷之人，即係一體，宜從憲臺照勘，聞奏屏黜，實防微杜漸之一端也。又班丹弟鎖住，見任翰林學士，同修國史。朝廷實錄，理宜嚴密，其父子凶惡如此，豈不載紀？而令其弟在中親與其事，甚非所宜，亦合明白奏聞廢黜，即無令出入宮禁，天下幸甚！〔註127〕

〔註125〕許有壬，《至正集》76〈鎖南〉，收錄於《全元文》第38冊，頁53之記載。
〔註126〕見《元史》29〈泰定帝本紀〉，頁641之記載。
〔註127〕許有壬，《至正集》76〈班丹等〉，收錄於《全元文》第38冊，頁53之記載。

對這種完全清除「怯薛集團」的動作，皇帝也孫鐵木兒態度逐漸改變，因如此將失去政治派系平衡。他的停損點在泰定元年二、三月間探住了。五月，五位監察御史以災異上言，彈劾逆黨中書平章政事乃馬台、宣徽院使帖木兒不花、詹事禿滿答兒等，結果，皇帝均不允。在清除鐵木迭兒與鐵失核心黨羽之後，新政權即設下停損點，對於其他涉案黨羽加以寬恕。

泰定元年（1324）夏四月甲子，也孫鐵木兒可汗首度以皇帝身份由大都前往上都巡幸。從五月丁亥日，監察御史董鵬南等以災異上言開始，到六月庚申，張珪自大都至，以守臣集議事言結束，新政權經歷第一次政治危機，也孫鐵木兒可汗以安撫手段暫時將事情壓下，此事已見到核心集團成員的團結。此事件表面看起來是省臺之間的衝突，李則芬認爲也孫鐵木兒偏祖中書省。〔註 128〕實際上從這個事件中，可以看出也孫鐵木兒對「君權」的掌握是有一套的。

董鵬南等五位監察御史，將災異天變歸咎於親王大臣的虧節亂法，指出了核心集團的多位成員應該受到嚴厲處分。

> 五月丁亥，監察御史董鵬南、劉潛、邊筍、慕完、沙班以災異上言：
> 「平章乃蠻台、宣徽院使帖木兒不花、詹事禿滿答兒，黨附逆徒，
> 身虧臣節，太常守廟不僅，遼王擅殺宗親，不花、即里矯制亂法，
> 皆蒙寬宥，甚爲失刑，乞定其罪，以銷天變。」不允。〔註 129〕

這裏面提到了乃蠻台，又稱爲乃馬台。乃馬台在也孫鐵木兒即位之初，也就是至治三年（1323）九月，第一批擔任中書省大臣的官員。〔註 130〕泰定元年（1324）正月，乃馬台升任中書省平章政事。乃馬台能文能武，除中書省大臣外，亦曾出任樞密院大臣之要職。

帖木兒不花的背景不詳，但是能夠當到宣徽院使，應該也是在前面仁宗或英宗時期的資深怯薛。

禿滿迭兒又譯爲禿滿答兒，仁宗延祐四年（1317）十二月，禿滿迭兒由內宰領延福司事除知樞密院事，出任使的時間，較闊徹伯爲早。延祐五年統領右衛率府。〔註 131〕禿滿迭兒在泰定元年（1324）三月以宣徽院使兼任太子詹事，

〔註 128〕李則芬，《元史新講》第 3 冊（台北：黎明文化事業公司，1978 年），頁 495
之論述。

〔註 129〕見《元史》29〈泰定帝本紀〉，頁 646 之記載。

〔註 130〕屠寄，《蒙兀兒史記》第 157 卷，〈宰相表〉（台北：鼎文書局，1994 年 6 版），
第 6 冊，頁 4199 之論述。

〔註 131〕見《元史》26〈仁宗本紀〉，頁 582 之記載：「延祐五年二月戊午，以者連怯

四月，他出任中書平章政事。在此彈劾案中，禿滿迭兒仍是以太子詹事身份被舉發，宣徽使從爲一品身分，且與太傅朵台、桓國公拾得驢、太尉丑驢答剌罕同時被擇聘爲太子詹事，表示禿滿迭兒在統治階層的份量不低。〔註132〕禿滿迭兒爲資深怯薛，其與乃馬台類似，均是能文能武之人，且均涉入鐵失逆黨弒君事件，爲新政權中鐵木迭兒與鐵失宣徽院內侍集團餘黨。

　　以上三人被彈劾的理由爲「黨附逆徒，身虧臣節」，同此案例，在至治三年十二月己未，已經有御史臺四位官員被免官；同月乙亥，也有三位宿衛怯薛官伏誅。〔註133〕過了四個月，又在皇帝剛抵達上都，而此時以黨附鐵失提出彈劾，目標應是爲攻擊核心集團。

　　也孫鐵木兒的怯薛宿衛要職，仍免不了是一部分鐵木迭兒黨羽，結合一大批驟陞的晉邸潘臣。由於怯薛近侍總攬宮衛、機務，至關皇位之穩固，和皇帝個人之安危，如何用人是一大考驗。弒君怯薛首腦有三人，怯薛長失禿兒、也先鐵木兒，另御史大夫鐵失。失禿兒官職爲大司農，也先鐵木兒爲知樞密院事。參加者以樞密院、御史臺、宣徽院院官員爲主，可見怯薛長或怯薛執事官主要任這些機構職務。

表 4-7　泰定時期晉邸與原鐵木迭兒黨羽任職樞密院、御史臺、宣微院人事

晉邸舊臣		鐵木迭兒黨羽	
馬思忽	同知樞密院事	阿散	御史中丞
孛羅	宣徽院使	禿滿迭兒	宣徽使
旭邁傑	宣政院使	帖木兒不花	宣徽院使
撒的迷失	知樞密院事	班丹	
馬某沙	知樞密院事	鎖住	翰林學上
紐澤	御史大夫		
按答出	太師、知樞密院事		
鎖禿	宣政院使		

耶兒萬戶府爲右衛率府。」

〔註132〕見《元史》89〈百官志〉，頁 2243 之記載：「至元十九年，立詹事院，備左右輔翼皇太子之任。三十一年，太子裕宗即薨，乃以院以錢糧選法工役，悉歸太后位下，改爲徽政院以掌之。大德九年，復立詹事院，尋罷。十一年，更置詹事院，秩從一品。至大四年罷。延祐四年復立，七年罷。泰定元年，罷徽政院，改立詹事如前。」

〔註133〕見《元史》29〈泰定帝本紀〉，頁 640 之記載：「十二月己未，御史臺經歷朵兒只班、御史撒兒塔罕、兀都蠻、郭也先忽都，並坐黨鐵失免官。」頁 641 載曰：「十二月乙亥，月魯、禿禿哈、速敦皆鐵失之黨，不宜寬宥。」

　　失禿兒與也先鐵木兒的怯薛長職務為誰取代，史無記載，但基本上，左
右相與蒙古世勳禿忽魯、朵台等入直禁中，取代了這個位置。鐵失的御史大
夫職務由禿忽魯、紐澤取代，所領阿速衛則由中書右丞相旭邁傑掌控。朵台
為木華黎之後代，掌怯薛亦很合理。宣徽院控制著怯薛生活，這是鐵木迭兒
與鐵失的大本營。

> 宣徽院，秩正三品，掌供玉食。凡稻粱牲牢酒醴蔬菓庶品之物，燕享
> 宗戚賓客之事，及諸王宿衛、怯憐口糧食，蒙古萬户、千户合納差發，
> 係官抽分，牧養孳畜，歲支芻草粟菽，羊馬價直，收受闌遺等事，與
> 尚食、尚藥、尚醞三局，皆隸焉。所轄內外司屬，用人則自為選。……
> 皇慶元年，增院使三員，始定怯薛丹一萬人，本院掌其給授。〔註 134〕

考察「南坡之變」的弒君集團，直接參與謀弒行動者共十六人，其他支持或
默許者更多。表示這件弒君事件，是蒙古色目統治階層內部的激烈衝突，已
超出核心集團所能控制的範疇，不僅能勳貴大臣間政治生態的實力消長，而
是已經發展到君臣衝突的權力結構的重整時機。而且最重要的是，此次弒君
集團成員都是具有怯薛身分者，表示相當多的怯薛近侍與碩德八剌處於尖銳
對立狀態。〔註 135〕

　　也孫鐵木兒的宿衛大臣則有二大系統組成，除了前述原鐵木迭兒黨羽系統
的乃馬台、禿滿迭兒、帖木兒不花外，晉邸系統則除左右相與太師按答出外，
主要集中在御史臺、樞密院與宣政院，如紐澤（御史大夫）、撒忒迷失（知樞密
院事）、馬某沙（知樞密院事）、馬思忽（同知樞密院事）、鎖禿（宣政院使）等。

　　紐澤的相關史料僅見於《元史》本紀，其他的資料甚少，關於他的出身
與族屬均不明，惟從基本史料上，可以得知在晉王也孫鐵木兒奪取政權之際，
紐澤的重要性不下於旭邁傑與倒剌沙。紐澤應是晉王府邸舊臣，在至治三年
（1323）九月被任命為通政院使，與旭邁傑同至大都，負責誅逆賊鐵失等任
務。紐澤有三個特質，使他成為也孫鐵木兒政權的重要支柱之一。紐澤的第
一個特質，是崇信藏傳佛教。他與旭邁傑一樣，篤信佛教。帝師參馬亦思吉
思卜長出亦思宅卜在泰定四年（1327）二月去世後，也孫鐵木兒可汗還命紐

〔註 134〕見《元史》87〈百官志 3．宣徽院〉，頁 2200 之記載。
〔註 135〕對於怯薛衛士介入弒君的嚴重現象，李治安西元 1990 年有〈怯薛與元代朝政〉
　　　　一文，認為怯薛組織大多數情形下被勳舊貴胄所把持，並指出自成宗嚴禁漢
　　　　人、南人進入怯薛，怯薛組織的保守政治傾向愈加明顯。即使是身為怯薛長
　　　　的拜住，也無法改變。

澤監修佛事，可見他是一位藏傳佛教的信奉者。〔註136〕紐澤的第二個特質，是善法。他先後出任通政院使、御史大夫，並曾升任右御史大夫。紐澤也曾在泰定二年（1325）六月，與許師敬編類《帝訓》一書，請於經筵時進講，也孫鐵木兒可汗並要皇太子觀覽，且命將此書譯爲蒙古文，以便閱讀。〔註137〕可見紐澤不僅善法，還頗具文才，這在蒙古之中算是難能可貴的。紐澤的第三個特質，是知兵。紐澤的特質與旭邁傑相似，都是崇信藏傳佛教，且爲知兵之蒙古世勳。他倆不僅在大都合作，殺掉鐵失等弒君逆賊，而且都擁有兵權，成爲也孫鐵木兒可汗的左右護法。

撒的迷失又稱撒忒迷失，蒙古塔塔兒部人。元貞二年（1296），撒的迷失即奉鐵穆耳可汗之詔令，招集其祖忙兀台所部流散人口。〔註138〕至大三年（1310），撒的迷失出任同知樞密院事。〔註139〕撒的迷失的專長在軍事，可能在仁宗或英宗時期，從樞密院同知樞密院事轉任到晉王府擔任內史職務。由於熟悉北方軍務，撒的迷失常率衛士輔佐按答出巡防邊境。

馬某沙是回回人，倒剌沙之兄。在漠北晉王府邸裏，有三位回回人擔任著內史之職，他們是馬某沙、倒剌沙與馬速忽。從史料來看，倒剌沙與馬速忽在與鐵失黨人暗中謀逆時，馬某沙並未積極參與其事，但身爲回回人，想必對於碩德八剌的排斥伊斯蘭教也有著不快之感。馬某沙知兵，他在至治三年（1323）九月出任知樞密院事；另外，在這之前，馬某沙曾任湖南行省左丞，是個對地方行政運作很有經驗的官員。〔註140〕

馬速忽又可譯爲馬思忽，賽典赤贍思丁第五子，也就是賽典赤伯顏與伯顏察兒的叔叔，曾任和林行省右丞。〔註141〕他也是晉王府邸中的三個回回官員之一，其中馬速忽與倒剌沙二個回回人與鐵失逆黨關係最爲密切，而馬速

〔註136〕見《元史》30〈泰定帝本紀〉，頁 677 之記載。
〔註137〕見《元史》29〈泰定帝本紀〉，頁 657～658 之記載。
〔註138〕見《元史》19〈成宗本紀〉，頁 403 之記載。
〔註139〕見《元史》23〈武宗本紀〉，頁 523 之記載。
〔註140〕錢大昕，〈元史氏族表〉第 2 卷，收錄於《嘉定錢大昕全集》（南京：江蘇古籍出版社，1997 年），第 5 冊，頁 262 之論述。
〔註141〕見《元史》125〈賽典赤贍思丁傳〉，頁 3066 之記載：「子五人：次馬速忽，雲南諸路行中書省平章政事。」另《元史》24〈仁宗本紀〉，頁 543 之記載：「至大四年六月丁巳，命和林行省右丞亨里、馬速忽經理稱海屯田。」另楊志玖的《元代回族史稿》（天津：南開大學出版社，2003 年），頁 254～255 有詳細論述。

忽又頗知兵，所以他在至治三年（1323）九月，漠北晉邸集團入主中央時，被任命爲同知樞密院事。

鎖禿爲宣政院使，至治三年（1323）十二月丁亥，與旭邁傑、倒剌沙、馬某沙與紐澤等五人賞討逆功。以此推測，鎖禿有可能是漠北晉邸之臣。

二、回回大臣主導下的中書省

中書省在碩德八剌時期，已經成爲「官僚集團」的大本營，拜住爲獨相乃此官僚集團的首腦，張珪爲首席平章政事，爲其得力助手。〔註142〕南坡之變，鐵失、失禿兒、赤斤鐵木兒、脫火赤、章台五人回到大都接掌中書省，惟其中僅有赤斤鐵木兒有任職中書大臣之經驗。當時，也孫鐵木兒的詔敕別出心裁，顯然意在寬慰鐵失等人，因乘輿尚在數千里之外，大都爲鐵失所掌握，晉邸集團無法立即接掌中書省。

> 豈知各賊雄據兩都，或握兵權，或操省印，或在憲臺，佈滿要地，號令百姓。……故以寬恩而釋其疑，使惡逆之徒，有以自安，不至狂肆。〔註143〕

最初發表的中書省大臣，中書右丞相爲弒君集團首腦也先鐵木兒。其他中書省大臣則有晉邸之臣，中書平章政事倒剌沙、中書左丞善僧，這二位都是回回理財之臣。另有一位鐵失黨羽乃馬台出任中書右丞。但以上諸人皆在漠北，大都原有中書省官員，皆屬拜住官僚系統，如張珪即是首席平章政事。

至治三年十月，也孫鐵木兒在行帳誅殺中書右丞相也先鐵木兒、知樞密院事完澤、鐵失弟宣徽使鎖南、英宗宿衛士同僉樞密院事禿滿等，以原宣政院使、晉邸舊臣旭邁傑爲中書右丞相，並遣他先行南下主持政務。這時候，鐵失還在大都以執國命的重臣自居，與也孫鐵木兒派來的使節一起，以新帝即位告祭太廟。據云，在儀式進行過程中：

> 至治癸亥十月六日甲子，先一夕，因晉邸入繼大統，告祭太廟之頃，陰風北來，殿上燈燭皆滅，良久方熄。蓋攝祭官鐵失、也先帖木兒、赤斤帖木兒等，皆弒君之元惡也。時全思誠以國子生充齋郎，目擊之。〔註144〕

〔註142〕見《元史》28〈英宗本紀〉，頁625之記載。
〔註143〕許有壬，《至正集》77〈正始十事〉，收錄於《全元文》第38冊，頁60之記載。
〔註144〕陶宗儀，《南村輟耕錄》2〈賊臣攝祭〉（北京：中華書局，1959年），頁30

當時也先鐵木兒已在漠北被泰定帝處決,未參與大都告廟事。取代也先鐵木兒的中書右丞相旭邁傑,原本就對逆賊弒君不予苟同,其到達大都後,又按泰定帝已頒旨誅殺鐵失、失禿兒、赤斤鐵木兒、脫火赤、章台等人。

也孫鐵木兒是在元朝最高統治集團剛經歷了一次大變故之後的困難形勢下君臨天下的。仁英兩朝漢法的再推行,打破了英祖制定的漢法、蒙古和回回法兼而用之的平衡格局,由此引起各種政治勢力的不滿。在財政方面,也孫鐵木兒仍用世祖成法,用回回人理財。儘管漢族儒臣對「時相多西域人」頗為反感。雖然這些色目理財能臣在災變連年的情況下大體維持了經濟的穩定,但對於回回人的理財觀念與施政作為,仍不滿意。

> 泰定間,數有天變、地震、水旱之異。時相多西域人,西域富商以異石為寶,誑取國幣,又其私人多以貪墨奪官,至是託言累朝中獻諸物直不時給,臺憲所罪官吏弗克敘用,皆有怨言,故致災變若此。天子信之,因肆大赦,播告多方。蓋彼內以私結其黨與,外以取悅於姦貪。〔註145〕

近年在韓國發現的《至正條格》,也記載著也孫鐵木兒即位初期對所謂「中賣寶貨」有所禁止。

> 至治三年十二月初四日,詔書內一款:「奇珍異貨,朕所不貴,諸人中獻,已嘗禁止。下海使臣,指稱根尋希罕寶物,冒支官錢,私相博易,屈節番邦,深玷國體。亦仰往罷,所給聖旨、牌面,盡數拘收。舶商下番,聽從民便,關防法則,並依舊制。」〔註146〕

此詔書雖然禁止「中賣寶貨」的行為,但無法徹底實施,尤其烏伯都剌在當時已重回中書省任平章政事,所以才有張珪在泰定元年(1324)六月重提禁止之建議。

> 中賣寶物,世祖時不聞其事,自成宗以來,始有此弊。分珠寸石,售直數萬,當時民懷憤怨,臺察交言,且所酬之鈔,率皆天下生民膏血,錙銖取之,從以捶撻,何其用之不吝!夫已經國有用之寶,而易此不濟饑寒之物,又非有司聘要和買,大抵皆時貴與斡脫中寶

之記載。

〔註145〕蘇天爵,《滋溪文稿》8〈元故中奉大夫江浙行中書省參知政事李忸魯公神道碑銘〉,頁124之記載。

〔註146〕見《至正條格・條格》28〈關市・禁中寶貨〉205條,頁95之記載。

之人，妄稱呈獻，冒給回賜，高其直且十倍，蠶盡國財，暗行分用。
如沙不丁之徒，頃以增價中寶事敗，具存吏牘。陛下即位之初，首
知其弊，下令禁止，天下欣幸。臣等比聞中書乃復奏給累朝未酬寶
價四十餘萬錠，較之元直，利已數倍，有事經年遠者三十餘萬錠，
復令給以市舶番貨，計今天。〔註147〕

也孫鐵木兒的新政權漸趨穩固，核心集團中漠北晉邸舊臣與非漠北舊臣二方
人馬已融合在一起，成為一個團結的勢力集團。這個核心集團在泰定前期基
本上仍是以蒙古世勳為主，色目貴族中的回回理財大臣為輔，漢人則在中書
省與翰林院有部分位置，算是接近核心的邊緣。

　　蒙古人旭邁傑與回回人倒剌沙仍是最核心的人物，皇帝的左右手。在泰
定前期鞏固政權的努力，他倆有著最大的付出。二人雖為中書省最高首長，
但因入直禁中，實際上的中書省業務是由平章政事負責，左、右丞與參知政
事等其餘宰執協助處理。在泰定元年，中書省平章以下的晉邸舊臣僅善僧一
人，其餘烏伯都剌與張珪均是老中書省官員了。

　　善僧是晉王府內史中最專業的理財官員，可能也是回回人。世祖至元二
十九年（1292），中書省臣奏請忽必烈於晉王府置內史，當時，以北安王傅禿
歸、梁王傅木八剌沙、雲南行省平章賽陽並為內史，這些都有可能是回回人。
〔註148〕至元三十年（1293），正式設置內史府。初期置官十四員，底下原置有
延慶司，掌王府祈禳之事；成宗大德四年（1300）增置典軍司，掌控鶴一百
二十六人；到了仁宗延祐五年（1318），內史府陞正二品，給印，分司京師，
並分置官屬。〔註149〕晉王府成為一個小型政府，善僧在晉王府擔任內史一職，
對他後來出任中書省大臣當是很好的歷練經驗。

　　烏伯都剌又譯為兀伯都剌，回回人。〔註150〕在元朝中葉，烏伯都剌的名氣

〔註147〕見《元史》175〈張珪傳〉，頁4077之記載。
〔註148〕見《元史》115〈顯宗傳〉，頁2894之記載。此處提到的北安王傅禿歸與梁王
　　　　傅木八剌沙，一個是新封地的王傅，一個是舊領地的王傅，而賽陽極可能是
　　　　真金皇太子的左右手，當時與完澤分別任左右詹事的賽陽，他在真金皇太子
　　　　薨逝後，派到雲南輔佐長子梁王甘麻剌，而完澤則留在詹事府輔佐答剌麻八
　　　　剌與鐵穆耳。
〔註149〕見《元史》89〈百官・內史府〉，頁2266之記載。
〔註150〕馬娟，〈對元代色目人家族的考察──以烏伯都剌家族為例〉載於《元史及民
　　　　族史研究集刊》第15輯（海口：南方出版社，2002年），頁174論述：「烏
　　　　伯都剌又作兀伯都剌、烏巴都剌，皆為波斯語Abd al～Allah之音譯，意為『安

是色目人中數一數二的，也是回回人中最有理財經驗與政治實績者之一，另一個回回理財專家是伯顏察兒。伯顏察兒在鐵穆耳可汗時期就進入中書省，擔任參議中書省事職務，但不久即因案離開中書省，而烏伯都剌雖較晚進入中書省，但其職務較高，且任職較久。〔註151〕烏伯都剌在鐵穆耳可汗時期擔任治書侍御史，海山可汗即位後，烏伯都剌進入了中書省。大德十一年（1307）八月，烏伯都剌擔任中書參知政事，九月，中書省議減省臣員數，但烏伯都剌仍能留任中書參知政事，可見他應是有理財的本事。〔註152〕至大元年十一月升左丞，二年十二月罷。後任陝西行省左丞。愛育黎拔力八達可汗即位後，於至大四年二月把他召入中書，任右丞。皇慶二年五月，陞平章政事。延祐四年五月，罷爲集賢大學士；六月，官復原職。七年二月，碩德八剌可汗即位，這位皇帝並不喜歡回回人，所以將他罷爲甘肅行省平章政事，不久，調爲江浙行省平章政事。至治三年（1323）十月，當也孫鐵木兒可汗尚未到大都之際，即發表烏伯都剌爲中書省平章政事，可見其能力是相當受到肯定。

　　張珪字公端，是漢軍世家張柔之孫，張弘範之子。至元十七年，即拜昭勇大將軍、管軍萬戶。至元二十九年，入朝，甚得忽必烈可汗賞識，先後任命爲樞密副使、鎮國上將軍、江淮行樞密副使。鐵穆耳可汗即位，行院罷，張珪由武將轉任文官，擔任江南行御史臺侍御史、浙西肅政廉訪使、江南行臺御史中丞等御史臺職務。〔註153〕武宗海山時期，立尚書省。愛育黎拔力八達皇太子特薦張珪爲御史中丞，以茲能壓制尚書省。仁宗愛育黎拔力八達時

　　　拉的奴僕』。」
〔註151〕張帆，《元代宰相制度研究》（北京：北京大學出版社，1997年），頁74表7及頁78之論述：「烏伯都剌歷相武宗、仁宗、泰定帝三朝，總任期十五年十一個月，在元代宰相中僅次於安童。」
〔註152〕見《元史》22〈武宗本紀〉，頁488之記載：「大德十一年九月丁丑，中書省臣言：『比議省臣員數，奉旨依舊制定爲十二員，右丞相塔剌海，左丞相塔思不花，平章床兀兒、乞台普濟如故，餘令臣等議。臣等請以阿沙不花、塔失海牙爲平章政事，李羅答失、劉正爲右丞，郝天挺、也先鐵木兒爲左丞，于璋、兀伯都剌爲參知政事。其班朝諸司冗員，並宜柬汰。』從之。」
〔註153〕虞集，《雍虞先生道園類稿》46〈中書平章張公墓誌銘〉，收錄於《全元文》第27冊（南京：鳳凰出版社，2004年），卷891，頁519之記載曰：「公雖世家，無第宅在京城。或言公僦居於上者，命買宅以賜，辭不受。拜御史中丞，行臺江南。是時，中書大臣有因朱清、張瑄之行賄也，事敗，貶湖廣，關節近倖，求復相位。而江淛省臣之首誣公者亦在中書，公劾之，不報。遂謝病歸。久之，又拜中丞行臺陝西，不赴。」

期，重用張珪，先後出任樞密副使、中書平章政事。惟因與答己皇太后、鐵木迭兒丞相、失列門院使皆不合，遂離職而謝病家居。

> 至大四年，帝崩，仁宗將即位，廷臣用皇太后旨，行大禮於隆福宮，法駕已陳矣，珪言：「當御大明殿。」皇慶元年，拜榮祿大夫、樞密副使。徽政院使失列門請以洪城軍隸興聖宮，而己領之，以上旨移文樞密院，眾恐懼承命，珪固不署，事遂不行。皇太后以中書右丞相鐵木迭兒爲太師，珪曰：「太師論道經邦，鐵木迭兒非其人。」車駕度居庸，失列門傳皇太后旨，召珪切責，杖之，珪創甚。〔註154〕

至治二年冬天，受到碩德八剌的欣賞，張珪復入中央爲集賢大學士。碩德八剌極爲重用張珪，又任其爲中書平章政事。三年八月，碩德八剌被弒於南坡，張珪支持晉王也孫鐵木兒繼承大統，並協助其展開誅逆行動。一方面替英宗皇帝報仇，一方面爲國家之安定而努力。雖然張珪此時已經六十歲，然是漢人中爲官最高者，也是新政權核心集團的重要人物。

> 三年秋，御史大夫鐵失等自上都來，夜扣國北門，逕入中書，稱遽矯制奪執符印，莫知其端。久之，稍有知上崩於南坡者。公還顧無足以共事，而魏王徹徹禿以親王監省，公密憾之，王有感動意，因曰：「我世爲國忠臣，不敢愛死。事已若此，大統當在晉邸。我有密書陳誅逆定亂之宜，非王莫敢致。」王曰：「公誠忠，萬一事泄，得無危乎？」公曰：「事成，王之功；事敗，吾家甘虀粉，萬死不敢以言累王。」於是王遣人達其書。今上皇帝即位於龍居河，躬行天誅，罪人以次就戮。及大駕至統幕，公迎謁，上顧問曰：「此張平章耶？密書之來，良合朕意。」公拜曰：「陛下入承宗社，大義昭明，皆睿斷也。區區之忠，何及於事？」上曰：「以日計之，卿言不緩。」自探佩囊，出片紙付翰林承旨闐徹伯曰：「此當書之」。〔註155〕

除了張珪之外，還有一位漢人省臣王居仁，延祐二年（1315）九月，擔任吏部尚書職務。至治二年（1322）二月癸卯，由江浙行省參知政事入爲中書參知政事。也孫鐵木兒即位後，泰定元年（1324）三月丁亥，王居仁以中書參

〔註154〕見《元史》175〈張珪傳〉，頁4073之記載。

〔註155〕虞集，《道園學古錄》第18卷，〈中書平章政事蔡國張公墓誌銘〉，收錄於江應龍編纂之《遼金元文彙》第4卷下（台北：國立編譯館，1998年），頁915～916之記載。

知政事爲太子副詹事。楊廷玉或爲楊庭玉，原任同知宣政院事。泰定元年（1324）三月丁亥，因王居仁調任太子副詹事，楊廷玉則取代王居仁在中書省參知政事之位。成爲除了平章政事張珪之外，唯一的漢人宰相。

烏伯都剌、乃馬台和善僧三人是核心集團在中書省的鐵三角。烏伯都剌是個理財大臣，在整個泰定期，都擔任中書省平章政事。乃馬台原先任中書右丞，泰定元年春正月乙未，升任中書平章政事；三月癸卯，代替皇帝攝祭南郊；五月丁亥，雖然受到監察御史的彈劾攻擊，但毫髮無損。善僧則是先任中書左丞，乃馬台陞平章，善僧則接替他的右丞相位置，並與烏伯都剌在也孫鐵木兒第一次巡幸上都時，居守大都。

張珪原是中書省的支柱，但也孫鐵木兒一開始就將其定位爲儒相。泰定元年二月，江浙行省左丞趙簡，請開經筵及擇師傅，令太子及諸王大臣子孫受學。皇帝同意了，就命中書平章政事張珪、翰林學士承旨忽都魯都兒迷失、翰林學士吳澄、集賢直學士鄧文原四人，以《帝範》、《資治通鑑》、《大學衍義》、《貞觀政要》等書進講。〔註156〕

張珪雖被定位爲儒相，但仍希望在政壇上有所作爲。泰定元年五月的彈劾力臣與大臣辭職風波剛過不久，六月庚申，張珪就風塵僕僕地從大都趕到上都，以守臣集議上萬言書。在《元史》的本紀裏，只有簡潔的大標題；在〈張珪傳〉裏，卻是洋洋灑灑數千言。惟張珪所言，對剛穩定下來的新政權有衝擊作用，所以也孫鐵木兒可汗無法接受，張珪只得黯然淡出中樞政壇。泰定三年（1326）冬天，烏伯都剌開始恢復「中賣寶貨」的措施。

> 三年，……冬十二月十九日昏時，俄中書遣人召公議事，至則已燭。宰執以下皆在，公不知何爲。平章政事烏伯都剌謂左司員外郎胡某曰：「適所奉詔薰，可令宋都事觀。」公始知明日詔赦。蓋左相倒剌沙當國得君，及右塔失帖木兒是日同入朝，而奉旨作薰，命中書奉行者。……或累朝人嘗中獻諸物而未酬直，……其大赦天下，酬累朝獻物之直，命中書省錄用自英廟至今爲憲臺奪官者。……其定皆倒剌沙姦邪罔上納賄要譽之計，及烏伯都剌私議而共成之者。公色變，覆于宰執曰：「舊制，草詔須翰林，曾遣召否？」烏伯都剌曰：「無事翰林，茲蓋兩相親草，已經御覽，有旨勿令眾知。吾黨不敢文，又不敢增損，不過譯爲華言而已。毋復他論。」一夜譯成，宰

> 執將起罷，公前立抗論曰：「本雖漢人，……安有朝廷降敕大臣不知
> 之理，此繫紀綱法度，……今警災異，而畏獻物謂酬直者憤怨，此
> 有司細故，不宜上撓宸衷，是乃王言宣布，則必貽笑天下。……乞
> 大人詳議，明旦同白兩相，猶可及也。」〔註157〕

中央集權機關，自哈剌哈孫答剌罕之後，最重要的就是中書省。在武宗海山時期雖一度設立尚書省，但愛育黎拔力八達將之廢除，鐵木迭兒任此職又將之專權化。而泰定三年冬天以後，倒剌沙、烏伯都剌，與新加入伯顏察兒組成的中書省，成為回回人的中書省。回回人善于理財，在災異連年時期，他們繼承採用南糧北轉的辦法來平抑京畿物價，穩定民間市場。泰定三年海運糧總數達三百三十七萬石，實到三百三十五萬石，是為元朝抵京海運糧的最高紀錄。

自延祐三年以往，元政府一直通過壓低鈔幣發行額來抽緊銀根，控制物價上漲。延祐六、七年間，大概是因為政府財政狀況惡化，這次漲風一直延續到英宗末年。泰定朝繼續實行顯著減少印鈔數的措施，結果物價逐漸跌落到延祐六、七年以前的水平，有些物品甚至還低於騰貴前的價格水平。

為增加政府收入，這時候還實行入粟拜官的制度，鹽引的官定價格，仁宗初年漲到一百五十兩鈔一引，泰定二年居然又下跌到一百二十五兩，到四年後的天曆年間才恢復舊價。舊史家評論泰定年間是天下無事的治平時期，從經濟方面來說是很允當的。

〔註157〕宋褧，《燕石集》14〈國子祭酒宋公行狀〉，收錄於《全元文》第 39 冊，頁
355～356 之記載。

第五章　天曆政變與權臣擅政

　　致和元年九月十三日（1328.10.16），圖帖睦爾即位於大都的大明殿，其詔書上說：

> 洪惟我太祖皇帝混一海宇，爰立定制，以一統緒，宗親各受分地，勿敢妄生覬覦，此不易之成規，萬世所共守者也。世祖之後，成宗、武宗、仁宗、英宗，以公天下之心，以次相傳，宗王、貴戚，咸遵祖訓。至於晉邸，具有盟書，願守藩服，……朕以叔父之故，順承惟謹，于今六年，災異迭見。權臣倒剌沙、烏伯都剌等，專權自用，疏遠勳舊。〔註1〕

這篇詔書，目的在對前朝皇帝也孫鐵木兒「君權」的否認，並對政府中回回人倒剌沙「相權」與烏伯都剌「臣權」的否定。蕭師啟慶認為許多學者誇大了這次帝位更迭的種族意義和思想意義，正確的說法應該是恢復武宗海山帝系的想法，把被也孫鐵木兒「晉邸集團」疏遠的諸王和官員組合在一起，試圖建構一個新的中央權力系統。〔註2〕

　　元朝中葉連續出現了二位權臣燕鐵木兒與伯顏，一般認為這二位權臣真正對君權形成了威脅。實際上，此時君權仍是不可取代的，只不過燕鐵木兒與伯顏在相權中雜揉著君權而已。也可以說，皇帝與首相共享著「君權」。

　　圖帖睦爾與燕鐵木兒分幾個階段共同追逐著帝王之夢，在各階段中，他們的權勢一起成長，也逐漸成為中央權力結構中的唯一核心。元朝中葉二大政治體制中，「元貞體制」以君相分立為原則；「泰定體制」則回到君臣一體的權力揉合模式。惟文宗與泰定帝不同，也孫鐵木兒是以親王之尊，得到蒙

〔註1〕見《元史》32〈文宗本紀〉，頁709之記載。
〔註2〕蕭啟慶，〈元中期政治〉載於《劍橋中國遼西夏金元史》，頁626～627之論述。

古貴族的迎立，而帶領其晉邸舊臣入中央，所以先論君權，再論相權；而圖帖睦爾卻是倚仗著軍閥的浴血奮戰得位，所以先論相權，再論君權，最後再論臣權。

第一節　權臣時代的開展

武宗海山的二位近侍怯薛燕鐵木兒與伯顏，在帝系中斷十八年後，合作擁立海山次子圖帖睦爾繼統。這次帝位爭奪戰及其引起的連鎖戰爭，血腥而殘酷，也造就了燕鐵木兒和伯顏二位「權侔人主」的軍閥權臣。

一、海山系統的機會

廣義的「天曆政變」，包括後續的「兩都之戰」與「明文禪替」二事件，均由燕鐵木兒所主導。所以說，文宗圖帖睦爾政權就是這位軍事強人一手建立的也不為過。在政變醞釀之際，燕鐵木兒思想的轉變與被推舉為集團的領導人物是有其原因的。

> 泰定中，倒剌沙用事，天變數見。速哥乃密與平章政事速速謀曰：「先帝之讎，孤臣朝夕痛心而不能報者，以未有善策也。今吾思之，武宗有子二人，長子周王，正統所屬，然遠居朔方，難以達意。次子懷王，人望所歸，而近在金陵，易於傳命。若能同心推戴，以圖大計，則先帝之讎可雪也。」速速深然之。時燕帖木兒方僉樞密院事，實握兵柄，二人深結納之。冬，乃告以所謀，燕帖木兒初聞之矍然。因徐說之曰：「天下之事，惟順逆兩塗，以順討逆，何患不克。況公國家世臣，與國同休戚，今國難不恤，他日有先我而謀者，禍必及矣。」於是燕帖木兒許之。〔註3〕

泰定三年（1326）前後，首相旭邁傑已去世，回回人倒剌沙當國。當時一位失意軍官任速哥，為前朝碩德八剌之怯薛宿衛，因對參與謀殺碩德八剌的倒剌沙不滿，所以拉攏平章政事速速與燕鐵木兒，準備擁護懷王圖帖睦爾奪取帝位。

當時捨周王和世㻋，而試圖擁立懷王圖帖睦爾的主要考慮因素，表面上所言乃是因為圖帖睦爾所在地理位置在江南，距離大都較近，容易號召海山舊臣。實際上選擇圖帖睦爾，而讓燕鐵木兒同意此事，乃是任速哥所言「他

〔註3〕見《元史》184〈任速哥傳〉，頁4236之記載。

日有先我而謀者，禍必及矣」這句話打動其心。晉邸舊臣已經掌握政權，但根基並不深，累朝舊臣形成的隱藏性派系，均在伺機而動，如不掌握機會，屆時反而爲人所制。

由於帝位遞嬗的頻繁，加上怯薛逐漸官僚化的結果，沒有一個家族甚至個人可以永遠地處於權力核心。色目貴族康里脫脫與蒙古貴族鐵木迭兒家族就是很好的例子，康里脫脫在武宗時權傾一時，仁宗時則被調離中央，英宗時甚至爲鐵失所排擠，最後只得居家不出。

> 武宗歎曰：「博爾忽、博爾朮前朝人傑，脫脫今世人傑也。」……脫脫知無不言，言無不行，中外翕然稱爲賢相。……仁宗即位，眷待彌篤，欲使均逸于外，二月，拜江浙行省左丞相。……又諭脫脫爲武宗舊臣。詔康至京師。……英宗嗣位，召拜御史大夫。時帖赤先爲大夫，陰忌之，奏改江南行臺御史大夫。復嗾言者劾其擅離職守，將徒芝雲南，會帖赤伏誅，乃解，家居不出者五年。〔註4〕

鐵木迭兒家族在仁宗朝盡居貴顯，英宗朝則毀碑奪爵，泰定朝則家族成員全被罷職，只剩一二子在生死邊緣掙扎。

> 七月，詔諭中外，命右丞相鐵木迭兒總宣政院事。十月，進位太師。十一月，大宗正府奏：「累朝舊制，凡議重刑，必決於蒙古大臣，今宜聽於太師右丞相。」從之。鐵木迭兒既再入中書，居首相，怙勢貪虐，兇穢滋甚。……諸子無功於國，盡居貴顯。……英宗覺其所譖毀者，皆先帝舊人，滋不悅其所爲，乃任拜住爲左丞相，委以心腹。鐵木迭兒漸見疏外，以疾死于家。……乃命毀所立碑，追奪其官爵及封贈制書，籍沒其家。了班丹，知樞密院事，尋以贓敗，不敘；鎖南，嘗爲治書侍御史，其後鐵失弒英，鎖南以逆黨伏誅。〔註5〕

在「南坡之變」之後，原來許多當權的蒙古世勳或色目貴族相繼被誅殺，也有的被逐出權力核心；但另外有許多奏陞的蒙古、色目貴族，成爲新的權力掌握者，這些都讓燕鐵木兒爲之深思。

燕鐵木兒有顯赫的軍事家族背景，父祖及其本人在對抗乃顏、海都和篤哇諸叛王戰爭中屢著功勳。世祖朝，祖父土土哈與父親床兀兒就是著名戰將，成宗朝大德年間，床兀兒與燕鐵木兒父子都是海山征討叛王時的得力助手，

〔註 4〕見《元史》138〈康里脫脫傳〉，頁 3323～3325 之記載。

〔註 5〕見《元史》205〈姦臣・鐵木迭兒傳〉，頁 4578～4581 之記載。

也是海山即位時的擁立者。〔註6〕有關燕鐵木兒的祖父土土哈，根據閻復《靜軒集》的記載：

> 公欽察人，……班都察卒，乃襲父職，備宿衛。……有旨：欽察種人，或隸諸王，或在民編，皆命析出，隸公部伍。……二十三年，置欽察親軍都指揮使，公樞密副使攝都指揮使，衛之官屬，聽以公宗族將吏爲之。……欽察、康里之屬，自叛所來歸者，即以付公。始置哈剌魯萬戶府，欽察之散處安西諸王部下者，悉令公統之。冬十月，乃顏餘黨復萌，成宗時在儲闈，詔命公扈從往征之。……公一軍獨前，塵戰久之，翼衛晉王而出。……公言：「慶賞之，典蒙古將士宜先之。」世祖曰：「卿耳飾讓，若輩誠居汝曹之右，盡效汝曹力戰耶。」〔註7〕

土土哈在世祖朝戰功彪炳，曾經扈從鐵穆耳北征乃顏，並曾護衛甘麻剌衝出敵陣。但擁有這些功勳，土土哈仍謙虛地以色目中應居蒙古人之下自處。另有關燕鐵木兒的父親床兀兒，虞集《道園類稿》的記載：

> 是歲，王子創兀兒奉詔，從太師月兒律在軍，戰於百塔山。……而創兀兒在宿衛，亦率其軍扈從。……是年，有詔創兀兒世其父官，領北征諸軍。……拜鎮國上將軍，僉樞密院事，欽察親軍都指揮使，左衛親軍都指揮使，太僕少卿，還邊。是時，武宗在潛邸，領兵朔方，軍事必諮於王。及戰，王常爲先，付託甚重。……九年，都哇、察八兒、明里帖木兒等諸王相聚而謀曰：「昔太祖艱難以成帝業，……今撫軍鎮邊者，世祖之嫡孫也，吾與誰家爭哉？且前與土土哈戰，既累不勝，今與其子創兀兒戰，又無一功，惟天祖宗意可見矣。」……成宗崩，訃至，入告武皇曰：「殿下，親世祖之嫡孫，……臣之種人，強勇精銳。臣父子用之，無戰不克。殿下急宜歸定大業，以副天下之望。」……待之以宗室親王之禮。王常曰：「老臣受朝廷之賜厚矣，

〔註6〕 關於燕鐵木兒的家族世系，可據者有閻復，《靜軒集》3〈樞密句容武毅王碑〉；另有虞集，《道園學古錄》23 或《道園類稿》38〈包容郡王世蹟碑〉。南京大學的韓儒林在《穹廬集‧西北地理札記》中指出：二者雖詳略不同，可互相補充，《元史》128〈土土哈傳〉即以《靜軒集》爲藍本；而參考《道園類稿》而成的。

〔註7〕 閻復，《靜軒集》3〈樞密句容武毅王碑〉，收錄於《全元文》第9冊，頁265 ～267 之記載。

　　吾子孫不以死報國可乎？」〔註8〕

床兀兒之功勳不亞其父，尤其大德九年（1305），都哇、察八兒，明里帖木兒等昔日叛王通過一系列失敗後，公認因與土土哈、床兀兒父子交戰屢處下風，商議後決定，罷兵入朝。經此大功，床兀兒雖仍以色目將領自認，但在成宗鐵穆耳崩逝之際，表示將用自己彪悍的欽察軍隊，支持海山奪取皇位。色目將領在軍事上的成就，使他們逐漸也涉入政治權力的爭奪戰中。〔註9〕

　　燕鐵木兒家族在海山時代地位達到了頂點，但是在愛育黎拔力八達、碩德八剌父子時代，此家族的地位逐漸低落。燕鐵木兒對於恢復家族崇高地位，應是有著強烈的心願，而燕鐵木兒本身又是一員精於作戰訓練的將領，碩德八剌曾於至治元年冬十月「遣燕鐵木兒巡邊」；〔註10〕而也孫鐵木兒亦曾於泰定四年二月「詔同僉樞密院事燕帖木兒教閱諸衛軍」。〔註11〕倚仗著這些軍事才華的傳統優勢，成為燕鐵木兒在特定狀況下的一大資產。

　　　　燕鐵木兒，欽察氏，牀兀兒第三子，世系見土土哈傳。武宗鎮朔方，
　　　　準宿衛十餘年，特愛幸之。及即位，拜正奉大夫、同知宣徽院事。
　　　　皇慶元年，襲左衛親軍都指揮使。泰定二年，加太僕卿。三年，遷
　　　　同僉樞密院事。致和元年，進僉書樞密院事。〔註12〕

燕鐵木兒在武宗海山鎮戍朔方之時已入宿衛十餘年，深得海山之寵愛。海山即位後，拜正奉大夫（文資，從二品）、同知宣徽院事（職品，正二品）。此後，燕鐵木兒一直在中央擔任侍衛親軍都指揮使及樞密院官員。以當時燕鐵木兒的官職而論，只不過是僉書樞密院事（職品，正三品），但因為實握兵柄，尤其在皇帝巡幸上都之際，負責掌控「環衛大都」之軍隊，這也是他被選為政變領導者的原因。

　　這場政變的預謀很早，應該在泰定四年（1327）左右已然成形，因為在致和元年（1328）春天，當也孫鐵木兒可汗病重又將前往上都之際，這羣謀逆者分為兩批，準備分別在上都與大都同時舉事。扈從上都者有諸王滿禿、

〔註 8〕虞集，《雍虞先生道園類稿》38〈句容郡王世績碑〉，收錄於《全元文》第 27
　　　　冊，頁 231～233 之記載。
〔註 9〕李玠奭，〈元朝中期支配體制的再編與構造〉載《慶北史學》第 20 輯（大邱：
　　　　慶北大學，1997 年），頁 144～145 之論述。
〔註10〕見《元史》27〈英宗本紀〉，頁 614 至治元年冬十月己巳條之記載。
〔註11〕見《元史》30〈泰定帝本紀〉，頁 677 泰定四年二月丙戌條之記載。
〔註12〕見《元史》138〈燕鐵木兒傳〉，頁 3326 之記載。

阿馬刺台，太常禮儀使哈海，宗正扎魯忽赤闊闊出等蒙古貴族；留守大都者有僉樞密院燕鐵木兒，以及一些現任或前任色目在京官員。當時的約定：

> 今主上之疾日臻，將往上都。如有不諱，吾黨扈從者執諸王、大臣殺之。居大都者，即縛大都省、臺官，宣言太子已至，正位宸極，傳檄守禦諸關，則大事濟矣。〔註13〕

這些在上都的燕鐵木兒同黨，共十八人，事覺，皆爲倒刺沙所殺。但燕鐵木兒之弟撒敦、兒子唐其勢，皆早一步自上都來歸。多位諸王大臣，在皇帝及皇太子均在世的情況下，他們即有「擁立新君」的事實作爲，蕭功秦認爲，這是在元朝中葉宮廷政治派系矛盾深化的同時，從忽里爾臺選君傳統中蛻傳出來的權臣官僚之「選君」觀念。而當時，任速哥的政變獻策，雖然剛開始讓燕鐵木兒大爲震驚，但當指出各派貴族大臣「自由擁戴」者大有人在時，卻深深激發了燕鐵木兒的政治野心。〔註14〕

當燕鐵木兒展開政變行動時刻，心理已經接受任速哥建議「次子懷王，人望所歸。而近在金陵，易於傳命。」的意見。〔註15〕準備迎立圖帖睦爾爲新皇帝，並在大都軍隊前面表達了明確的指令：

> 當時有諸衛軍無統屬者，又有謁選及罷退軍官，皆給之符牌，以待調遣。既受命，未知所謝，注目而立，乃指使南向拜，眾者愕然，始知有定向矣。燕鐵木兒宿衛禁中，夜則更邅無定居，坐以待旦者，將一月。〔註16〕

但在此時燕鐵木兒的官職仍爲「僉樞密院事」，雖已掌握京畿兵柄，然畢竟位卑資淺，所以矯言南北分迎二君，以待君命，提高官職。

> 比至浹旬之間，兩以左右矯稱使者。南來者云，駕已次近郊，諸王及河南省臣、萬戶各以兵從，民勿譁驚。北來者云，皇帝大兄且至。於是中外翕悅，而眾志定矣。〔註17〕

從《元史‧文宗本紀》致和元年（1328）八月份紀錄看來，燕鐵木兒在政變

〔註13〕見《元史》32〈文宗本紀〉，頁704致和元年春條之記載。
〔註14〕蕭功秦，〈論元代皇位繼承問題——對一種舊傳統在新的歷史條件下的蛻變的考察〉載於《元史及北方民族史研究集刊》第 7 期（南京：南京大學歷史系元史研究室，1983 年），頁32～33之論述。
〔註15〕見《元史》184〈任速哥傳〉，頁4236之記載。
〔註16〕見《元史》138〈燕鐵木兒傳〉，頁3327之記載。
〔註17〕馬祖常，《石田文集》14〈太師太平王定策元勳之碑〉，收錄於《全元文》第32 冊，頁454之記載。

起事之後，立即遣人至江陵迎接圖帖睦爾，途中河南省臣、萬戶均佈置妥當，迎駕北上。其記載十數條，過程緊湊嚴密，是一有計畫的行動，燕鐵木兒也在此時為圖帖睦爾所任命，升任知樞密院事。反觀記載和世㻋者僅一條，且無任何與大都具體相關行動配合。燕鐵木兒之意向，極為明顯。

表 5-1 　《元史‧文宗本紀》致和元年八月迎接兩王紀錄 [註18]

時　　間	內　　　　　容	備　　註
8.4 甲午 1328.9.8	黎明，百官集興聖宮，燕鐵木兒率阿剌鐵木兒、孛倫赤等十七人，兵皆露刃，號於眾曰：「武宗皇帝有聖子二人，孝友仁文，天下正統當歸之。」……即遣前河南行省參知政事明里董阿、前宣政使答里麻失甲，馳驛迎帝於江陵，密以意諭河南行省平章政事伯顏，令簡兵以備扈從。	二王並立；惟先迎懷王
8.7 丁酉 1328.9.11	又遣撒里不花等迎帝，且令塔失帖木兒矯為使者自南來，言帝已次近郊，使民毋驚疑。	迎懷王
8.9 己亥 1328.9.13	明里董阿至汴梁，執行省臣，皆下之獄，又收肅政廉訪司、萬戶府及郡縣印。	迎懷王
8.13 癸卯 1328.9.17	河南行省殺平章曲烈、右丞別鐵木兒。是日，明里董阿等至江陵。	迎懷王
8.14 甲辰 1328.9.18	帝發江陵，遣使召鎮南王鐵木兒不花、威順王寬徹不花、湖廣行省平章政事高昌王鐵木兒補化來會。……河南行省出府庫金千兩、銀四千兩、鈔七萬一千錠，分給官吏、將士。又命有司造乘輿、供張、儀仗等物。	迎懷王
8.17 丁未 1328.9.21	命河南行省造銀符，以給軍士有功者。	迎懷王
8.18 戊申 1328.9.22	燕鐵木兒又令乃馬台矯為使者北來，言周王整兵南行，聞者皆悅。帝命河南行省平章政事伯顏為本省左丞相。	迎周王
8.20 庚戌 1328.9.24	帝至汴梁，伯顏等扈從。	迎懷王
8.21 辛亥 1328.9.25	以燕鐵木兒知樞密院事。	迎懷王
8.26 丙辰 1328.9.30	燕鐵木兒奉法駕郊迎。	迎懷王
8.27 丁巳 1328.10.1	帝至京師，入居大內。	迎懷王

[註18] 見《元史》32〈文宗本紀〉，頁 704～707 之記載。

　　在燕鐵木兒計畫兵變的同時，他想到一個重要的夥伴，就是過去同在海山手下參加漠北平叛戰爭的伯顏。年輕時的伯顏，馬祖常的《石田文集》說道：

> 王昔十有五歲，成宣宗命侍武宗于藩，飭躬盡瘁，不自暇逸，勞任
> 懃使，必先諸御人。……武宗嘉愛焉。大德五年，從武宗北征，與
> 海都軍戰鐵堅固地，戰哈剌塔花塔地，斬虜最諸將。十年，部將斡
> 羅思、失班等遁，王追擊之，失班格鬥不下，王數戰，力至失剌不
> 剌地，失班降，即不殺。十一年，武宗自和林入纘大統，錫名曰把
> 都兒，拜吏部尚書。拔都兒，國語雄武也。至大元年，改尚服使。
> 其年十一月，拜御史中丞。二年十一月，拜尚書平章政事，特賜龍
> 虎符，領右衛親軍都指揮使。〔註19〕

燕鐵木兒與伯顏的年齡相仿，雖然在史料上均無詳細記載，推測在天曆政變之致和元年（1328），兩人年齡都約為四十五歲左右。〔註20〕他們在二十歲左右，都是海山的貼身宿衛。或許從史料紀錄看起來，在漠北作戰的表現，伯顏是比燕鐵木兒出色。而在至大年間，伯顏的官職也比燕鐵木兒為高。惟根據《元史・伯顏傳》的記載，伯顏出身並不顯赫，其父祖一直擔任皇室的宿衛，比起燕鐵木兒之父祖的功勳略遜一籌的。

> 伯顏，蔑兒吉䚟氏。曾大父探馬哈兒，給事宿衛。大父稱海，從憲
> 宗伐宋，歿於王事。父謹只兒，總宿衛隆福太后宮。伯顏弘毅深沉，
> 明達果斷。年十五，奉成宗命侍武宗于藩邸。大德三年，從北征海
> 都。五年，從至迭怯里古之地，力戰，又至哈剌塔之地，累捷，功
> 為諸將先。十年，斡羅思、失班等逃奔察八兒之地，武宗命伯顏追
> 降之。十一年，武宗大會諸王駙馬於和林，錫號曰伯顏拔都兒。武
> 宗即位，拜吏部尚書，俄改尚服院使，又拜御史中丞。至大二年十
> 一月，拜尚書平章政事，特賜蛟龍虎符，領右衛阿速親軍指揮使司

〔註19〕馬祖常，《石田文集》14〈敕賜太師秦王佐命元勳之碑〉，收錄於《全元文》
　　　　第32冊，頁451之記載。

〔註20〕燕鐵木兒的年齡，可以從其祖父土土哈（1237～1297）與其父牀兀兒（1260
　　　　～1322）之年齡差距來推算，因牀兀兒為土土哈第三子，而燕鐵木兒又為牀
　　　　兀兒第三子，所以燕鐵木兒可能出生在西元1283年左右。伯顏的年齡，依據
　　　　其十五歲侍武宗海山於藩邸，此在大德三年（1299）之前，推測期出生應在
　　　　西元1284年之前。所以燕鐵木兒與伯顏應都出生於至元二十年（1283）左右，
　　　　與出生於至元十八年（1281）的海山相仿。在致和元年（1328），燕鐵木兒與
　　　　伯顏的年齡應都約為四十五歲上下。

達魯花赤。〔註21〕

伯顏的個人經歷可以提供一些線索，他和他的祖先都曾擔任怯薛歹，世代充當大汗一家的家僕。伯顏年輕時是皇子海山的衛士，他在草原戰爭的最後階段（1300～1306）表現相當的英勇，傳統的諸王大會忽里爾臺授與他拔都（勇士）稱號。後來海山當了皇帝，伯顏歷任武宗朝的吏部尚書、御史中丞和尚書省平章政事。

　　伯顏無疑是一個出色的戰將，漠北草原的軍旅生涯對其人格特質的養成也必定有關鍵性的影響，其對海山的效忠也是真誠地出自內心。

> 仁宗王明宗於周，命王為周王常侍。四年，拜江南行臺御史中丞。五年，拜御史大夫。六年，拜江浙行省平章政事。三年，拜河南行省平章政事。在汴，所至索政所宜施利害，與民舉除之，而宿奸碩豪，異時常矯虐以毒民者，往往褫魄去，懼罪之將及己。故四海之人，靡不相為鼓頌，而被惠之邦，尤嗟其來之暮，而以不久留為歎且望也。〔註22〕

相對於燕鐵木兒一直服務於怯薛及衛軍都指揮使等武職，伯顏卻歷任各項文職高官。愛育黎拔力八達即位後，為了讓自己的兒子碩德八剌當皇太子，將海山的兒子和世㻋封為周王，被派往雲南。當時伯顏也是周王常侍之一，不過伯顏並沒有陷入陝西兵變的漩渦中，他被外調江南出任行臺御史中丞、御史大夫、後來又出任江浙等行省的平章政事。

> 延祐三年，仁宗命為周王常侍府常侍。四年，拜江南行臺御史中丞。五年，就陞御史大夫。六年，拜江浙行省平章政事。七年，拜陝西行臺御史大夫。至治二年，復遷南臺御史大夫。泰定二年，遷江西行省平章政事。三年，遷河南行省平章政事。舊所賜河南田五千頃，以二千頃奉帝師祝釐，八百頃助給宿衛，自取不及其半。宿姦頑豪嘗毒民者，必深治之。〔註23〕

在海山駕崩後，伯顏在行省任職並卓有成效，這期間他將皇帝賞賜給他的大片農田，捐獻給怯薛以及元朝宮廷喇嘛。至少在中央與地方的職務歷練，伯

〔註21〕見《元史》138〈伯顏傳〉，頁 3335 之記載。

〔註22〕馬祖常，《石田文集》14〈敕賜太師秦王佐命元勳之碑〉，收錄於《全元文》第 32 冊，頁 451 之記載。

〔註23〕見《元史》138〈伯顏傳〉，頁 3335 之記載。

顏像元史本傳所描寫的那樣：弘毅深沉，明達果斷。所有這些似乎都描繪了一個有長期廣泛經歷的貴族之肖像，伯顏是一位值得信任的可靠幫手，尤其以前的戰友燕鐵木兒在進行一場驚心動魄的政變之時刻。

> 初，文皇帝以武廟之子出居南服，民臣咸思依歸焉。王時以平章政事、佩虎符節制江淮諸軍鎮汴。故太師、太平王、右丞相臣燕帖木兒建義迎文皇帝於邸，使以告王，王即檄下諸郡縣，便宜發民丁，給衛士，聚芻糗金帛，驛輸之用，不足則貸商人貨，約償倍息，又許民折來歲賦充上供。殺諸不用命者，奪之官。〔註24〕

政變初期的伯顏，適時地利用其有利的外在條件，不僅調動了河南，甚至還調動了東南地區的經濟資源來支持對上都的戰爭。

> 致和元年七月，泰定帝崩。八月，丞相燕鐵木兒遣明里董阿迎立武宗子懷王於江陵，道過河南，使以謀密告伯顏。伯顏嘆曰：「此吾君之子也。吾夙荷武皇厚恩，委以心膂，今爵位至此，非覬萬一爲己富貴計，大義所臨，曷敢顧望。」即集僚屬明告以故。於是會計倉廩、府庫、穀粟、金帛之數，乘輿供御、牢饎膳羞、徒旅委積、士馬芻糗供億之須，以及賞賚犒勞之用，靡不備至。不足，則檄州縣募民折輸明年田租，及貸商人貨賫，約倍息以償。又不足，則邀東南常賦之經河南者，輒止之以給其費。〔註25〕

燕鐵木兒擁戴圖帖睦爾的另一個重要原因，即是圖帖睦爾毫無自己勢力，完全得依靠「政變集團」支持，表示新皇帝與「政變集團」將生死與共，不會重蹈五年前鐵失弑君集團迎立新君的失敗。而伯顏的角色就非常重要，他在圖帖睦爾赴大都途經河南時候，親自勒兵扈從北行。在此之前，他已以「權署官攝其事」的方式，將親信安排到各郡縣，牢牢控制了河南局勢。

> 別募虓勇五十人，往扈蹕於道，始赤剌里者有二於上，屬乘傳來京師，遣部人蒙哥不花、月魯台、羅里遂殺之尉氏館。平章曲列、右丞別吉帖木兒以私持時銳鈍疑沮王，王手刺死之，榜於眾，以舉義事。戒有司奉行毋忽，民靁然引領幸上之來，朝夕急。而參政脫別台、萬戶明安答兒欲連兵圖不利，脫別台手刃坐王下，數數眄，幾

〔註24〕馬祖常，《石田文集》14〈敕賜太師秦王佐命元勳之碑〉，收錄於《全元文》第32冊，頁449之記載。

〔註25〕見《元史》138〈伯顏傳〉，頁3335之記載。

> 刃王。王起，拔劍擊之，走，追斷其右臂，殺之以徇。……使聞，
> 上悅甚，遣撒里不花拜王河南行省左丞相。是年秋八月廿日，大駕
> 臨御汴，王擐彊橐鋒，率汴父老子弟導上至汴邸，……王趣勸上曰：
> 「神器久虛，請巫北轅以主宗社。」〔註26〕

河南本來並非擁護圖帖睦爾的行省，全憑伯顏個人的鐵腕作風，把河南改變為圖帖睦爾的一個重要基地。當伯顏得到燕鐵木兒的通知，即拘禁省臣，悉力籌兵籌餉，所有圖帖睦爾過境時的安全及費用，一一籌畫的很周到。當時因此突變狀況，郡縣官吏紛紛出走，也由他分別派人權署。

> 日披堅執銳，與僚佐曹掾籌其便宜。即遣蒙哥不花以其事馳告懷王。
> 又使羅里報燕鐵木兒曰：「公盡力京師，河南事我當自效。」伯顏別
> 募勇士五千人以迎帝于南，而躬勒兵以俟。參政脫別台曰：「今蒙古
> 軍馬與宿衛之士皆在上都，而令探馬赤軍守諸隘，吾恐此事之不可
> 成也。我等圖保性命，他何計哉？」伯顏不從其言。其夜，脫別台
> 手刃欲殺伯顏為變，伯顏覺，遂拔劍殺之，奪其所部軍器，收馬千
> 二百騎。懷王命撒里不花拜伯顏河南行省左丞相。懷王至河南，伯
> 顏屬橐鞬，擐甲胄，與百官父老導入，咸俯伏稱萬歲，即上前叩頭
> 勸進。……明日扈從北行。〔註27〕

伯顏扈從圖帖睦爾入京，除了大批糧食、經費之外，還帶有一個山東河南蒙古軍都萬戶府都萬戶也速迭兒，也是一個舉足輕重的人物。

> 陛下入正大統，道汴梁，命山東河北蒙古軍都萬戶府都萬戶也速迭兒，
> 以其兵從至京師，……今上皇帝南還京師，將大有正於天下。道過汴
> 梁，今太保伯顏公，方鎮汴省。八月庚子，召也速迭兒帥其兵以行。
> 乙巳，兵大集，士卒感激赴義，車馬器械精備，勇氣自倍。〔註28〕

也速迭兒的蒙古軍駐汴梁，他率領數萬蒙古精銳從圖帖睦爾北上，成為大都新政權的基本武力。沒有這支軍隊，燕鐵木兒再善戰，也抵擋不住上都軍的強大攻勢。也速迭兒是蒙古札剌亦兒氏，伯顏則是蒙古蔑兒乞氏，代表這次的大都方面不只有色目將領，也有許多蒙古將領參與。

〔註26〕馬祖常，《石田文集》14〈敕賜太師秦王佐命元勳之碑〉，收錄於《全元文》
　　　第 32 冊，頁 450 之記載。

〔註27〕見《元史》138〈伯顏傳〉，頁 3336 之記載。

〔註28〕虞集，《雍虞先生道園類稿》39〈曹南王勳德碑〉，收錄於《全元文》第 27 冊，
　　　頁 241 之記載。

　　圖帖睦爾於致和元年八月底進入大都，並入居大內。在這前後，燕鐵木兒升任知樞密院事，伯顏也被授為御史大夫。這二個職務從碩德八剌時期開始，都是兼任禁衛軍首腦，統領衛軍。在泰定帝也孫鐵木兒時，這種情況依然如此，祇是較為收斂而已。

> 中書參知政事左塔不吉言：「大臣兼領軍務，前古所無。鐵失以御史
> 大夫，也先帖木兒以知樞密院事，皆領衛兵，如虎而翼，故成逆謀。
> 今軍衛之職，乞勿以大臣領之，庶勳舊之家得以保全。」〔註29〕

也在這時候，燕鐵木兒在上都的十八位同謀被發現和處死。這樣，對立的二個集團各控制了一個都城。在隨後爆發的激烈戰爭中，伯顏雖身為圖帖睦爾的禁衛軍首腦，但在戰場上卻只見燕鐵木兒軍事天才的展現，伯顏成了隱形人。

　　致和元年九月十三日（1328.10.16）圖帖睦爾登基，燕鐵木兒則立即從知樞密院事受封為太平王，再進為中書右丞相。此期間，君臣二人在「兩者戰爭」危急存亡之際，登上大元帝國的最高權力核心。燕鐵木兒依仗著具備「正統性與合法性」皇帝的充分授權；圖帖睦爾則依靠「絕世之資、將相之才」首相的浴血戰鬥，鞏固得來不易的政權。

> 燕鐵木兒以為擾攘之際，不正大名，不足以係天下之志，與諸王大
> 臣伏闕勸進。文宗固辭曰：「大兄在朔方，朕敢紊天序乎！」燕鐵木
> 兒曰：「人心向背之機，間不容髮，一或失之，噬臍無及。」文宗悟，
> 乃曰：「必不得已，當明詔天下，以著予退讓之意而後可。」〔註30〕

當時戰事醋起，局勢不安，不忽木之子回回等力促圖帖睦爾即位，在朝臣的支持下，政權的合法性暫時獲得確立，惟正統性上留有伏筆。

> 晉王崩，明宗在北藩未至，中外危疑，羣臣會議不決，公（康里回
> 回）曰：「處變異於處常，神器久虛，非國家之福也，皇弟宜居攝以
> 防他變。」眾論乃定。〔註31〕

圖帖睦爾登基前後，正是「兩都戰爭」最激烈時期，圖帖睦爾的政治頭腦加上燕鐵木兒的軍事才華，將大都穩穩地控制在這對君臣掌控之下。此期間，

〔註29〕見《元史》29〈泰定帝本紀〉，頁657之記載。

〔註30〕見《元史》138〈燕鐵木兒傳〉；另同書32〈文宗本紀〉致和元年九月丁卯條也有相同記載。

〔註31〕宋濂，《潛溪後集》第8卷，〈元故榮祿大夫陝西等處行中書省平章政事康里公神道碑〉，收錄於《宋濂全集》第1冊（杭州：浙江古籍出版社，1999年），頁271之記載。

居庸關爲上都軍擊破，戰況危急之際，圖帖睦爾出齊化門視師，燕鐵木兒以「乘輿一出，民心必驚。軍旅之事，臣請以身任之。」〔註32〕承擔反攻責任；戰局稍定，圖帖睦爾賜燕鐵木兒上尊榮術，並諭燕鐵木兒不必親自殺敵，督戰即可，惟燕鐵木兒回答：「凡戰，臣必以身先之，敢後者，論以軍法。若委之諸將，萬一失利，悔將何及。」〔註33〕君臣二人同體一心，兩人生命已牢牢地綁在一起。

> 十有三日壬申，上即皇帝位於大明殿，受百官朝。甲戌，進開府儀同三司、上柱國、錄軍國重事、中書右丞相，監修國史、知樞密院事，賜黃金五百兩，……聞大駕出宮親督將士，亟請見上奏事，曰：「凡軍事　以付臣，願陛下班師，撫安黎庶。」上旋宮。……上遣賜上尊酒，諭旨曰：「丞相每與敵戰，親冒矢石，脫不虞，奈宗社何！以大將旗鼓督戰可也。」丞相曰：「凡戰，臣先之，敢後者，臣論以軍法。」是日，斬首數千級，降者萬餘人。……凱還，都人觀者拜者塡道，入見天子，無矜容焉。……進封答剌罕太平王。〔註34〕

兩都之戰的燕鐵木兒，完全按照自己的意志行事，在此次戰役中燕鐵木兒的表現，實可以「軍事天才」稱之。他在短短一個半月之內，六次轉用兵力，將敵軍一一各個擊破，實在可列爲名將而無愧。〔註35〕在《元史》中的記載，無論是文宗本紀，或是燕鐵木兒本傳，所敘述燕鐵木兒的作戰雄風，都令人激賞不已。

> 壬申，文宗即位，改元天曆，赦天下。癸酉，封燕鐵木兒爲太平王，以太平路爲其食邑。甲戌，加開府儀同三司、上柱國、錄軍國重事、中書右丞相、監修國史、知樞密院事；……帝出都城，將親督戰，燕鐵木兒單騎請見，曰：「陛下出，民心必驚，凡剪寇事一以責臣，願陛下亟還宮以安黎庶。」文宗乃還。〔註36〕

兩都之戰時期的燕鐵木兒，不但具有大軍統帥的將才，尤其重要的是，不受任何人掣肘，凡事獨斷獨行，故其指揮單純，軍隊運用靈活。而當時蒙古軍

〔註32〕見《元史》32〈文宗本紀〉，頁711之記載。

〔註33〕見《元史》32〈文宗本紀〉，頁712之記載。

〔註34〕馬祖常，《石田文集》14〈太師太平王定策元勳之碑〉，收錄於《全元文》第32冊，頁454～455之記載。

〔註35〕李則芬，《元史新講》第3冊，頁518～519之論述。

〔註36〕見《元史》138〈燕鐵木兒傳〉，頁3328之記載。

的戰鬥力早已失去前代鋒芒，承平日久，軍隊都服公私勞役，不事訓練，由來以非一日。泰定朝初期，許有壬在《正始十事》中提出警告：

> 承平日久，持其無用，卒日以惰，將日以鈍。將帥襲其父祖舊部，例皆膏粱乳臭之子，聲色是務，……其軍戶消乏，奧魯官不知存恤，管軍官日復侵削，困苦疲弊，……天下無事則以，一旦或用，則何以哉！擬合令樞密院講究拯治教習之法，先自五衛，次及天下。〔註37〕

兵惰之際，而燕鐵木兒本身恰好又是一員精於作戰訓練的將領，碩德八剌曾於至治元年（1321）冬十月，遣燕鐵木兒巡視邊境；而也孫鐵木兒亦曾於泰定四年（1327）二月，詔同僉樞密院事燕帖木兒教閱諸衛軍。倚仗著這些軍事才華的傳統優勢，成爲燕鐵木兒在特定狀況下的一大資產。伯顏則又不同，因爲長期擔任行臺、行省政務，雖仍能近身殺敵，但若是統軍破陣，則或力有未逮。

> 越七日，駕還宮，以九月十三日正皇帝位，詔天下，改元天曆，大業遂定。加王銀青光祿大夫、河南行省左丞相，尋拜太尉，賜黃金二百五十兩，白金一千兩，楮幣二萬五千緡，加開府儀同三司、錄軍國重事、御史大夫、中政使。明年正月，拜太保，加儲慶使。尋又賜白鶻、文豹，降虎符，加忠翊侍衛親軍都指揮使。〔註38〕

兩都之戰前後的伯顏，主要擔任怯薛長工作，以其豐富的行政經驗，贊襄圖帖睦爾。惟伯顏仍領衛軍，意味著圖帖睦爾有制衡燕鐵木兒的意圖。

> 九月，懷王即皇帝位，是爲文宗，特加伯顏銀青榮祿大夫，仍領宿衛。尋加太尉，賜黃金二百五十兩、白金一千兩、楮幣二十五萬緡，進開府儀同三司、錄軍國重事、御史大夫、中致使。天曆二年正月，拜太保。二月，加授儲慶使，加賜虎符，特授忠翊侍衛親軍都指揮使。〔註39〕

兩都之戰結束後，燕鐵木兒對建立圖帖睦爾政權的功勞最大，所以燕鐵木兒享有最多的榮譽和權力。天曆元年（1328）十月，當上都政權崩解，倒剌沙被俘至大都，開始進行血腥的清洗，以及將上都集團被沒收財產的分賜工作，這些執行的權力，圖帖睦爾將之交給了燕鐵木兒。

〔註37〕 許有壬，《至正集》77〈正始十事〉，收錄於《全元文》第 38 冊，頁 59～60 之記載。

〔註38〕 馬祖常，《石田文集》14〈敕賜太師秦王佐命元勳之碑〉，收錄於《全元文》第 32 冊，頁 450 之記載。

〔註39〕 見《元史》138〈伯顏傳〉，頁 3336 之記載。

> 倒剌沙等從至京師，下之獄。分遣使者檄行省、內郡以安百姓。以
> 宦者伯帖木兒妻及奴婢田宅賜撒敦。……詔：「自今朝廷政務及籍沒
> 田宅賜人者，非與燕鐵木兒議，諸人不許奏陳。」〔註40〕

燕鐵木兒在戰後開始執行其以戰功獲得的權力，當時，中書左丞相別不花加
太保銜，但是所兼知樞密院事一職免兼。〔註41〕所以燕鐵木兒也辭掉知樞密
院的兼任職務，並推薦具有大功勳的叔父東路蒙古元帥不花帖木兒代之，初
步建立家族勢力。圖帖睦爾則頒詔燕鐵木兒與伯顏二人可兼三職，一方面安
撫燕鐵木兒，另一方面順勢提高伯顏地位，二人並立的模式基本確立。

> 戊午，詔諭廷臣曰：「凡今臣僚，唯丞相燕鐵木兒、大夫伯顏許兼三
> 職署事，餘者並從簡省。百司事當奏者，共議以聞，或私任己意者，
> 不許獨請。上都官吏，自八月二十一日以後擢用者，並追收其制。」
> 〔註42〕

伯顏這時控制御史臺，而中書省則提出御史臺人事不當之意見，有一種對立
或爭寵的意味，存在二人之間。

> 十一月己未，……中書省臣言：「侍御史左吉非才，不當任風憲。」
> 御史臺臣伯顏等言：「左吉，御史所薦，若既用之，又以人言而止，
> 臺綱不能挃矣。必如省臣所言，臣等乞辭避。」帝曰：「汝等其勿爲
> 是言。左吉果不可用，省臣何不先言之。其令左吉仍爲侍御史。」
> 〔註43〕

伯顏保住御史臺的人事主導權，接下來在各項朝廷政務的處理上，御史臺臣
與中書省臣皆有建言。而伯顏在此時兼忠翊侍衛都指揮使，並對怯薛進行分
簡整頓。次月，監察御史即建議伯顏應與燕鐵木兒獲同樣賞賜，伯顏在一日
之內加太尉銜，又加太保銜。

> 十二月己丑朔，監察御史言，伯顏宜與燕鐵木兒一體論功行賞，帝
> 曰：「伯顏之功，朕心知之，御史不必言。」……乙巳，伯顏加太尉、
> 開府儀同三司，與亦列赤並爲御史大夫，同振朝綱，詔天下。……
> 加伯顏爲太保。〔註44〕

〔註40〕見《元史》32〈文宗本紀〉，頁716之記載。
〔註41〕見《元史》32〈文宗本紀〉，頁716之記載。
〔註42〕見《元史》32〈文宗本紀〉，頁718之記載。
〔註43〕見《元史》32〈文宗本紀〉，頁718之記載。
〔註44〕見《元史》32〈文宗本紀〉，頁723之記載。

天曆二年（1329）正月，立都督府，以總左、右欽察衛及龍翊衛，以燕鐵木兒兼統之。惟此時身爲中書右丞相的燕鐵木兒，以退爲進，提出要求解除首相之職務，重任怯薛職務。圖帖睦爾則讓他歷練御史大夫之職務，雖然短暫，但已經有了省院臺三個最重要機構的首腦資歷。加上統領三個衛軍、二個萬戶府，燕鐵木兒這時已經可說權傾元廷了。

> 先是，至治二年，以欽察衛士多，爲千戶所者凡三十五，故分置左右二衛，至是又析爲龍翊衛。二年，立都督府，以統左、右欽察、龍翊三衛，哈剌魯東路蒙古二萬戶府，而以燕鐵木兒兼統之，尋陞爲大都督府。燕鐵木兒乞解相印還宿衛，帝勉之曰：「卿已爲省院，惟未入臺，其聽後命。」二月，遷御史大夫。……未幾，復拜中書右丞相、監修國史、知樞密院事、領都督府龍翊侍衛親軍都指揮使司事。〔註45〕

燕鐵木兒和伯顏逐漸在官僚體系和軍事體系建構自己的權力，燕鐵木兒不僅恢復家族的聲威，其在朝廷的權勢也遠遠超過其父祖。而最重要的一點，他的色目人身分，竟然將蒙古人壓在腳底下，當年其祖父土土哈不敢與蒙古人爭位，燕鐵木兒則將色目人提升到與蒙古人同樣的位置了。

表5-2　兩都之戰中大都集團的蒙古色目將領

人　名	族　屬	史　料　內　容	頁碼
1. 福　定	色目阿速	長子斡羅思，由宿衛仕至隆鎭衛都指揮使；次子福定襲職，官懷遠大將軍，尋改右阿速衛達魯花赤，兼管後衛軍。至大四年，兄都丹充右阿速衛都指揮使，福定復職後衛。陞樞密同僉，命領軍一千守遷民鎭，尋授定遠大將軍、僉樞密院事、後衛親軍都指揮使，提調右衛阿速達魯花赤。二年，進資善大夫、同知樞密院事。	3206
2. 別吉連	色目阿速	至大四年，河東、陝西、鞏昌、延安、燕南、河北、遼陽、河南、山東諸翼衛探馬赤爭草地訟者二百餘起，命往究之，悉正其罪，積官懷遠大將軍。致和元年，從丞相燕鐵木兒擒倒剌沙薰烏伯都剌等，領諸衛軍守居庸關及諸要害地。天曆元年十月，王禪兵掩至羊頭山，攻破隘口，勢甚張，別吉連從丞相擁眾奮擊之，突入其軍，王禪敗走，文宗賜御衣二襲、三珠虎符，及弓矢、甲冑、金帛等物，以旌其功。	3212
3. 察罕不花	色目康里	領其所掌宿衛。天曆元年，見文宗于汴，入直宿衛，爲溫都赤。拜監察御史，繼遷御史臺經歷、中書右司郎中。授中憲大夫、隆禧總管府副達魯花赤。	3264

〔註45〕見《元史》138〈燕鐵木兒傳〉，頁3331之記載。

4. 香　山	色目阿速	事武宗、仁宗，直宿衛。天曆元年九月，兵興，從戰宜興，擊敗敵兵七人，自旦至暮，却敵兵凡一十三處。以功賜金帶一，授左阿速衛都指揮使。	3278
5. 斡羅思	色目阿速	由宿衛陞僉隆鎮衛都指揮使司事，賜一珠虎符。天曆元年，諭降上都軍凡若干數，特賜三珠虎符，陞本衛都指揮使。	3281
6. 善　住	色目康里	出直宿衛，歷中書直省舍人、諸色人匠達魯花赤，遷奉議大夫、僉中衛親軍都指揮使司事。天曆元年九月，賜佩一珠虎符，從丞相燕帖木兒禦敵檀州等處，又率其家人那海等一十一人，自出乘馬與遼軍戰，却其軍，俘八十四人以歸。丞相嘉之。	3282
7. 燕不倫	蒙古八魯剌觻	初奉興聖太后旨，充千戶。俄改充萬戶，代其父職。尋罷，歸其父所受司徒印及萬戶符於有司，仍直宿衛。致和元年秋八月，在上都，思武宗之恩，與同志合謀奉迎文宗。會同事者見執，乃率其屬奔還大都。特賜龍衣一襲，命為通政院使。天曆元年九月，同丞相燕帖木兒敗王禪等兵于紅橋，又戰于昌平東，又戰于石槽。帝嘉其功，拜榮祿大夫知樞密院事，以世祖常御金帶賜之。	3283
8. 失列門	色目阿速	直宿衛。致和元年秋八月，從知院脫脫木兒至潮河川，獲完者八都兒、愛的斤等十二人，戮八人，執四人歸京師。復於宜興遇失剌、乃馬台等，迎戰，奮戈擊死二人，以功賞白金、楮幣。天曆元年，從擊禿滿台兒之兵于兩家店，殺其四人，復以功受賞。從戰薊州，又殺其四人。十一月，又追殺十二人于檀子山，以功授左衛阿速親軍都指揮使司僉事。	3285
9. 和　尚	蒙古乃蠻台	至大三年，進忠翊校尉、後衛親軍副千戶。致和元年八月，西安王以兵討倒剌沙，命從丞相燕帖木兒擒烏伯都剌，分兵備禦。天曆元年九月，從戰通州，以功賞名馬。從擊紅橋之兵，手戈刺死二人，敗之，奪紅橋。及紐澤大夫等力戰於白浮，殺其四人。和尚白丞相曰：「兩軍相戰，當有辨，今號纓俱黑，無辨，我軍宜易以白。」丞相然之。戰于昌平栗園，殺二人。又與亞失帖木兒戰于石槽，殺三人。十月，從擊禿滿台兒於檀州南桑口，敗之。又從丞相追擊其軍于檀州之北，有功。十一月，命領八衛把總金鼓都鎮撫司事。	3288

　　在《元史》列傳中，記載著上述九位參與兩者之戰的將領，他們全都支持天曆政變。其中有二位是蒙古將領，七位是色目將領，色目將領中更有五位是阿速人。基本上，他們都是海山的怯薛出身，並擔任衛軍重要職務，經歷與燕鐵木兒相同，故能支持政變。

　　伯顏在政治上的尊榮雖然僅次於燕鐵木兒，但是在實際的權力上卻無法與燕鐵木兒分庭抗禮。這最重要的原因，乃是在兩都之戰中，燕鐵木兒的戰功太出色了，伯顏自然也為之震撼不已。而接下來的圖帖睦爾帝位保衛戰，更是燕鐵木兒陰忍果斷的全盤控制，其令人震撼程度不下於兩都之戰。

二、明文禪替中的權臣

在「兩都戰爭」期間，圖帖睦爾與燕鐵木兒已經建立新的「君臣模式」，這已跳脫「君主臣奴」或「宰相專權」的常態，君臣面對的是一件件相繼衝擊這個政權的威脅。「兩都之戰」雖然形勢嚴峻，但朝野同心一體，為新政權的成立全力以赴；而面對「兄弟禪替」問題，雖然沒有激烈軍事衝突的必要，但一旦讓位於大兄，圖帖睦爾與燕鐵木兒這對君臣有可能失去精心締造的政治權力。

在新政權成立之際，圖帖睦爾即位詔書即有所表明的：「朕以菲德，宜俟大兄，固讓再三。……朕姑從其請，謹俟大兄之至，以遂朕固讓之心。」，〔註46〕在政變初期，因和世瓎乃武宗皇帝的長子，也是正統的繼承人，必須以他的名義來爭奪帝位，才可能獲得大部分諸王、大臣的支持，所以對他的尊崇是不得已的舉措。蕭師啟慶認為：由於和世瓎在皇位爭奪戰中沒有起任何作用，不管是圖帖睦爾和燕鐵木兒，都不準備將帝位交給和世瓎。〔註47〕

既然已經沒有「歸還」帝位的打算，圖帖睦爾與和世瓎的下一步如何進行也是煞費苦惱之事。首先，雙方使臣來往不絕，必須先建立一個君位繼承模式。由於圖帖睦爾已經在天曆元年（1328）九月即帝位，與當年愛育黎拔力八達監國身份不同，和世瓎必須在回上都之前即位，不然，和世瓎與圖帖睦爾無法取得相同身分，也就不能封皇弟為「皇太子」了。天曆二年一月二十八日（1329.2.27），和世瓎即皇帝位於和寧之北；同年三月，圖帖睦爾派遣燕鐵木兒奉皇帝寶于和世瓎行在所；同年四、五兩月，和世瓎二度派遣宗王及大臣，立圖帖睦爾為皇太子。〔註48〕

君位繼承模式已建立，其次，即是會面地點的安排。當年，和世瓎與圖帖睦爾的父親海山浩浩蕩蕩帶領三萬精兵，前往上都即位，《瓦撒夫書》頗為生動具體地描繪了海山這場即位大典的細節。

> 海山于星者指定之日時，舉行即位典禮。宗王七人坐海山于白氈上，二王扶其臂，四王舉氈奉之于寶座上。一王獻盞，諸珊蠻為新帝祝禱，而上尊號曰曲律汗。帝命人在庫中載八里失、布帛滿車，聚之

〔註46〕見《元史》32〈文宗本紀〉，頁709～710之記載。
〔註47〕蕭啟慶，〈元中期政治〉，頁624之論述。
〔註48〕見《元史》33〈文宗本紀〉天曆二年夏四月癸卯條；五月丙子條。派遣之宗王大臣，皆同為武寧王徹徹禿、中書平章政事哈八兒禿二人。

于宮前，俵散于眾。撒珍珠無數于地，於是地面……。〔註49〕

上都，這是和世瓎與圖帖睦爾兄弟夢寐以求的登基地點。當年海山即位的盛大場面，年已八歲的和世瓎應歷歷在目且記憶猶新，對於上都的「忽里爾臺」充滿著期待。

> （天曆二年三月）丙寅，帝謂中書左丞躍里帖木兒曰：「朕至上都，
> 宗藩諸王必皆來會，非尋常朝會比也，諸王察阿台今亦從朕遠來，
> 有司供張，皆宜豫備。卿其與中書臣僚議之。」〔註50〕

上都登基應無問題，但是如在上都會面，君臣名份已定，宗藩諸王畢集，圖帖睦爾或將永遠失去再度登上皇帝寶座的機會。而自從天曆二年（1329）春天至秋天，長達半年時間陪同和世瓎往上都前進的燕鐵木兒，對於即將面臨的朝廷新局勢，浮現出令人擔憂的圖像。少年時期原先就已是英氣銳發的和世瓎，當年即引起答己太后的注意而排斥之。〔註51〕經過幾年磨練，和世瓎更為深沉。在旅程中，常有告誡臣下之語，表示將嚴屬約束諸王大臣。

> 是日，帝宴諸王、大臣于行殿，燕鐵木兒、哈八兒禿、伯帖木兒、
> 孛羅等侍。帝特命臺臣曰：「太祖皇帝嘗訓敕臣下云：『美色、名馬，
> 人皆悅之，然方寸一有繫累，即能壞名敗德。』卿等居風紀之司，
> 亦嘗念及此乎？世祖初立御史臺，首命塔察兒、奔帖傑兒二人協同
> 其政。天下國家，譬猶一人之身，中書則右手也，樞密則左手也。
> 左右手有病，治之以良醫，省院闕失，不以御史臺治之，可乎？凡
> 諸王、百司，違法越禮，一聽舉劾。風紀重則貪墨懼，猶釜斤重則
> 入木深，其勢然也。朕有闕失，卿亦以聞，朕不爾責也。」〔註52〕

和世瓎的訓誡之言，一定讓燕鐵木兒有所感受，出生入死為海山家族爭回帝王之位，卻必須受到比泰定皇帝時期更嚴格的約束。所有努力與期待，即將付之流水。更有甚者，和世瓎不僅要在人格上「君主臣奴」，更要在制度上「分割相權」。

> 乙未，特命孛羅等傳旨，宣諭燕鐵木兒、伯答沙、火沙、哈八兒禿、

〔註49〕多桑（瑞典人）著，馮承鈞譯，《多桑蒙古史》上集（上海：上海書店，2001
年），頁339之論述。

〔註50〕見《元史》31〈明宗本紀〉，頁696天曆二年三月丙寅條。

〔註51〕見《元史》116〈后紀列傳〉，頁2902之記載：「太后見明宗少時有英氣，而
英宗稍柔懦，諸羣小以立明宗必不利於己，遂擁立英宗。」

〔註52〕見《元史》31〈明宗本紀〉，頁697天曆二年四月甲午條之記載。

八即剌等曰：「世祖皇帝立中書省、樞密院、御史臺及百司庶府，共治天下，大小職掌，已有定制。世祖命廷臣集律令章程，以為萬世法。成宗以來，列聖相承，罔不恪遵成憲。朕今居太祖、世祖所居之位，凡省、院、臺、百司庶政，詢謀僉同，摽譯所奏，以告于朕。軍務機密，樞密院當即以聞，毋以夙夜為間而稽留之。其他事務，果有所言，必先中書、院、臺，其下百司及贄御之臣，毋得隔越陳情。宜宣諭諸司，咸俾聞知。儻違朕意，必罰無赦。」〔註53〕

和世㻋諭旨表明，皇帝將主導政府，所有臣下一體同用，就是首相也只是臣僚中的一員。此亦宣告，如燕鐵木兒之有非常功勳者，並無法同享「君權」。

天曆二年（1329）四月，當和世㻋訓誡燕鐵木兒等大臣之同時，遣使赴大都告知圖帖睦爾，將立其為皇太子。而此時圖帖睦爾已將正月建大都督府一事，呈報和世㻋裁定。〔註54〕對燕鐵木兒來說，二位天子對他的禮遇如天壤之別；而當時和世㻋的潛邸近臣亦恃寵而驕，讓燕鐵木兒有了斷然的決定。〔註55〕

上都舉行忽里爾臺之前，和世㻋與圖帖睦爾都曾路過上都附近，選擇「王忽察都」會面，顯然是經過設計的。

表5-3　天曆二年和世㻋與圖帖睦爾會面所經路線〔註56〕

時間／人物	和　　世　　㻋	圖　帖　睦　爾
三月	戊午朔，次潔堅察罕之地	
五月	丁巳朔，次朵里伯眞之地 癸亥，次必忒怯禿之地 壬申，次探禿兒海之地 乙亥，次禿忽剌 己卯，次禿忽剌河東 辛巳，次斡羅斡禿之地 壬午，次不魯通之地 甲申，次忽剌火失溫之地	丁丑，帝發京師 戊寅，次于大口 庚辰，次香水園

〔註53〕見《元史》31〈明宗本紀〉，頁697天曆二年四月乙未條之記載。
〔註54〕見《元史》138〈燕鐵木兒傳〉，頁3331之記載：「先是，至治二年，以欽察衛士多，為千戶所者凡三十五，故分置左右二衛，至是又折為龍翊衛。二年，立都督府，以統左、右欽察、龍翊三衛，哈剌魯東路蒙古二萬戶府，東路蒙古元帥府，而以燕鐵木兒兼統之，尋陞為大都督府。」
〔註55〕胡粹中，《元史續編》，卷10，15《四庫全書》本。
〔註56〕見《元史》31〈明宗本紀〉、33〈文宗本紀〉之相關記載。

六月	丁亥朔，次坤都也不剌之地 庚寅，次撒里之地 丁酉，次兀納八之地 己亥，次闊朶之地 辛丑，次撒里怯兒之地 丁未，次哈里溫 戊申，次闊朶傑阿剌倫 辛亥，次哈兒哈納禿之地 癸丑，次忽禿之地	庚戌，次于上都之六十里店
七月	甲子，次孛羅火你之地 乙亥，次不羅察罕之地 戊寅，次小只之地	丁巳，次上都之三十里店
八月	乙酉朔，次王忽察都之地	丙戌，帝入見（王忽察都）

中都王忽察都，為武宗海山所建，和世㻋與圖帖睦爾在此相會，顯然是很有意義的地點。但其間和世㻋僅七月約略路過上都附近，而圖帖睦爾六月下旬以後即在上都佈置。〔註57〕

接下來的「王忽察都事件」，燕鐵木兒為主謀，圖帖睦爾為從謀，這對君臣再度合作，將政權重新奪回，也展開「君臣一體」、「權臣擅政」的新時代。關於明文禪替前後的燕鐵木兒，馬祖常在《石田文集》文中談到：

> 明年己巳，上固讓位於大兄明宗皇帝，命侍御史臣撒迪致讓奉迎。
> 三月戊辰，丞相護皇帝璽於北土，明宗皇帝嘉之，拜太師，官階如前。迨明廟上賓，皇帝洊昇大位。一歲之間，為天子佐命，兼揖讓征伐之事，而使中外清謐，華夏乂寧者，茲非天儲其才，使與授命之君會遇以成大業者歟！〔註58〕

這段文字表明整個事件，就是燕鐵木兒策劃導演的。而在《元史·燕鐵木兒傳》中，則對當時的緊張情況有所敘述。

> 三月辛酉，乃詔燕鐵木兒護璽寶北上。明宗嘉其功。五月，特拜開

〔註57〕圖帖睦爾應是在天曆二年六月二十四日，經由六十里店（新桓州）進入上都；同年七月二日，經由三十里店（南坡）出上都。停留上都應有一週左右。或謂圖帖睦爾沒有進入上都，只由親近諸王大臣入上都籌辦登基事宜。

〔註58〕馬祖常，《石田文集》14〈太師太平王定策元勳之碑〉，收錄於《全元文》第32冊，頁455～456之記載。

> 府儀同三司⋯⋯加拜太師，餘如故。從明宗南還。八月朔，明宗次
> 王忽察都之地，文宗以皇太子見。庚寅，明宗暴崩。燕鐵木兒以皇
> 后命奉皇帝寶授文宗，疾驅而還，晝則率宿衛士以扈從，夜則躬擐
> 甲冑繞幄殿巡護。〔註59〕

在這裏，我們看到這對「君相」已經緊密的結合在一起。雖然燕鐵木兒陪同
和世㻋有超過四個月的時間，也有著另類君相關係，但是終究燕鐵木兒還是
選擇圖帖睦爾為他的主子，其所考慮的完全是權力的掌控。而和世㻋所依靠
的一千八百名衛士，還是帶給燕鐵木兒相當大的壓力。〔註60〕

圖帖睦爾與燕鐵木兒這對「弒君」的君相，在回到「孛羅察罕」之地，
任命了一批新官員，這裏面最受矚目的就是伯顏。

> 庚寅，明宗崩，帝入臨哭盡哀。燕鐵木兒以明宗后之命，奉皇帝寶
> 授于帝，遂還。壬辰，次孛羅察罕，以伯顏為中書左丞相，依前太
> 保；欽察台、阿兒思蘭海牙、趙世延並中書平章政事；甘肅行省平
> 章朵兒只為中書右丞；中書參議阿榮、太子詹事丞趙世安並中書參
> 知政事；前右丞相塔失鐵木兒、知樞密院事鐵木兒補化及上都留守
> 鐵木兒脫並為御史大夫。癸巳，帝至上都。〔註61〕

伯顏並沒有跟隨圖帖睦爾到王忽察都，最可能的原因是伯顏曾任和世㻋周王府
的常侍。〔註62〕這絕對會讓伯顏有著難以面對的苦惱，而以伯顏為首等人取代
原來和世㻋的人馬，則是圖帖睦爾一箭雙雕的好棋。一方面，伯顏首度出任中
書左丞相可以制衡燕鐵木兒；另一方面，代表著新舊和世㻋的左右手都完全效
忠於圖帖睦爾。明文禪替前後的伯顏，馬祖常在《石田文集》中所述：

> 時上以天下讓明皇帝，居東宮，拜太子詹事、太保。官階勳職悉仍
> 故。八月，拜中書左丞相。九月，加儲政使，三年正月，拜知樞密
> 院事。〔註63〕

〔註59〕見《元史》138〈燕鐵木兒傳〉，頁3331～3332之記載。
〔註60〕和世㻋帶來的怯薛官與衛士，依據《元史・文宗本紀》，頁739天曆二年八月
　　　　己酉條之記載：「賜明宗北來衛士千八百三十人各鈔五十錠，怯薛官十二人各
　　　　鈔二百錠。」
〔註61〕見《元史》33〈文宗本紀〉，頁737之記載。
〔註62〕馬祖常，《石田文集》14〈敕賜太師秦王佐命元勳之碑〉或《元史》138〈伯
　　　　顏傳〉均有記載。
〔註63〕馬祖常，《石田文集》14〈敕賜太師秦王佐命元勳之碑〉，收錄於《全元文》
　　　　第32冊，頁450之記載。

可知明文禪替前的伯顏，主要還是圖帖睦爾最親密的怯薛心腹，惟燕鐵木兒回朝之後，伯顏雖仍須居於燕鐵木兒之下，但其左丞相的職務，卻是比之前的別不花、鐵木兒補化重要。伯顏與燕鐵木兒同時封贈三代，也同時掌握著怯薛與衛軍。天曆三年（1330）二月，伯顏轉任知樞密院事，左丞相職務僅維持半年。

> 未幾，明宗即位，文宗居東宮，拜太子詹事、太保，開府如故。八
> 月，拜中書左丞相。明宗崩，文宗嗣位，加儲政院使。三年正月，
> 拜知樞密院事。〔註64〕

自天曆二年八月十五日（1329.9.8）圖帖睦爾再度登基為帝，經過「王忽察都事件」後的新政權，圖帖睦爾逐漸仰賴燕鐵木兒。而這對君臣的關係，已非普通的「君主臣奴」或非常期間「委任責成」可以說明，這已經發展成為「生命共同體」的階段，他們之間的權力互動到達一種相互保護且相互依靠的層次，也可說是「君臣一體」的體制，這在元朝歷史上是從沒出現的特例。天曆三年二月二十六日（1330.3.15），圖帖睦爾將中書左丞相伯顏調知樞密院事，而以燕鐵木兒為「獨相」。

> 詔諭中書曰：「昔在世祖，嘗以宰相一人總領庶政，故治出於一，政
> 有所統。今燕鐵木兒為右丞相，伯顏既知樞密院事，左丞相其勿復
> 置。」〔註65〕

這在忽必烈時代有安童、完澤二例；碩德八剌時代有拜住一例。但他們的權勢都沒有燕鐵木兒大，因燕鐵木兒可以專責決策。

> 至順元年五月乙丑，帝又以屢頒寵數未足以報大勳，下詔命獨為丞相
> 以尊異之。略曰：「燕鐵木兒勳榮惟舊，忠勇多謀，奮大義以成功，致
> 治平於期月，宜專獨運，以重秉鈞。授以開府儀同三司、上柱國、太
> 師、太平王、答剌罕、中書右丞相、錄軍國重事、監修國史、提調燕
> 王宮相府事、大都督、領龍翊親軍都指揮使司事。凡號令、刑名、選
> 法、錢糧、造作，一切中書政務，悉聽總裁。諸王、公主、駙馬、近
> 侍人員，大小諸衛門官員人等，敢有隔越聞奏，以違制論。」〔註66〕

在圖帖睦爾給予燕鐵木兒權勢的同時，也接受羣臣請求，上皇帝尊號。這是

〔註64〕見《元史》138〈伯顏傳〉，頁 3337 之記載。
〔註65〕見《元史》34〈文宗本紀〉，頁 752～753 天曆三年二月丁未條之記載。
〔註66〕見《元史》138〈燕鐵木兒傳〉，頁 3332 之記載。

元朝繼忽必烈與海山之後，第三位生前受「尊號」的皇帝。同時也將年號改為「至順」，與和世㻋共用的「天曆」年號，永遠走進歷史了。

> 戊午，帝御大明殿，燕帖木兒率文武百官及僧道、耆老，奉玉冊、玉寶，上尊號曰欽天統聖至德誠功大文孝皇帝。是日，改元至順，詔天下。〔註67〕

圖帖睦爾由於默許燕鐵木兒的弒逆行動，逐漸有恐懼之情事，只得視燕鐵木兒為父兄，替他來抵擋上天的懲罰。而燕鐵木兒也漸以「君父」自居，不過仍對海山的後代繼承權予以支持。〔註68〕

表5-4　燕鐵木兒君父兄長之例〔註69〕

時　　間	內　　容	意　　義	頁　碼
不　明	取泰定帝后為夫人	泰定帝為前任皇帝，也是圖帖睦爾之叔父，表明燕鐵木兒娶帝后，自然視同上一輩之天子	3333
天曆三年 3.7 戊午 1330.3.26	封皇子阿剌忒答剌為燕王，立宮相府總其府事，燕鐵木兒領之		754
至順元年 8.13 辛酉 1330.9.25	御史臺臣請立燕王為皇太子，帝曰：「朕子尚幼，非裕宗為燕王時比，俟燕帖木兒至，共議之。」		764～765
至順二年 2.6 辛亥 1331.3.14	建燕鐵木兒居第于興聖宮之西南	興聖宮為皇太后居第，表明燕鐵木兒視同為皇室尊親	777
至順二年 3.11 丙戌 1331.4.18	分賜燕鐵木兒鷹坊百人	鷹坊專門為皇帝和蒙古貴族養鷹，表明燕鐵木兒視同皇帝至尊	779
至順二年 9.1 癸酉 1331.10.2	市阿魯渾薩里宅，命燕鐵木兒奉皇子古納答剌居之。		790
至順二年 11.12 癸未 1331.12.11	詔養燕鐵木兒之子塔剌海為子	首相之子成為皇帝養子，表明燕鐵木兒視同皇室親王	793

〔註67〕見《元史》34〈文宗本紀〉，頁757天曆三年五月戊午條之記載。
〔註68〕竇德士（Dardess, John W.），《征服者與儒家》，頁53～59之論述。
〔註69〕見《元史》之〈文宗本紀〉及〈燕鐵木兒傳〉，頁碼依據中華書局版之記載。

至順三年 3.24 癸巳 1332.4.19	皇子古納答剌更名燕帖古思		802

　　燕鐵木兒娶泰定帝皇后，皇后爲圖帖睦爾之叔母，而燕鐵木兒比圖帖睦爾大上二十歲，如此首相可爲皇帝之父執矣。在這違反倫常之事顯示的意義，權臣凌駕皇帝之上，而皇帝還與之同心一體，眞爲中國歷史所僅見。另外，至順年間的伯顏，從馬祖常《石田文集》所述：

> 至順元年，特命，王有大勳勞於天下，凡飲宴賜以月脫之禮，國語喝盞也。王定大難，誅戮既多，宜防不測，賜怯薛百人，滅里吉百人，阿速百人，俾朝夕宿衛王左右，以備非常。仍賜黃金兩龍符，其文曰：「廣忠宣義正節振武佐運功臣」，繫以寶帶，令世爲明券。又命闊闊出王之孫女。二年八月，進封濬寧王，加侍正府侍正。十月，加昭功萬戶都總使。十二月，加宣毅萬戶府萬戶，忠翊侍衛親軍都指揮使，佩故金符。三年十月，加徽政使。〔註70〕

從上文即可看出圖帖睦爾的心態，一方面與燕鐵木兒生死相交，另一方面又與伯顏得以有護駕之能。此可看出，相權超過君權，君權只能依賴相權，並以分割相權來發展君權。綜觀文宗一朝就在此狀況下，三個君相揉合在一起，直到皇帝駕崩。

> 至順元年，文宗以伯顏功大，不有異數不足以報稱，特命尚世祖闊闊出太子女孫曰卜顏的斤，分賜虎士三百，怯薛丹百，默而吉軍百、阿速軍百，隸左右宿衛。又賜黃金雙龍符，鐫文曰：「廣忠宣義正節振武佐運功臣」，組以寶帶，世爲明券。又命凡宴飲視諸宗王禮。二年八月，進封浚寧王，特加授侍正府侍正，追封其先三世爲王。又加伯顏昭功宣義萬戶、忠翊侍衛都指揮使。三年，拜太傅，加徽政使。八月，文宗崩。十月，伯顏奉太皇太后命，立明宗之子懿璘質班，是爲寧宗。〔註71〕

蕭師啓慶在〈元中期政治〉一文中，認爲蔑兒乞部人伯顏的權力和榮譽僅次於燕鐵木兒，他是燕鐵木兒之外唯一兼任三職以上的人，給他的封號有太尉、

〔註70〕馬祖常，《石田文集》14〈敕賜太師秦王佐命元勳之碑〉，收錄於《全元文》第 32 冊，頁 450 之記載。

〔註71〕見《元史》138〈伯顏傳〉，頁 3337 之記載。

太保和太傅，任御史大夫、中書省左丞相，並長期任知樞密院事，此外還有許多兼職。與燕鐵木兒相同，伯顏直接控制著忠翊衛和宣毅萬戶兩個衛軍機構，並被封爲浚寧王。對他最高的榮譽是將忽必烈的曾孫女許配給他爲妻。與燕鐵木兒一樣，伯顏的親屬也分享了他的權力。儘管有很大的權力，伯顏似乎滿足於充當燕鐵木兒之下的副手。可能是基於過去在海山手下參加平叛戰爭時的同伴關係，和在帝位爭奪中建立的關係，兩人之間顯然有一個妥協辦法，他們二人顯然代表了蒙元歷史上權臣的一種新模式。燕鐵木兒和伯顏不僅是名符其實的帝王廢立操縱者，他們還在官僚體系和軍事體系上構建了自己的權力。燕鐵木兒與伯顏的親屬，同樣分享著權力。〔註72〕

洪麗珠認爲由於漢法實行的不夠徹底，使得蒙元的權臣依靠的往往不是官僚制本身賦予其之權力及僭越的機會，而是依靠皇帝、后妃等，所以權力基礎特別脆弱，一旦失去原來的皇室靠山之支持，變迅速倒臺。〔註73〕此說對「南坡之變」以前的權臣，如伯顏、玉昔帖木兒、哈剌哈孫、鐵木迭兒；或是順帝時期的脫脫等人而言，是正確的論述。但是對於燕鐵木兒、伯顏二人來說，家族或夥伴的支持超過皇室的信任，這也是「泰定體制」的獨特性。

燕鐵木兒與伯顏的權勢如此之大，主要來自「君相一體」相互依存之特殊情況下的發展。在掌控官僚與武力系統後，權臣卻維持統治權，管理機制只得仰賴可信賴的家族成員。燕鐵木兒家族的撒敦、唐其勢，在文宗朝勢力就很大，一旦燕鐵木兒去世後，他們的勢力即爲伯顏所取代，而伯顏的勢力卻爲自己姪兒脫脫所取代。

第二節　君權的分享

對於元朝皇權與相權強弱的論述，已有許多學者提出不同看法，其中周良霄與張帆剛好處於兩端。周良霄認爲元朝皇權壓過相權：

> 元代的皇權，在蒙古早期家長奴隸制遺留影響下，由傳統的君尊臣卑進一步發展爲君主臣奴。君臣之間在人格上的差距更加增大。……在這種情況下，出身於蒙古貴冑，而實際上政治文化素養都很難具

〔註72〕蕭啓慶，〈元中期政治〉，頁 627～628 之論述。
〔註73〕洪麗珠，《元朝晚期的政爭——權力爭奪或意識形態衝突》（新竹：清華大學歷史研究所碩士論文，2001 年），頁 9 之論述。

備所謂總持綱維的宰相，實際上只是起一個監領與交通政府與皇帝
的作用。〔註74〕

張帆則在其《元代宰相制度》論著中，認為元代政治，在某個程度上可以說
是宰相政治。

由於元代皇帝權力欲不強或耽於享樂的性格特徵，由於大蒙古國家產
制國家傳統觀念的長期延續及其與漢式中央集權體制的結合，致使元
代政治生活中出現了大量有助於宰相專權的因素，同時對宰相專權所
作的限制則非常不夠。這就導致了元代宰相權重的現象。〔註75〕

周良霄與張帆都提到了朱元璋廢相的問題，周良霄認為宰相這個位置的有無已
無關於實質，而遭廢罷；張帆則認為朱元璋針對元朝宰相權重的歷史積弊，將
宰相及其機構徹底廢罷，實際上，從燕鐵木兒與伯顏超越君主的相權看來，君
相是已經揉合在一起。尤其是燕鐵木兒與圖帖睦爾的狀況更是經典與唯一，本
節從君權這個角度，探討和世㻋、圖帖睦爾與燕鐵木兒在權力結構中的位置。

和世㻋是武宗海山的長子，因為這個身分太敏感，尤其是在愛育黎拔力
八達時代，繼承權的喪失，又遠離權力核心。也孫鐵木兒時代，和世㻋已經
被安撫的無意再角逐大位。圖帖睦爾是武宗海山的次子，母親是色目人唐兀
氏。可能因為如此，燕鐵木兒這位色目人欽察氏，跟他特別有緣。泰定元年
（1324），也孫鐵木兒命諸王遠徙者悉還其部，其中親王圖帖睦爾從海南島瓊
州被召回，尋被封為懷王，先後出居建康與江陵，成為武宗系統在中原的重
要宗王。〔註76〕

一、明文禪替中君權的考察

李則芬認為：圖帖睦爾已經先即位，又在其統御之下，消滅了上都朝廷，
其情況非愛育黎拔力八達可比。愛育黎拔力八達在京誅逆之後，始終以皇太
子諸國名義，而且他能夠成功，還是憑藉著海山的勳名與影響力。因此，圖
帖睦爾之讓位於兄，恐怕只是弄假成真罷了。圖帖睦爾如有誠意，在兩都戰
爭期間，就應派人與和世㻋聯繫，並請其設法策動一部分西北諸王，帶兵進

〔註74〕周良霄，〈元代的皇權和相權〉載於《蒙元的歷史與文化──蒙元史學術研討
　　　　會論文集》上（台北：學生書局，2001年），頁373～374之論述。
〔註75〕張帆，《元代宰相制度研究》（北京：北京大學出版社，1997年），頁271之論
　　　　述。
〔註76〕見《元史》32〈文宗本紀〉，頁703～704之記載。

攻上都集團背後。及上都已滅，碩德八剌初遣的二位迎駕之使，第一次是河東宣慰使哈散，第二次是治書侍御史撒迪，層級太低，顯示圖帖睦爾誠意不足。〔註77〕

在此情況之下，王頲認為：和世㻋這位宗王的本錢太少，雖然寶德士把和世㻋比作為西方三大汗國的地位，但實際上他控制的地方只不過是八平方公里的地方。就幅員而言，和世㻋是無法與西方三大汗國比附的。〔註78〕另外在軍隊方面，則有諸王察阿台、沿邊元帥朶烈捏、萬戶買驢等帥師扈行，總兵力應該不會超過二千名。史家的觀察，大部分也是集中在這兵力多寡的問題上。〔註79〕

這種觀察是有其道理的，但從另一個角度來看，燕鐵木兒自致和元年八月底至天曆二年三月初，與圖帖睦爾相處半年，建立了生死存亡的革命情感；而從天曆二年四月到八月，與和世㻋相處則有四個月。和世㻋與圖帖睦爾對於「君權」的展開，有何不同，背景如何，可以分項探討，並以對燕鐵木兒「相權」發展的影響作為標竿來討論。

（一）君權取得的背景差異

和世㻋在正統性方面當然有著堅固而不可動搖的優勢，甚至早在大德十一年（1307）海山與其母、弟的「三宮協和」時代，和世㻋就有帝位繼承人的資格。到了至大三年（1310），三寶奴等甚至建議改變繼承順序。

> 至大三年，……三寶奴等勸武宗立皇子為皇太子。脫脫方獵于柳林，遣使亟召之還。三寶奴曰：「建儲議急，故相召耳。」脫脫驚曰：「何謂也？」曰：「皇子寖長，聖體近日倦勤，儲副所宜早定。」〔註80〕

和世㻋身為帝位繼承人之一，當係有所教育栽培，而其自然散發出一股帝王的英銳之氣。這股英銳之氣，並沒有成為他的資產，反而是他帝王之路的負債。

〔註77〕李則芬，《元史新講》第 3 冊，頁 535～536 之論述。

〔註78〕王頲，〈燕鐵木兒的軍事政變與明文禪替〉載《歐亞學刊》3（北京：中華書局，2002 年），頁 237 之論述。

〔註79〕蕭功秦，〈論元代皇位繼承問題〉載《元史及北方民族史研究集刊》7（南京：南京大學，歷史系元史研究室），頁 33 之論述：「雖然，和世剌是武宗的嫡長子。……但和世剌卻沒有足夠的軍事實力和政治權威去支持這種優先權。他沒有意識到當年他父親海山浩浩蕩蕩從按台山下出發的三萬勁旅與自己一千八百名隨從衛士之間，在數量和質量上，都有著根本的區別。」

〔註80〕見《元史》138〈康里脫脫傳〉，頁 3324 之記載。

太后見明宗少時有英氣，而英宗稍柔儒，諸羣小以立明宗必不利於己，遂擁立英宗。〔註81〕

和世㻋生於大德四年（1300），圖帖睦爾生於大德八年（1304），剛好都是在武宗海山撫軍漠北時期所生，幼年則剛好是海山當皇帝的時候。燕鐵木兒身爲海山的親信侍衛，對於兩兄弟的個性一定了然於心。

當政變萌階段，任速哥就以立懷王圖帖睦爾打動燕鐵木兒；燕鐵木兒在爲新任軍官授階時候，指示南面謝恩，也是意在懷王；而積極勸懷王即位者，也是燕鐵木兒。捨兄立弟的決定，很早就定在燕鐵木兒的心中。

和世㻋先前的遭遇與嫡長子身分，新政權從開始就必須以他爲新君的第一考量人選。圖帖睦爾在燕鐵木兒勸其即位時，幾度表示害怕，甚至在即位詔書中也寫清楚他的心願。

> 丁卯，燕鐵木兒率諸王、大臣，伏闕請早正大位，以安天下，帝固辭曰：「大兄在朔方，朕敢紊天序乎！」……壬申，帝即位於大明殿，受諸王、百官朝賀，大赦，詔曰：洪惟我太祖皇帝混一海宇，……朕以菲德，宜俟大兄，固讓再三。……朕姑從其請，謹俟大兄之至，以遂朕固讓之心。〔註82〕

由於是以恢復「海山系統」爲號召，和世㻋有其優勢。但新政權是由燕鐵木兒一手建立起來的，也可以說是由他以生命換來的，圖帖睦爾在其擁立之下登上皇帝寶座，帝位問題如何解決，在此局面，只有由燕鐵木兒決定一切了，所有諸王、大臣，包括和世㻋兄弟兩位當事人，可能都無法下判斷了。而在兩都之戰結束後，遣使頻繁之際，和世㻋已經大張旗鼓的爲登「大位」而準備了。

> 於是文宗遣哈散及撒迪等相繼來迎，朔漠諸王皆勸帝南還京師，遂發北邊。諸王察阿台、沿邊元帥朵烈捏、萬户買驢等，咸帥師扈行。舊臣孛羅、尚家奴、合八兒禿皆從。至金山，嶺北行省平章政事潑波奉迎，武寧王徹徹禿、僉樞密院事帖木兒不花繼至。乃命孛羅如京師。兩京之民聞帝使者至，歡呼鼓舞曰：「吾天子實自北來矣！」諸王、舊臣爭先迎謁，所至成聚。〔註83〕

天曆二年（1329）正月，和世㻋即位於漠北和寧。大都方面戰事告一段落，

〔註81〕見《元史》116〈后妃傳〉，頁2902之記載。
〔註82〕見《元史》32〈文宗本紀〉，頁708～710之記載。
〔註83〕見《元史》31〈明宗本紀〉，頁695之記載。

當時燕鐵木兒提出卸任中書右丞相職務，專任怯薛職務。但當時正面臨圖帖睦爾與和世㻋「帝位禪替」之重要時刻，仍需燕鐵木兒這位「重造邦國」的太平王來指導運作，所以勉之先接御史大夫，再復任中書右丞相，使之資歷完整。〔註84〕

> 燕鐵木兒乞解相印還宿衛，帝勉之曰：「卿已爲省院，惟未入臺，其聽後命。」二月，遷御史大夫，依前開府儀同三司、上柱國、錄軍國重事、太平王。未幾，復拜中書右丞相、兼修國史、知樞密院事、領都督府龍翊侍衛親軍都指揮使司事，就佩元降虎符，依前開府儀同三司、上柱國、錄軍國國重事、答剌罕、太平王。〔註85〕

當燕鐵木兒調任御史大夫時刻，中書右丞相一職並未另授，只是任命高昌王鐵木兒補化爲中書左丞相。天曆二年二月，燕鐵木兒復爲中書右丞相；三月，即奉皇帝寶于和世㻋行在所。此舉，意味著燕鐵木兒暫時承認和世㻋的君位繼承權。

（二）君臣同功一體新政府體制的破壞

天曆二年四月，燕鐵木兒見和世㻋于行在所。和世㻋以燕鐵木兒爲中書右丞相，燕鐵木兒請和世㻋任命省、院、臺官員，加上隨同燕鐵木兒北上迎帝的大批中樞官員，當時的潔堅察罕之地，就如同往年皇帝巡幸上都之景象。

> 復諭燕鐵木兒等曰：「凡京師百官，朕弟所用者，並仍其舊，卿等其以朕意諭之。」燕鐵木兒奏：「陛下君臨萬方，國家大事所繫者，中書省、樞密院、御史臺而已，宜擇人居之。」帝然其言，以武宗舊臣哈八兒禿爲中書平章政事，前中書平章政事伯帖木而知樞密院事，常侍孛羅爲御史大夫。〔註86〕

到了四月癸卯，和世㻋再度任命徹里鐵木兒爲中書平章政事，闊兒吉司爲中書右丞。另外和世㻋也委派了三位行省平章政事，漸漸新皇帝建立自己的權力系統愈來愈明顯，燕鐵木兒已經有所不滿，因爲這些人在「天曆政變」與

〔註84〕 張帆，《元代宰相制度研究》，頁 181～182 之論述：「這條材料告訴我們，在元代省、院官可兼職，但省、臺官絕不能互兼，即使像燕鐵木兒這樣的權臣也不能例外。」另張帆又引《元史》22〈武宗本紀〉論述：至大元年正月甲子「授中書平章政事阿沙不花右丞相、行御史大夫。在此阿沙不花的右丞相爲加官，御史大夫爲實職，並非以宰相兼大夫。

〔註85〕 見《元史》138〈燕鐵木兒傳〉，頁 3331 之記載。

〔註86〕 見《元史》31〈明宗本紀〉，頁 696～697 天曆二年四月癸巳條之記載。

「兩都之戰」中，並無任何功勞。如此作爲，原來建立的「君臣同功一體」新政府體制將被徹底破壞，圖帖睦爾與燕鐵木兒的未來前途將有不可預測的危險。

> 天曆二年六月戊子，燕鐵木兒等奏：「中政院越中書擅奏除授，移文來徵制敕，已如所請授之，然於大體非宜，乞申命禁止，庶使政權歸一。」從之。〔註87〕

日本學者藤島建樹在〈元の明宗の生涯〉一文中，特別指出和世㻋的近臣尙家奴等，根本無視燕鐵木兒的存在，屢屢進行越權行爲。而和世㻋不僅在省院臺安插自己人，而且迅速建立自己的怯薛。燕鐵木兒越來越孤立了，和世㻋對「君權」的開展充滿著信心，燕鐵木兒的殺機或許在此時已產生。〔註88〕

對於圖帖睦爾「君權分享」的方式，和世㻋走完全不同的路，他從頭到尾沒有過與人分享權力的經驗。當發生在延祐三年（1316）冬天的陝西政變，阿思罕與教化皆爲主而死，那是他唯一一次有掌控權力的機會，失敗後，即與跟隨者至金山，過著不與人爭的安靜生活。和世㻋的思維方式採用「尊法重禮」傳統，因爲這樣可以使得他的「君權」獲得鞏固，惟如此，沒有彈性，更重要的是「沒有利益」。而自從忽必烈以後諸帝，尤其是鐵穆耳到碩德八剌，對於怯薛和理財官僚之間的平衡或制衡無法控制；也孫鐵木兒時期則控制妥當。圖帖睦爾與燕鐵木兒則以財產重新分配控制官僚，圖帖睦爾更善用其「君權」彈性處理臨時狀況。

對於圖帖睦爾善用「君權」的狀況，王頲在《燕鐵木兒的軍事政變與明文禪讓》一文中講得最好：將圖帖睦爾與和世㻋相比，前者在事情未可知時，對己所不欲之人、事能夠隱忍得多。曾任平章政事速速，及知樞密院事，後于天曆二年六月被逮，九月以不忠不孝之罪伏誅的乳母之子也先捏，據《滋溪文稿》所述：

> 初，平章政事速速以上之立也，己與有力，恃功貪橫，恣爲不法。會親祠太室，速速充禮儀使，稱疾不起。上在齋宮，輒裹服入見。公劾其不敬。知樞密院事也先捏將兵出禦西軍，聞河南告急，逗撓不行，方殺戮無辜，私人婦女。西軍既退，有勅入朝，又不奉命。

〔註87〕見《元史》31〈明宗本紀〉，頁699天曆二年六月戊子條之記載。
〔註88〕藤島建樹，〈元の明宗の生涯〉載《大谷史學》第 12 號（大谷大學史學會，1970 年），頁 22 之論述。

公劾其不忠。〔註89〕

速速與也先捏，初期不法，圖帖睦爾均暫時一切不問，待事過境遷，再與以處分。而和世㻋則不同，監察御史彈劾嶺北行省官員塔即吉、馬謀、羅里、禿魯忽等，和世㻋立即應允，全部罷黜。且言：

> 又諭臺臣曰：「御史劾嶺北省臣，朕甚嘉之。繼今所當言者，毋有所憚。被劾之人，苟營求申訴，朕必罪之。或廉非其實，毋輒以聞。」
> 〔註90〕

此事表明和世㻋乾綱獨斷的作風，御史彈劾，並未徵詢燕鐵木兒意見，就直接下令罷黜官員。這作風與他前面所言，確相符合。

> 凡諸王、百司，違法越禮，一聽舉劾。風紀重則貪墨懼，猶斧斤重則入木深，其勢然也。……朕今居太祖、世祖所居之位，凡省、院、臺、百司庶政，詢謀僉同，標準所奏，以告于朕。〔註91〕

天曆二年六月，中書左丞相相鐵木兒補化以久旱啓于皇太子，請辭相位。圖帖睦爾立即慰留，並表示災變應由皇太子負責之意。

> 丁酉，鐵木兒補化以旱乞避宰相位，有旨諭之曰：「皇帝遠居沙漠，未能即至京師，是以勉攝大位。今亢陽爲災，皆予闕失所致。汝其勉修厥職，祗修實政，可以上答天變。」仍命馳奏于行在。〔註92〕

惟此事和世㻋之處理方式，與圖帖睦爾截然不同。他認爲天災所應負責的包括皇帝與眾臣，所以同意鐵木兒補化辭相位。

> 是月，鐵木兒補化以久旱啓于皇太子，辭相位，乞更選賢德，委以燮理。皇太子遣使以聞。帝諭闊而吉思等曰：「修德應天，乃君臣當爲之事，鐵木兒補化所言良是。天明可畏，朕未嘗斯須忘于懷也。皇太子來會，當與共圖其可以澤民利物者行之。卿等其以朕意諭羣臣。」〔註93〕

此事可以看出和世㻋在上都尚未召開忽里爾臺之前，他連中書左丞相的辭呈都已經斷然決定，燕鐵木兒等對此全盤掌控高層官員人事權的君主，其應已

〔註89〕蘇天爵，《滋溪文稿》11〈皇元贈集賢直學士趙惠肅侯神道碑銘〉（北京：中華書局，1997年），頁179之記載。
〔註90〕見《元史》31〈明宗本紀〉，頁698之記載。
〔註91〕見《元史》31〈明宗本紀〉，頁697之記載。
〔註92〕見《元史》33〈文宗本紀〉，頁735之記載。
〔註93〕見《元史》31〈明宗本紀〉，頁700之記載。

有如何作為之決定了。

二、軍政府下的文治作為

圖帖睦爾與他的前任皇帝也孫鐵木兒有一點相似，就是將「君權」放在文化或儒治上面。也孫鐵木兒是為了爭取漢儒對政權的支持，圖帖睦爾則除了這一點外，另一方面是出於自己的愛好。圖帖睦爾在遣使迎接和世㻋之際，一方面則將自己的未來定位為文治的推動者，而這一點也獲得和世㻋的贊許。他預定設立一個新機構作為他的權力中心，奎章閣就在此情況下誕生。

> 天曆二年正月……帝命之曰：「朕弟囊嘗覽觀書史，邇者得無廢乎？
> 聽政之暇，宜親賢士大夫，講論史籍，以知古今治亂得失。卿等至
> 京師，當以朕意諭之。」……二月……是月，文宗立奎章閣學士院
> 于京師，遣人以除目來奏，帝並從之。〔註94〕

圖帖睦爾雖然有些文化理想和意識，可是他缺乏氣度和勇氣；相同地，和世㻋之優柔寡斷有過乃弟，他即帝位卻不改元，且遲遲不進，在途中遷延八個月之久。不過，既然和世㻋已經同意圖帖睦爾可在文治下工夫，則設立一個機構作為其小內閣亦未嘗不可。兄弟尚未相見，奎章閣已悄悄設立。這使得圖帖睦爾可以有一個地盤推行其個人理想。〔註95〕

> 大統既正，海內定一。廼稽古右文，崇德樂道。以天曆二年三月，
> 作奎章之閣，備燕閒之居，……非有朝會祠享時巡之事，幾無一日
> 而不御於斯。於是宰輔有所奏請，宥密有所圖回，諍臣有所繩糾，
> 侍從有所獻替，以次入對，從容密勿，蓋終日焉。〔註96〕

此記係虞集於天曆二年（1329）四月應制之作，惟《元史》35〈文宗本記〉則記載為至順二年（1331）正月，虞集奉命撰《奎章閣記》，前後相差二年。這個錯誤當是在元史，姜一涵已考據出記載錯誤的緣由。並提出虞集此奎章閣記，是有所諫誠之意，並有誇耀奎章閣的威嚴和權勢，但因隱含個人與帝王關係密切之意氣，可能造成朝中有識之士的不滿。〔註97〕

〔註94〕見《元史》31〈明宗本紀〉，頁 696 之記載。
〔註95〕姜一涵，《元代奎章閣及奎章人物》（台北：聯經出版事業公司，1981 年），頁 212 之論述。
〔註96〕虞集，《雍虞先生道園類稿》22《奎章閣記應制》，收錄於《全元文》第 26 冊，頁 437 之記載。
〔註97〕姜一涵，《元代奎章閣及奎章人物》，頁 38 之論述。

　　和世㻋崩逝後，燕鐵木兒與圖帖睦爾已經可以完全掌控天曆政權。惟在此情況下，完全倚仗首相而得到天下的皇帝，如何開展「君權」，這個元朝史上最博學的皇帝，只得以他最專長的和文化修養鞏固和延續政權，他所設立的奎章閣仍然是他的權力蘊藏點，只是對手從和世㻋變成燕鐵木兒。

> 甲寅，立奎章閣學士院，秩正三品，以翰林學士承旨忽都魯都兒迷失、集賢大學士趙世延並爲大學士，侍御史撒迪、翰林直學士虞集並爲侍書學士，又置承制、供奉各一員。〔註98〕

奎章閣的設立最初可能只是圖帖睦爾在文化上的應用，後來由於由於實際權力大多數掌握在燕鐵木兒和伯顏手中，圖帖睦爾花費了大量的時間和精力營造宮廷的漢化即儒化氛圍，他時時幸臨奎章閣，全國的權力中心也似乎無形中轉移到這裡來，這裡就變得不尋常了。

　　對於奎章閣制度的研究，姜一涵最爲權威，他認爲圖帖睦爾於天曆二年（1329）二月建奎章閣學士院於京師，這並非適當時機，因而會有此違背常理常情之事發生，乃是因爲希望在還位於和世㻋之前，先將此有關文藝的設施「奎章閣」放在許多重要事務之先。〔註99〕

　　由於奎章閣之創設，未曾經過議事程序，沒有經過高級官員的認可支持。在成立之初其中心目標和任務也沒有確定，如果他的職責只是在「備（皇帝）燕閒之居」，問題就比較單純。等到它的組織擴大到與翰林院、集賢院幾乎同等時，在職權上就非重新研究做合理的劃分不可，而事實上圖帖睦爾並沒有這樣做。

　　天曆二年（1329）九月，圖帖睦爾下令翰林國史院官同奎章閣學士采輯本朝典故，依據唐宋會要格式，準備編輯「經世大典」。十月，中書省議定和世㻋廟號，奎章閣赫然在內。

> 丙申，中書省臣言：「臣等謹集樞密院、御史臺、翰林、集賢院、奎章閣、太常禮儀院、禮部諸臣僚，議上大行皇帝尊諡曰翼獻景孝皇帝，廟號明宗，國言諡號曰護都篤皇帝。」〔註100〕

天曆三年（1330）正月，命趙世延、趙世安領纂修經世大典事。不久，左右丞相燕鐵木兒與伯顏雙雙請辭，皇帝命阿榮與趙世安慰諭之。二月，以修經

〔註98〕見《元史》33〈文宗本紀〉，頁730～731之記載。
〔註99〕姜一涵，《元代奎章閣及奎章人物》，頁72～73之論述。
〔註100〕見《元史》33〈文宗本紀〉，頁742之記載。

世大典久無成功，命燕鐵木兒如國史例監修。不久，奎章閣學士忽都魯都兒迷失、撒迪與虞集都提出辭呈。

> 集以入侍燕閒，無益時政，且媢嫉者多，乃與大學士忽都魯都兒迷失
> 等進曰：「陛下出獨見，建奎章閣，覽書籍，置學士員，以備顧問。臣
> 等備員，殊無補報，竊恐有累聖德，乞容臣等辭職。」帝曰：「昔我祖
> 宗，睿智聰明，其於致理之道，生而知之，朕早歲跋涉難阻，視我祖
> 宗，既乏生知之明，於國家治體，豈能周知？故立奎章閣，置學士員，
> 以祖宗明訓、古昔治亂得失，日陳於前，卿等其悉所學，以輔朕志。
> 若軍國機務，自有省院臺任之，非卿等責也。其勿復辭。」〔註101〕

所以這一新生機構剛剛在天曆三年（1330）組織完成，不到一個月中書右丞相燕鐵木兒就嫉妒奎章閣的大學士，而引起了忽都魯都兒迷失、撒迪和虞集的總辭職。迫使圖帖睦爾親自下詔書慰留，並說明自己創奎章閣的宗旨。但這仍不能解決奎章閣先天、後天所存在的許多矛盾。

> 六月辛巳朔，燕鐵木兒言：「嚮有旨，惟許臣及伯顏兼領三職。今趙世
> 延以平章政事兼翰林學士承旨、奎章閣大學士，引疾以辭。」帝曰：「朕
> 重老成人，其令世延仍視事中書，果病，無預銓選可也。」〔註102〕

六月燕鐵木兒又嫉趙世延身兼三職，八月御史臺劾鑒書博士柯九思。事實上趙世延老成篤實，柯九思亦性情純良，他們只不過是成了政治鬥爭中最明顯的弱點，而做了代罪羔羊而已。當時正是政治肅殺氣忿最濃的時候，首席知樞密院事闊徹伯、前御史大夫孛羅，都以謀變被殺。圖帖睦爾正需要燕鐵木兒幫他處理這些叛逆事件，所以也顧不及奎章閣了。

因奎章閣的創設所引發的權力鬥爭急劇地發展，到至順三年二月，燕鐵木兒終於奪取了此一位置，以奎章閣大學士兼領奎章閣學士院事。眾人眼目中的奎章閣的芒刺柯九思也被拔除，這一場因設閣而引起的政治鬥爭，才算暫時告一段落。

三、君權發展與帝位繼承問題

和世琜與圖帖睦爾實際上都非武宗正后所生，他們能成為皇帝，完全是燕鐵木兒與伯顏等權臣所擁立。

〔註101〕見《元史》181〈虞集傳〉，頁4178之記載。
〔註102〕見《元史》34〈文宗本紀〉，頁758之記載。

> 武宗一廟，未立后主配享，集羣臣廷議之。……時伯顏爲右丞相，
> 以爲明宗之母亦乞列氏，可以配享。徽政院傳太后旨，以文宗之母
> 唐兀氏可以配享。……明宗、文宗二母后，固爲妾也。〔註103〕

所以圖帖睦爾在帝位繼承資格上，並不如他在即位詔書上所痛責的也孫鐵木
兒系統，和世瓎亦然。這種以「藩王」入居大位的方式，正是「泰定體制」
的特色之一。

> 文宗之入也，大臣問以典故，朒所建白近漢文故事，眾皆是之。文
> 宗嘗字呼子瓕而不名。……文宗虛大位以俟明宗，朒極言：「大兄遠
> 在朔漠，北兵有阻，神器不可久虛，宜攝位以俟其至。」文宗納其
> 言。〔註104〕

圖帖睦爾在泰定二年（1325）至致和元年（1328）任懷王時，身邊就有許多
著名的漢人文學家和藝術家，如柯九思、李孝光等人。即位後，作爲一有修
養的中國皇帝，圖帖睦爾採取了許多尊崇儒教和倡導和文化價值的措施。這
些其實都和前任的也孫鐵木兒一樣，都是對其統治權有意無害的作爲。例如
派遣官員前往曲阜代祀孔子，或者加封儒學先賢封號。至順元年，圖帖睦爾
親自參加祭天郊祀，這是這位愛好漢文化的元朝皇帝第一次親自參加此項中
原王朝傳統的重要祭祀。

> 文宗親祀，起嚴充大禮使，導帝陟降，步武有節，衣前後襜如，陪
> 位百官，望之如古圖畫中所賭。帝甚嘉之，賜賚優渥。〔註105〕

這讓人想起英宗皇帝碩德八剌，當年參加郊祭，也有這種飄飄然的感覺。帝
王君威之展現，漢式儀禮更能顯示出其莊重與盛大。

在其四年在位期間，圖帖睦爾一直被他不合法的帝位繼承問題，還有他
自己的繼承人問題所困擾。圖帖睦爾和正后卜答失里所生的長子阿剌忒納答
剌（梵語：寶吉祥），在天曆三年受封燕王，這個王號原來只有眞金得到過。
同年五月，改元至順，十二月初，燕王阿剌忒納答剌被冊封爲皇太子。

> 十二月戊申，遣伯顏等以將立燕王阿剌忒納答剌爲皇太子，告祭于
> 郊、廟。……辛亥，立燕王阿剌忒納答剌爲皇太子，詔天下。……
> 監察御史言：「昔裕宗由燕邸而正儲位，世祖擇耆舊老臣如王顒、……

〔註103〕見《元史》187〈遠魯曾傳〉，頁4292之記載。
〔註104〕見《元史》183〈李朮魯朒傳〉，頁4221之記載。
〔註105〕見《元史》182〈張起嚴傳〉，頁4194之記載。

以宏養正之功，實宗社生民之福也。」帝嘉納其言。〔註106〕

此時，為確保阿剌忒納答剌平穩即位，已採取了一切措施：和世㻋的正后八不沙被謀殺，和世㻋的長子妥懽貼睦爾在天曆三年四月被流放於高麗，並在一年後，宣稱妥懽貼睦爾並非和世㻋之子。

> 及明宗崩，文宗復正大位。至順元年四月辛丑，明宗后八不沙被讒遇害，遂徙帝于高麗，使居大青島中，不與人接。閱一載，復詔天下，言明宗在朔漠之時，素謂非其己子，移于廣西之靜江。〔註107〕

但是這些措施沒有起作用，因為阿剌忒納答剌在封為皇太子後大約一個月即薨逝。兒子的去世完全打亂了圖帖睦爾的繼承人計畫。此外，他似乎亦懼怕因謀害兄長而得到報應。因此，他要求燕鐵木兒照顧他的二兒子古納答剌（梵語：功德賢），並將古納答剌的名字改為燕帖古思（蒙語：融洽）。至順三年（1332）年僅二十九歲的圖帖睦爾在上都召集了卜答失里皇后、首相燕鐵木兒，留下了遺言：

> 壬申秋，文宗車駕在上都。八月疾，大漸。召皇后及太子燕帖古思、大臣燕鐵木兒，曰：「昔者晃忽叉之事，為朕生平大錯，朕嘗中夜思之。悔之無及。燕帖古思雖為朕子，朕固愛之，然今日大位，乃明宗之大位也。汝輩如愛朕，願召明宗子妥歡帖木兒來，使登茲大位。如是，朕雖見明宗於地下，亦可以有所措辭而塞責耳。」言訖而崩。
> 晃忽叉者，乃明宗皇帝從北方來飲毒而崩之地。〔註108〕

圖帖睦爾雖然指定由和世㻋長子妥懽貼睦爾繼位，但實際上，卻是由和世㻋次子懿璘質班登上皇帝寶座。

> 至順三年八月己酉，文宗崩于上都，皇后導揚末命，申固讓初志，傳位於明宗之子。時妥懽帖睦爾出居靜江，帝以文宗眷愛之篤，留京師。太師、太平王、右丞相燕鐵木兒，請立帝以繼大統。於是遣使徵諸王會京師，中書百司政務，咸啟中宮取進止。〔註109〕

懿璘質班的繼位，是在尊重圖帖睦爾的遺詔，並考量現實政治現實情況，由燕鐵木兒與卜答失里皇后所共同作的決定。燕鐵木兒雖權傾天下，但也擔心

〔註106〕見《元史》34〈文宗本紀〉，頁770之記載。

〔註107〕見《元史》38〈順帝本紀〉，頁815之記載。

〔註108〕權衡，《庚申外史》收錄於《元代筆記小說》第3冊（石家莊：河北教育出版社，1994年），頁513之記載。

〔註109〕見《元史》37〈寧宗本紀〉，頁809之記載。

事情敗露，從其封鎖遺詔，傳位懿璘質班看來，權臣仍須依賴乞顏氏黃金家族，才可穩定其地位。

> 燕鐵木兒內懼，爲之躊躇者累日。自念晃忽叉之事，已實造謀，恐妥歡帖木兒至而治其罪。姑秘文宗遺詔，屏而不發。因謂文宗后曰：「阿婆且權守上位王室，妥歡帖木兒太子居南徼荒癘之地，未知有無，我與宗戚諸王徐議之可也。是時，燕帖木兒以太平王爲右相，禮絕百僚，戚焰赫赫，宗戚諸王無敢以爲言者。逼遒至至順四年三月，上位虛攝已久，內外頗以爲言者。燕帖木兒始迎明宗皇帝幼子懿憐只班登寶位，不發詔，不改年號。踰月而崩，廟號寧宗。」〔註110〕

在這裏的記載與《元史》有所出入，依據《元史》所記載：懿璘質班於至順三年（1332）十月即位於大明宮，十一月即崩逝。當時立懿璘質班爲新皇帝，燕鐵木兒也不太樂意，惟卜答失里皇后的堅持，只好答應。而在新皇帝即位後，卜答失里也由皇后改稱皇太后。

> 文宗崩，皇太后聽政，命別不花、塔失海牙、阿兒思蘭、馬祖常、史顯夫及翀六人，商論國政。翀以大位不可久虛，請嗣君即位，早正宸極，以幸天下。帝既即位，大臣以爲赦不可頻行，翀曰：「今上以聖子神孫，入繼大統，當新天下耳目。今不赦，豈可收怨於新造之君乎！」皇太后以爲宜從翀言，議乃定。〔註111〕

懿璘質班登基詔書中，伯顏與燕鐵木兒並列顧命大臣，而別不花等六人也同議論國政。同時並設立徽政、中政二院，而以伯顏、伯撒里、常不蘭奚等禁衛軍首腦爲徽政使；四位宦官爲中政使，卜答失里似乎循著大蒙古時期皇后攝政的前例進行政權的主導。〔註112〕

> 三年冬，寧宗崩，順帝未至，皇太后在興聖宮，正旦，議循故事，行朝賀禮，本言：「宜上表興聖宮，廢大明殿朝賀。」眾是而從之。
> 〔註113〕

懿璘質班在位僅四十三天即崩，依照圖帖睦爾的遺詔，原本應該先繼任帝位的妥懽貼睦爾成爲卜答失里的唯一人選。但其即位仍有一段波折，燕鐵木兒

〔註110〕權衡，《庚申外史》，頁 513 之記載。
〔註111〕見《元史》183〈孛朮魯翀傳〉，頁 4222 之記載。
〔註112〕見《元史》37〈寧宗本紀〉，頁 810～813 之記載。
〔註113〕見《元史》182〈宋本傳〉，頁 4205 之記載。

的極力反對當是主要原因，待燕鐵木兒酒色過度，體羸溺血而死，妥歡貼睦爾始得即皇帝之位。

> 已而文宗崩，明宗次子懿璘質班即位，四十三日而崩。文宗后臨朝。燕鐵木兒與羣臣議立文宗子燕帖古思。文宗后曰：「天位至重，吾兒年方幼沖，豈能任耶！明宗有子妥懽貼睦爾，出居廣西，今年十三矣，可嗣大統。」於是奉太后命，召還京師，至良鄉，具鹵簿迎之。燕鐵木兒與之並馬而行，於馬上舉鞭指畫，告以國家多難遣使奉迎之故。而妥懽貼睦爾卒無一語酬之。燕鐵木兒疑其意不可測，且明宗之崩，實以逆謀，恐其即位之後追舉前事，故宿留數月，而心志日以瞀亂。……至是荒淫日甚，體羸溺血而薨。燕鐵木兒既死，妥懽貼睦爾始即位。〔註114〕

這個新皇帝雖是由皇太后卜答失里一手冊立，而燕鐵木兒雖死，家族勢力依然強大。新皇帝一方面低調行事；另一方面，尊崇皇太后，並對伯顏與燕鐵木兒家族採取一連串的任命封賞，先行確立皇帝寶座之穩定。

> 俄而燕鐵木兒死，后乃與大臣定議立帝，且曰：「萬歲之後，其傳位於燕帖古思，若武宗、仁宗故事。」諸王宗戚奉上璽綬勸進。四年六月己巳，帝即位于上都，……時有阿魯輝帖木兒者，明宗親臣也，言於帝曰：「天下事重，宜委宰相決之，庶可責其成功；若躬自聽斷，則必負惡名。」帝信之。由是深居宮中，每事無所專焉。辛未，命伯顏為太師、中書右丞相、……撒敦為太傅、左丞相。……是月，立燕鐵木兒兒女伯牙吾氏為皇后。……詔太師、右丞相伯顏，太傅、左丞相撒敦，專理國家大事，其餘官不得兼領三職。……為皇太后置徽政院，設官屬三百六十有六員。〔註115〕

很明顯，妥懽貼睦爾扮演的臨時傀儡的角色。他僅是一個十三、四歲的孩子而已，經歷雖有，但訓練不足。從法定意義上講還是非正統的，在權臣的控制之下，自然容易被取代。但他被規勸呆在暗處，不直接參與對帝國的統治，這卻使得他可以慢慢利用權臣間的矛盾與衝突，開展了一個長時期的統治。〔註116〕

〔註114〕見《元史》138〈燕鐵木兒傳〉，頁3333之記載。
〔註115〕見《元史》38〈順帝本紀〉，頁816～819之記載。
〔註116〕竇德士（Darddess, John W.），〈順帝與元朝統治在中國的結束〉載於《劍橋中

第三節　天曆政變集團的擴張與演變

很巧的，陰曆的八月四日是元朝的「兵變」日。至治三年（1323）八月四日的怯薛長兵變「南坡之變」，與致和元年（1328）八月四日的禁衛軍首腦兵變「天曆政變」，相差剛好五年。而南坡之變後，怯薛集團的失敗；與天曆政變後，衛軍重要性的提高，正如蕭師啟慶所言：怯薛的衰敗象徵著蒙古統治集團的頹廢，而衛軍的變質則表示元代帝王已無法維持中國式專制帝王的絕對權力。〔註 117〕

一、怯薛官僚的崛起與衰落

天曆政變集團包括了處於權力結構邊緣的諸王、官僚、將領，這批人在當時的政壇上處於次要地位，與權力核心有一段距離。蕭師啟慶認爲並不是所有參加政變的人都像燕鐵木兒一樣與海山家族有密切的關係，參加者亦不都以海山的後人即位爲主要目的，擁戴海山的兒子即位只是爭位的口號而已。〔註 118〕他們主要的共同點在於追求進入權力核心的地位，並獲得個人的重大利益。

致和元年八月四日（1328.9.8），燕鐵木兒在大都發動政變，這是一次有計畫的行動。當日，擔任大都留守的諸王、官僚，立即分爲二派，雙方壁壘分明。

表 5-5　燕鐵木兒政變大都新舊政權名單〔註 119〕

機構	舊　政　權		新　政　權	
	職　務	官　員	職　務	官　員
中書省	中書平章政事	烏伯都剌	中書左丞相	別不花
	中書平章政事	伯顏察兒	中書平章政事	塔失海涯
	中書左丞	朶朶	中書右丞	趙世延
	中書參知政事	王士熙	中書左丞	速速
	參議中書省事	脫脫		
	參議中書省事	吳秉道		

國遼西夏金元史》，頁 649 之論述。
〔註 117〕蕭啟慶，〈元代的宿衛制度〉收錄於氏著《元代史新探》，頁 93 之論述。
〔註 118〕蕭啟慶，〈元中期政治〉，頁 621～622 之論述。
〔註 119〕見《元史》32〈文宗本紀〉，頁 704～705 之記載。

樞密院			樞密副使	王不憐吉台
			僉書樞密院事	燕鐵木兒
御史臺	侍御史	鐵木哥		
	侍御史	丘世傑		
	治書侍御史	脫歡		
其他機構	太子詹事丞	王桓	翰林學士承旨	亦烈赤
			通政院使	寒食

　　大都臨時政府的大臣有一大部分爲被罷職之官員，他們有行政經驗，且在這時候擔任沒有隨行的怯薛，表示這些昔日貴族已經很難重新進入權力核心。從愛育黎拔力八達開始，閒散怯薛越來越多，一般說來，他們的生活都很困難。

> 延祐二年十月初六日，中書省奏：「每年各衙門裏勾當裏行的，請俸錢的每根底，與馬疋·草料來。今年，俺商量來，怯薛裏宿衛請俸錢的每根底，依年例與草料也者。各衙門裏行的人每請著俸錢，月日滿了呵，與勾當有，說稱應當怯薛，却不宿衛，支請草料有。那般人每根底，不教與呵，怎生？」奏呵，奉聖旨：「那般者。」〔註120〕

有根腳的怯薛與失意的官僚，對於這個機會，當然會好好把握，願意爲新皇帝效命。圖帖睦爾進入大都之後，承認這些官員的職務。這些官僚在臨時政府時期，協助燕鐵木兒控制政府中樞的運作。圖帖睦爾進入大都後，除追認已任職的官員外，也對官員作一調整。

表5-6　天曆政變集團省院臺重要大臣動態 〔註121〕

人　物	族屬	政變前舊職務	政變後新職務	文宗即位後動態
阿剌特納失里	蒙古	西安王		
燕鐵木兒	色目	僉樞密院事	知樞密院事	中書右丞相
伯　顏	蒙古	河南行省平章政事	河南行省左丞相——御史大夫	加太尉，開府儀同三司，並爲御史大夫
鐵木兒補化	蒙古	高昌王、湖廣行省平章政事	知樞密院事	中書左丞相

〔註120〕見《至正條格》校註本，頁35之記載。
〔註121〕資料出自《元史·文宗本紀》。

別不花	不明	前湖廣行省左丞相	中書左丞相	
明里董阿	色目	前河南行省參知政事	大司農——中書平章政事	
趙世延	色目	中書右丞	御史中丞	
速　速	色目	前湖廣行省右丞	中書左丞——中書平章政事	董度支芻粟
亦烈赤	色目	翰林學士承旨	御史中丞	御史大夫

（一）投機型怯薛官僚的功能

這裏面有三個重要人物，分別是別不花、速速、明里董阿。他們都曾在前朝任怯薛與官僚，在此次「天曆政變」中逮到機會，可以運用其專業與歷練。表面上，爲新政權貢獻心力；實際上，則可重新得到權力與利益。

1. 別不花（武宗舊臣）

別不花，部族無考。其曾祖答思朶朶別（達實端多卜），祖父答剌罕禿怯里（達爾罕托恰勒），父卜花朮（布哈穆爾），從成吉思汗時代開始，就爲國賣命，分別追封居延王。〔註 122〕別不花與月赤察兒之子佩頭頗有交情，武宗海山即位之初，就獲得重用。

> （大德十一年六月）徽政院使佩頭等言：「別不花以私錢建寺，爲國祝釐。其父爲諸王斡忽所害，請賜以斡忽所得歲賜。命以五年與之，爲銀四千一百餘兩、絲三萬一千二百九十斤、織幣金百兩、絹七百一十匹。……（七月）己卯，以集賢院使別不花爲中書平章政事。
>
> 〔註 123〕

別不花入中書省爲平章政事，大德十一年（1307）八月，加太尉。九月，中書省臣以省臺人員太多，請求汰減，奉敕中書省恢復十二員大臣舊制，別不花出任江浙行省平章政事；至大三年（1310），升任江西行省左丞相；皇慶二年（1313），調任江浙行省左丞相；泰定三年（1326），調任湖廣行省左丞相。〔註 124〕

別不花曾任集賢院大學士，然品行惡劣，以贓罷行省左丞相，回居京師。

〔註 122〕程鉅夫，《雪樓集》23〈達實端多卜追封居延王謚安敬制〉、〈達爾罕托恰勒追封居延王謚莊敏制〉、〈布哈穆爾追封居延王仍謚忠節制〉，收錄於《全元文》第 16 冊，頁 71～75 之記載。

〔註 123〕見《元史》22〈武宗本紀〉，頁 481、484 之記載。

〔註 124〕吳廷燮，《元行省丞相平章政事年表》頁 9、14、18 之論述。

致和元年（1328），也孫鐵木兒崩於上都，燕鐵木兒在大都兵變。當時中書省
相臣留守京師者，除右丞趙世延為政變集團外，其餘皆屬上都集團而被捕下
獄。中書無幹練大臣，燕鐵木兒臨時推舉資歷、經驗俱佳的別不花為中書左
丞相，成為當時大都最高文官。〔註125〕圖帖睦爾入京師後，別不花主要負責
財政事務，尤其是對於打擊回回人，奪回財政主導權特別有勁。

> 中書左丞相別不花言：「回回人哈哈的，自至治間貸官鈔，違制別往
> 番邦，得寶貨無算，法當沒官，而倒剌沙私其種人，不許，今請籍
> 其家。」從之。燕鐵木兒請釋馬合某，從之。〔註126〕

圖帖睦爾即位後，別不花以中書左丞相兼知樞密院事，這大概基於圖帖睦爾
與別不花在前朝的一段交情，特別給他的一個加銜。〔註127〕十月，上都投降，
燕鐵木兒的政變集團獲得勝利。雖然陝西、四川及雲南尚有戰事，但大都已
在進行血腥清洗之後的「財產分賜」。在蒙元權力系統，對官職所帶來的利益
之重要性一直在增加中。官員財產一直是最大的利益，如何重新調整，圖帖
睦爾將分配權交給燕鐵木兒。別不花雖加太保銜，但被免去知樞密院事，對
於處理他最內行的「財產分配」工作，似乎已經沒有主導力量了。

> （天曆元年十月辛亥）詔：「自今朝廷政務及籍沒田宅賜人者，非以
> 燕鐵木兒議，諸人不許奏陳。」〔註128〕

當時上都派被沒收的財產，分賜給在帝位爭奪中有功的宗王大臣。在整個天
曆期間，美國學者竇德士估計被易手的有一百二十五份私人財產。〔註129〕

天曆二年八月，已經被罷職的別不花，因為不甘被剝奪處置財產分配事
宜之權責，再度為監察御史所彈劾。

> 監察御史劾：「前丞相別不花昔以贓罷，天曆初因人成功，遂居相位。
> 既矯制以買驢家貲賜平章速速，又與速速等潛呼日者推測聖算。今
> 奉詔已釋其罪，宜竄諸海島，以杜姦萌。」帝曰：「流竄海島，朕所
> 不忍，其并妻子置之集慶。」〔註130〕

別不花雖暫時被貶至江南，但因圖帖睦爾及皇后卜答失里對其有舊時緣故之

〔註125〕見《元史》32〈文宗本紀〉，頁704～705之記載。
〔註126〕見《元史》32〈文宗本紀〉，頁707之記載。
〔註127〕王逢，《梧溪集》（台北：新文豐出版公司，1984年），頁265～266之記載。
〔註128〕見《元史》32〈文宗本紀〉，頁716之記載。
〔註129〕竇德士（Darddess, John W.），《征服者與儒士》，頁51之記載。
〔註130〕見《元史》33〈文宗本紀〉，頁740天曆二年八月癸丑條之記載。

交情，未幾即召回。圖帖睦爾崩逝，卜答失里皇后聽政，還特別命別不花爲首席商議國政大臣。

> 文宗崩，皇太后聽政，命別不花、塔失海牙、阿兒思蘭、馬祖常、史顯夫及冲六人，商論國政。冲以大位不可久虛，請嗣君即位，早正宸極，以幸天下。帝既即位，大臣以爲赦不可頻行，冲曰：「今上以聖子神孫，入繼大統，當新天下耳目。今不赦，豈可收怨於新造之君乎！」皇太后以爲宜從冲言，議乃定。〔註131〕

別不花在天曆政變初期成爲中書省左丞相，可說是新政權最高文官。惟自泰定體制開始，大臣如無統領衛軍，實際上權勢有限。

2. 速速（英宗舊臣）

速速，畏吾兒氏。速速爲成宗鐵穆耳時代宣政使潔實彌爾之子，潔實彌爾先後爲闊闊眞皇太后與鐵穆耳之近侍，曾調和甘麻剌與鐵穆耳的皇位之爭。潔實彌爾更以廉潔著名，曾受到眞金太子的稱讚。

> 裕宗嘗謂公曰：「高昌回紇人皆貪，惟女不染污俗。倘日用不足，於我乎取。」……常戒諸子曰：「兄弟宜和睦，永久毋分異也；儒書宜習讀，財利母耽嗜也。」……子男三：答兒麻失里，榮祿大夫、宣政院使；散散，翰林侍讀學士、中奉大夫、知制誥、同修國史；速速，資德大夫、湖廣等處行中書省右丞。〔註132〕

延祐七年（1320）六月，碩德八剌即位不久，即以速速任中書參知政事，並是近侍怯薛。

> 鐵木迭兒久稱疾，聞拜住行，將出蒞省事，入朝，至内門，帝遣速速賜之酒，且曰：「卿年老宜自愛，待新年入朝未晚。」遂怏怏而還。

〔註133〕

至治二年十二月，張珪取代買驢爲中書平章政事，速速也升任中書左丞，可見碩德八剌是很相信他的能力，使他成爲革新政府的重要一員。〔註134〕

至治三年八月，發生怯薛集團弒君的「南坡之變」，九月，漠北晉王也孫

〔註131〕見《元史》183〈孛朮魯冲傳〉，頁4222之記載。
〔註132〕吳澄，《吳文正公集》32〈大元榮祿大夫宣政使領延慶使贈推誠佐理功臣太師開府儀同三司上柱國齊國文忠公神道碑〉收錄於《全元文》第15冊，頁380～382之記載。
〔註133〕見《元史》136〈拜住傳〉，頁3303之記載。
〔註134〕見《元史》28〈英宗本紀〉，頁626至治二年十二庚辰條之記載。

鐵木兒的新政權成立，十月，速速加入新政權，改任御史中丞。惟速速擔任整治風紀的御史臺重責，竟因「貪淫」而被免官。〔註135〕

速速在沉寂一段時間後，出任湖廣行省右丞。這時候，別不花爲湖廣行省左丞相，二人建立了良好關係。速速在湖廣任職時間不長，泰定四年，他即回到朝廷，並與同爲碩德八剌心腹的任速哥密謀政變。

> 泰定中，倒剌沙用事，天變數見。速哥乃密與平章政事速速謀曰：「先帝之讎，孤臣朝夕痛心而不能報者，以未有善策也。今吾思之，武宗有子二人，長子周王，正統所屬，然遠居朔方，難以達意。次子懷王，人望所歸，而近在金陵，易於傳命。若能同心推戴，以圖大計，則先帝之讎可雪也。」速速深然之。〔註136〕

速速在「天曆政變」中，與其兄前宣政院使答里麻失里皆爲重要人物。速速主導政變之策劃，答里麻失里則負責迎接懷王圖帖睦爾入京。速速在政變成功當日，就被臨時政府任命爲中書左丞，再度進入權力核心。〔註137〕由於速速在新政權建立過程中功勞甚大，懷王圖帖睦爾在進入大都後，次日，即將速速由中書左丞連陞二級爲中書平章政事，與左丞相別不花負責中書省機務。

> 命速速宣諭中外曰：「昔在世祖以及列聖臨御，咸命中書綱維百司，總裁庶政，凡錢穀、銓選、刑罰、興造、罔不司之。自今除樞密院、御史臺，其餘諸司及左右近侍，敢有隔越中書奏請政務者，以違制論。監察御史其糾言之。」〔註138〕

圖帖睦爾於致和元年九月十三日，即皇帝位於大明殿，並改致和元年爲天曆元年。燕鐵木兒出任中書右丞相；速速仍爲中書平章政事，並兼任新成立的太禧院之院使職務。太禧院以奉祖宗神御殿祠祭爲職掌，取代原先設置的會福、殊祥二院。〔註139〕天曆元年（1328）十月，上都政權投降，兩都戰爭終於告一段落，圖帖睦爾將徽政院改爲儲慶使司，速速又兼領儲慶使司事。但在這以後速速卻開始走霉運。同年十一月，速速坐受賂，被杖一百七，本來要徙襄陽，由於襄陽尚有戰事，姑念其母年老，所以圖帖睦爾讓他留在京師。〔註140〕

〔註135〕見《元史》29〈泰定帝本紀〉，頁640至治三年十一月丙辰條之記載。
〔註136〕見《元史》184〈任速哥傳〉，頁4236之記載。
〔註137〕見《元史》32〈文宗本紀〉，頁705致和元年八月甲午條之記載。
〔註138〕見《元史》32〈文宗本紀〉，頁707致和元年九月壬戌條之記載。
〔註139〕見《元史》87〈百官志3〉，頁2207～2216之記載。
〔註140〕見《元史》32〈文宗本紀〉，頁720天曆元年十一月丙子條之記載。

天曆二年（1329）八月，明宗和世㻋駕崩，圖帖睦爾再度即位。這時候新政權由燕鐵木兒與伯顏所控制，分任中書省右、左丞相，別不花與速速已經沒有任何利用價值，他們二人僅在政變初期發揮了專業，不過一年就再度遠離權力核心。

> 御史臺劾奏：「前中書平章速速，叨居台鼎，專肆貪淫，兩經杖斷一
> 百七，方議流竄，幸蒙恩宥，量徙湖廣。不復畏法自守，而乃攜妻
> 取妾，濫污百端。況湖廣乃屯兵重鎮，豈宜居此？乞屏之遠裔，以
> 示至公。」詔永竄雷州，湖廣行省遣人械送其所。〔註141〕

至順元年（1330）九月，速速從徙湖廣到流雷州，證明圖帖睦爾與燕鐵木兒對這位政變的重要人物已經深惡痛絕，不容許其留在京城。

> 湖廣參政徹里帖木兒與速速、班丹俱坐出怨言，鞫問得實，刑部議
> 當徹里帖木兒、班丹杖一百七，速速處死，會赦，徹里帖木兒流廣
> 東，班丹廣西，速速徙海南，皆置荒僻州郡。有旨：「此輩怨望於朕，
> 向非赦原，俱當置之極刑，可俱籍其家，速速禁錮終身。」〔註142〕

至順二年（1331）二月，速速再徙海南，從此消失在政壇中。速速有其父之才華，但無其父之廉潔。潔實彌爾要求子孫要勤讀儒書，他們做到了；但要他們不嗜利，卻是無法如願。

3. 明里董阿（仁宗舊臣）

明里董阿，部族無可考。明里董阿在愛育黎拔力八達時爲翰林學士，並且是皇帝的近侍怯薛。當時愛育黎拔力八達有意退位爲太上皇，讓位於碩德八剌，明里董阿力贊其議。

> 仁宗嘗召近侍之在宿衛者入備顧問，一夕語近臣曰：「朕聞前代皆有
> 太上皇之號，今皇太子且長，可居大位，朕欲爲太上皇，與若等遊
> 觀西山，以終天年，不亦善乎？」御史中丞蠻子、翰林學士明里董
> 瓦皆欣然稱善。〔註143〕

有此因緣，明里董阿甚獲碩德八剌之寵信。他對於輿服禮制頗有一套，所以以翰林學士兼任將作院使。

〔註141〕見《元史》34〈文宗本紀〉，頁766至順元年九月乙未條之記載。
〔註142〕見《元史》35〈文宗本紀〉，頁776至順二年二月戊申條之記載。
〔註143〕危素，《危太僕文續集》7〈故榮祿大夫江浙等處行中書省平章政事月魯帖木
　　　　兒公行狀〉收錄於《全元文》第48冊，頁411之記載。

> 至治元年，英宗親祀太廟，詔中書及太常禮儀院、禮部定擬制鹵簿
> 五輅。以平章政事張珪、留守王伯勝、將作院使明里董阿、侍議使
> 乙剌徒滿董其事。是年，玉輅成。〔註144〕

也孫鐵木兒的漠北政權建立後，明里董阿仍舊任職於翰林院與將作院，負責
歷代皇帝、皇后「御容」之繪織工作。這項工程相當繁鉅，需要僱傭很多藝
術家和成立龐大的工藝匠作機構，而管理者更是需要專業，明里董阿正是具
有此才藝的翰林學士。

> 至治三年十二月十一日，太傅朵觓、左丞善生、院使明理董瓦進呈
> 太皇太后、英宗皇帝御容。汝朵觓、善僧、明理董阿即令畫畢復織
> 之。合用物及提調監造工匠飲食，移文省部應付。顯宗皇帝、皇后
> 佛壇三軸；太皇太后佛壇三軸；小影神一軸。〔註145〕

明里董阿與速速、任速哥等同為英宗碩德八剌的寵臣，在「天曆政變」扮演
了重要角色。嚴格講起來，他們三人屬於英宗舊臣；而別不花、燕鐵木兒、
伯顏則屬於武宗舊臣。明里董阿在政變初期，與速速之兄答里麻失里負責赴
江陵迎接懷王圖帖睦爾進京。這時間發生一段小插曲，可以知道明里董阿之
性格。明里董阿在愛育黎拔力八達時代為翰林學士，個性較為浪漫，曾娶娼
妓為妻，並假冒良家婦女而受封，受到監察御史月魯帖木兒的彈劾。

> 會明里董瓦迓皇子過河南，公為御史時，嘗劾其娶妓女冒受封。明
> 里董瓦因說伯顏，收公與弟□□□、經歷古爾倉下獄。丞相別卜花
> 以公父前為湖北廉訪使正其贓罪，乃謫公乾寧安撫司安置。〔註146〕

從這裏可以看出別不花、速速、明里董阿都是屬於投機型的政客，與燕鐵木
兒或伯顏比起來，自我要求與企圖心都遠遜之。雖然學識、能力皆為上乘，
但無法成就大事業，僅是關鍵時代的二流角色。

明里董阿在新政權裏，擔任過大司農、中書平章政事，又改任江浙行省
平章政事，但未赴任，仍留中書為平章政事。天曆二年八月，明里董阿參與
謀弑明宗和世㻋的「旺忽察都事件」，參與此事件的重要人物，明里董阿是最
後才被追究的兇手；後至元六年（1335）九月，伏誅。

〔註144〕見《元史》78〈輿服志〉，頁 1964 之記載。
〔註145〕佚名，《元代畫塑記》（北京：人民美術出版社，1964 年），頁 3 之記載。
〔註146〕危素，《危太僕文續集》7〈故榮祿大夫江浙等處行中書省平章政事月魯帖木
兒公行狀〉收錄於《全元文》第48 冊，頁 412 之記載。

> 六月丙申，詔撤文宗廟主，徙太皇太后不答失里東安州安置，放太
> 子燕帖古思於高麗，其略曰：……文宗稔惡不悛，當躬迓之際，乃
> 與其臣月魯不花、也里牙、明里董阿等謀爲不軌，使我皇考飲恨上
> 賓。……當時賊臣月魯不花、也里牙已死，其以明里董阿等明正典
> 刑。……九月辛亥朔，明里董阿伏誅。〔註147〕

綜觀天曆兵興諸臣，均是以「利」爲考量，當然，燕鐵木兒本身就是最大利
益之追求者。圖帖睦爾深知此點，所以整個政變期間的權力結構必須建立在
追求個人最大的權益之上，而「官職」與「財產」當爲最吸引人的利益。

　　另外，官職的任用在「兩都戰爭」期間，因特殊需要而錄用者，雖此人
品德或操守有重大瑕疵者，仍視狀況繼續任用。其中以犯贓罪的野里牙與奪
殺張珪子女之也先捏，新政權都暫用不殺。〔註148〕

（二）過渡型資深怯薛官僚的作用

　　相對於別不花、速速、明里董阿等投機型利益小集團外，資深怯薛或官
僚中也有一種類別集團，參加了天曆政變。類別集團的特徵是：任何具有某
種共同特徵個人之集合。趙世延與闊徹伯就是類別集團的二位代表性人物。

1. 趙世延

　　趙世延（1263～1339），色目人。字子敬，一名達察兒。其先雍古族人，居
雲中北邊。祖按竺邇，幼孤，寄於外祖父朮要甲家，語謂爲趙家，遂姓趙，從
太祖征伐有功，爲蒙古漢軍征行大元帥，鎮蜀，乃家成都。父黑梓襲元帥職。

　　趙世延天資秀發，究心儒者體用之學。其政壇資歷相當豐富，仕途過程
也相當精采。至元二十一年，授承事郎；至元二十六年，擢監察御史，劾丞
相桑哥不法，被黜；至元二十九年，出僉山南湖北道肅政廉訪司事；延祐三
年，劾太師右丞相鐵木迭兒罪惡十三條，奪其官職，陞世延翰林學士承旨。

〔註147〕參見《元史》40〈順帝本記〉，頁 856～858 之記載；另同書卷 186〈張楨傳〉，
　　　　頁 4266 也有如下之記載：「明里董阿、也里牙、月魯不花，皆陛下不共戴天
　　　　之讎。」

〔註148〕見《元史》32〈文宗本紀〉，頁 715 之記載：（天曆元年冬十月壬寅）中書省
　　　　臣言：「野理牙舊以贓罪除名，近復命爲太醫使，臣等不敢奉詔。」帝曰：「往
　　　　者勿咎，比兵興之時，朕已錄用，其依朕命行之。」；另王頲，〈燕鐵木兒的
　　　　軍事政變與明文禪替〉，載《歐亞學刊》第 3 輯，因也先捏握有重兵，這位"代
　　　　理"的合罕暫時一切不問，甚至對其殺兄娶妹的非份請求也照准不誤。待到
　　　　事過境遷，這位不法之臣終究得到了應有的下場。

延祐五年，拜四川行省平章政事，墾巴縣閑田七百八十三頃，獲粟萬餘石；延祐七年，碩德八剌即位，鐵木迭兒再起爲相，銳意報復，數下獄，許有壬爲之上章雪冤，後以女嫁許爲繼室。〔註149〕

蕭師啓慶對趙世延以女嫁許有壬一事，認爲是色目人與漢人在多族士人圈聯姻的好例子。並引陳旅在《安雅堂集》中，敘述趙世延對許有壬因賞識其文采及言行，而將女兒許配之的經過，讚許翁婿二人在政治上及學術上合作進步的族群互動美事。〔註150〕

趙世延在英宗朝受到禮遇，尤其是皇帝碩德八剌與丞相拜住，這也是後來他加入政變集團的原因之一。

> 先是，帝獵北涼亭，顧謂侍臣曰：「趙世延，先帝所尊禮，而帖木迭兒妄入其罪，數請誅之，此殆報私怨耳，朕豈能從之。」侍臣皆叩頭稱萬歲。帖木迭兒在上京，聞世延出獄，索省牘視之，怒曰：「此左丞相罔上所爲也。」事聞，帝語之曰：「此朕意耳。」〔註151〕

惟也孫鐵木兒對趙世延亦頗禮遇，在泰定朝，趙世延歷任集賢大學士、江南行臺御史中丞、御史中丞、中書右丞、同知樞密院事等高官，並以翰林學士承旨兼知經筵事。但天曆政變伊始，趙世延就全力輔佐圖帖睦爾，這就是二人之因緣造成的類別集團。

趙世延對圖帖睦爾最大的幫助，就是兼任奎章閣大學士。因爲趙世延的聲譽與威望，讓圖帖睦爾以奎章閣作爲權力小核心，得以在軍閥大權臣燕鐵木兒的專權擅政之下，仍小有作爲。當時奎章閣重要人物之一的虞集，在其文集中對趙世延讚美尤多。

> 臣聞，古昔帝王，所以加禮於輔相老臣者，以爲爵位之崇，賜予之厚，有不足以盡其心，則必像其體貌，而致美於形容焉。……公以勳門將冑，篤尚儒業，積學以致用，……歷事累朝，踐揚臺省，垂五十年，事業著簡冊，……夷險一致，進退以時，蓋有古君子之風焉。〔註152〕

這首趙平章畫像贊，雖是奉敕撰的，但卻可看出虞集對趙世延的尊崇。當時

〔註149〕姜一涵，《元代奎章閣及奎章人物》，頁 87 之論述。

〔註150〕蕭啓慶，〈元朝多族士人圈的形成初探〉載氏著《元朝史新論》（台北：允晨文化實業有限公司，1999 年），頁 215 之論述。

〔註151〕見《元史》180〈趙世延傳〉，頁 4165 之記載。

〔註152〕虞集，《雍虞先生道園類稿》15〈趙平章畫像贊〉，收錄於《全元文》第 27 冊，頁 115 之記載。

圖帖睦爾詔畫工繪趙世延、燕鐵木兒等天曆功臣畫像，虞集對燕鐵木兒畫像
卻不予贊，文集中也沒有與燕鐵木兒有應酬文字，可見雙方是暗中對峙狀態。
〔註153〕

2. 闊徹伯

闊徹伯，部族無可考。延祐七年十二月，以擅長禮儀制度受英宗碩德八
刺之提拔，由典瑞院使除知樞密院事。碩德八刺對於中原禮儀制度特別愛好，
在闊徹伯調任知院前後，數度指示對於禮儀如何進行。〔註154〕至治元年正月，
皇帝碩德八刺服袞冕，享太廟，當時以中書左丞相拜住爲亞獻官，而闊徹伯
則以知樞密院事爲終獻官。闊徹伯在碩德八刺心目中的地位可想而知。

至治三年十二月，不排斥祭祀的新皇帝也孫鐵木兒，認爲這對其政權鞏
固是有幫助的。但也孫鐵木兒並不像碩德八刺親自祭祀，他請大臣代他祭祀。
知樞密院事、大司徒闊徹伯授開府儀同三司，常代皇帝祭祀。

> 癸卯，命中書平章政事乃馬台攝祭南郊，知樞密院事闊徹伯攝祭太
> 廟，以冊皇后、皇太子告。〔註155〕

闊徹伯在兩都之戰中並沒有受到影響，天曆二年十一月，以翰林學士承旨除
知樞密院事，且位眾知院事上。這在元朝歷史上是一個特例，除了世祖時期，
樞密院剛創立只有一個知院，當爲最高長官，後來有二位以上知院，就沒有
實施首長制，所以闊徹伯是元朝唯一當過首席知樞密院事的大臣。

> 癸亥，以翰林學士承旨闊徹伯知樞密院事，位居眾知院事上。〔註156〕

闊徹伯列眾知樞密院事之首，可能是平衡英宗舊臣勢力之衰退，並加強奎章
閣的力量。次年二月，伯顏卸任中書左丞相，擔任知樞密院事。以伯顏的功
勳與權勢，闊徹伯的首席知樞密院事可能已不保。加上同年六月，燕鐵木兒
聲援伯顏並打擊奎章閣勢力。

> 六月辛巳朔，燕鐵木兒言：「嚮有旨，惟許臣及伯顏兼領三職。今趙
> 世延以平章政事兼翰林學士承旨、奎章閣大學士，引疾以辭。」帝
> 曰：「朕重老成人，其令世延仍視事中書，果病，無預銓選可也。」……
> 知樞密院事闊徹伯、脫脫木兒，通政使只兒哈郎，翰林學士承旨教

〔註153〕姜一涵，《元代奎章閣及奎章人物》，頁88之論述。
〔註154〕見《元史》27〈英宗本紀〉，頁606～609之記載。
〔註155〕見《元史》29〈泰定帝本紀〉，頁645泰定元年三月癸卯條之記載。
〔註156〕見《元史》33〈文宗本紀〉，頁744天曆二年十一月癸亥條之記載。

化的、伯顏也不干，燕王宮相教化的、斡羅思，中政使尚家奴、禿鳥台，右阿速衛指揮使那海察、拜住，以謀變有罪，並棄市，籍其家。〔註157〕

這件謀反案，一般認為在貴族和官僚中還是有很多對圖帖睦爾的非法即位的不滿，這成為政治不安定的一個很重要根源。圖帖睦爾在位期間，至少發生了八件謀反事件，捲入事件的有好幾位宗王合不少政府高官。其中順帝即昭書曾談到闊徹伯謀反一事：

今皇太后召大臣燕鐵木兒、伯顏等曰：「昔者闊徹伯、脫脫木兒、只兒哈郎等謀逆，以明宗太子為名，又先為八不沙始以妒忌，妄構誣言，疏離骨肉。逆臣等既正其罪，太子遂遷于外。札牙篤皇帝後知其妄。尋至大漸，顧命有曰：『朕之大位，其以朕兄子繼之。』」〔註158〕

在這些謀反事件中，只有知樞密院事闊徹伯為首的謀反，是以和世瓎的太子為名義。其他謀反的起因不詳，這些謀反顯然反映了在統治階層中對圖帖睦爾即位的不滿。但實際上，應是天曆政變集團中二股勢力的內部鬥爭。

至順元年五月乙丑，帝又以屢頒寵數未足以報大勳，下詔命獨為丞相以尊異之。略曰：「燕鐵木兒勳勞惟舊，……宜專獨運，以重秉鈞。……六月，知樞密院事闊徹伯、脫脫木兒等十人惡其權勢之重，欲謀害之。也的迷失、脫迷以其謀告燕鐵木兒，即率欽察軍掩捕按問，皆誅之。〔註159〕

雖然闊徹伯以立明宗和世瓎之太子為起事理由，但這完全是表面原因，實際上是英宗舊臣與武宗舊臣對峙的白熱化而已。

丙辰，以闊徹伯大司徒印授徹里。……監察御史請以所籍闊徹伯衣物分賜宿衛軍士，從之。己未，以闊徹伯宅賜太禧宗禋院，衣服賜羣臣。〔註160〕

闊徹伯從英宗碩德八剌開始飛黃騰達，歷泰定帝也孫鐵木兒至文宗圖帖睦爾三朝元老，屢受寵信。闊徹伯的豪宅與精美珍貴服飾，代表著貴族的豪華與奢侈無度。在他被誅後，一切財產也是被分賜，這是天曆、至順時代的特色。

〔註157〕見《元史》34〈文宗本紀〉，頁758至順元年六月辛巳條；頁759至順元年六月庚子條。

〔註158〕見《元史》38〈順帝本紀〉，頁816~817至順四年六月己巳條之記載。

〔註159〕見《元史》138〈燕鐵木兒傳〉，頁3332之記載。

〔註160〕見《元史》34〈文宗本紀〉，頁759至順元年七月丙辰、丁巳、己未條之記載。

表5-7 文宗圖帖睦爾朝謀反案件一覽〔註161〕

次	時　間	內　　　容	頁
1	天曆 2.8.30（1329.9.23）	監察御史劾：「前丞相別不花昔以贓罷，天曆初因人成功，遂居相位。既矯制以買驢家貲賜平章速速，又與速速等潛呼日者推測聖算。今奉詔已釋其罪，宜竄諸海島，以杜姦萌。」帝曰：「流竄海島，朕所不忍，其并妻子置之集慶。」	740
2	至順 1.6.20（1330.7.6）	知樞密院事闊徹伯、脫脫木兒，通政使只兒哈郎，翰林學士承旨教化的、伯顏也不干，燕王宮相教化的、斡羅思，中政使尚家奴。禿烏台，右阿速衛指揮使那察海、拜住，以謀變有罪，並棄市，籍其家。	759
3	至順 1.7.28（1330.8.12）	故丞相鐵木迭兒子將作使鎖住與其弟觀音奴、姊夫太醫使野理牙，坐怨望、造符錄、祭北斗、咒咀，事覺，詔中書鞫之。事連前刑部尚書烏馬兒、前御史大夫孛羅，上都留守馬兒及野理牙姊阿納昔木思等，俱伏誅。	761
4	至順 2.2.3（1331.3.11）	湖廣參政徹里帖木兒與速速、班丹俱坐出怨言，鞫問得實，刑部議當徹里帖木兒、班丹杖一百七，速速處死，會赦，徹里帖木兒流廣東，班丹廣西，速速徙海南，皆置荒僻州郡。	776
5	至順 2.2.25（1331.4.2）	諸王徹徹禿、沙哥，坐妄言不道，詔安置徹徹禿廣州，沙哥雷州。	778
6	至順 2.8.16（1331.9.18）	詔刑部鞫內侍撒里不花巫蠱事，凡當死者杖一百七，流廣東、西。	789
7	至順 2.11.4（1331.12.3）	李彥通、蕭不蘭奚等謀反，伏誅。	793
8	至順 3.4.26（1332.5.21）	安西王阿難答之子月魯帖木兒，坐與畏兀僧玉你達八的剌板的、國師必剌忒納失里沙律愛護持謀不軌，命宗王、大臣雜鞫之，獄成，三人皆伏誅，仍籍其家。	803

　　這八件謀反案例，發生時間都在明宗和世㻋暴崩之後的三年之內，中央權力系統的整頓或重組可能是最重要的原因。除了燕鐵木兒與伯顏外，其他的勢力集團都遭受到打擊而瓦解。

二、權臣家族勢力的興起與取代

　　明宗和世㻋死後，圖帖睦爾再度即位，但是權力已落入燕鐵木兒與伯顏及其家族手中。在一連串的謀反被平定後，燕鐵木兒家族勢力到達最高點，

〔註161〕見《元史》34〈文宗本紀〉，頁740～803之記載。

可以稍微牽制他們的只剩下伯顏及其家族。

（一）燕鐵木兒家族

燕鐵木兒從天曆元年（1328）到至順四年（1333）主導中央政局長達五年，他四度立帝，這在蒙古史上，甚至世界史上都是很罕見的。雖然他的軍事才華與政治手腕均令人佩服，尤其是令人驚訝的原先他只是一位位階不是頂高的將領。他的家族成員也跟著同享富貴，但也在之前立下汗馬功勞，尤其是其弟撒敦與其子唐其勢。

1. 撒　敦

撒敦（？～1335），欽察氏，燕鐵木兒弟。兩都之戰中，撒敦原在上都，棄妻子兒女逃到大都，立即投入戰場，且戰功彪柄。

> 皇帝御興聖殿，制詔中書省臣曰：「惟太師、太平王、中書右丞相臣燕帖木兒，以忠孝世臣，戴於中興，功在社稷，其令臣祖常文於碑，以昭於無極焉。」臣聞帝王受命，天必儲瓌偉絕世之資，將相之才，與之會遇，以成大業。如我太祖、世祖，英傑智謀之士聯裳充庭，……癸卯，弟撒敦，子唐其世皆棄其妻孥來。……九月庚申，諸侯王王禪將北軍軍榆林西，丞相出師，彼未及陣，趣撒敦馳入營壁，眾潰，追之懷來。戊辰，敵人千門鎮關，撒敦赴之，戰東薊，敗之。……至夜，又命撒敦出其後南向，八都兒脫脫木兒出其前北向，……王禪遂單騎亡入北山，發也速歹兒、也不倫、撒敦追之。……丙戌，先令撒敦進以大兵會諸侯王兵，轉戰四十里至牛頭山，獲孛羅帖木兒、蒙古答失、牙失帖木兒、撒兒討溫四大將，……夜遣撒敦、脫脫木兒遮虎北口，要其歸途。……甲午，撒敦、脫脫木兒將兵追捕。〔註162〕

從紀錄上看，撒敦的戰功勳勞比燕鐵木兒有過之而無不及，另一位功勞較大應是和闊徹伯同時謀反被誅的脫脫木兒。撒敦在兩都戰爭結束後，先任知樞密院事，後改任宣徽使，典掌怯薛宿衛。天曆三年（1330）正月，撒敦以宣徽使復知樞密院事，與欽察台並領長寧卿。〔註163〕這位欽察台，也是英宗舊臣，至順二年七月，狀元監察御史張益彈劾欽察台，遂被禁錮廣東。

> 監察御史張益等言：「欽察台在英宗朝，陰與中政使咬住造謀，誣告

〔註162〕馬祖常，《石田文集》14〈太師太平王定策元勳之碑〉，收錄於《全元文》第32冊，頁454～455之記載。

〔註163〕見《元史》34〈文宗本紀〉，頁749天曆三年正月癸酉條之記載。

> 脫歡察兒將搆異圖，辭連潛邸，致出居海南。及天曆初，倒剌沙據
> 上都，遣欽察台以兵拒命，倒剌沙疑其有異志，復禽以歸，即追言
> 昔日咬住之謀以自解。皇上即位，不今舊惡，擢居中書，而又自貽
> 厥咎，以致奪官籍產。旋復釋宥，以爲四川平章。今雲南未平，與
> 蜀接境，其人反覆，不可信任，宜削官遠竄，仍沒入其家產。」臺
> 臣以聞，詔奪其制命、金符，同妻孥禁錮于廣東，毋籍其家。仍詔
> 諭御史：「凡憸人如欽察台者，其極言之，毋隱。」〔註164〕

至順二年（1331）十二月，知樞密院事撒敦獻斡羅思十六戶，圖帖睦爾酬以
銀百七錠、鈔五千錠；至順三年四月獲賜帝師必剌忒納失里沙律愛護持玉鞍；
至順三年十月，寧宗懿璘質班即位，撒敦由知樞密院改任御史大夫。〔註165〕

　　至順四年（1333）六月，妥懽貼睦爾即皇帝位，撒敦授太傅，並升任中
書左丞相。同年九月，撒敦與伯顏可兼領三職。撒敦在燕鐵木兒死後，成爲
家族的代表，也是權力的繼承者。

> 辛未，命伯顏爲太師、中書右丞相、上柱國、監修國史，兼奎章閣
> 大學士，領學士院、太史院、回回、漢人司天監事；撒敦爲太傅、
> 左丞相。……庚申，詔太師、右丞相伯顏，太傅、左丞相撒敦，專
> 理國家大事，其餘官不得兼領三職。……庚辰，奉文宗皇帝及太皇
> 太后御容於大承天護聖寺。命左丞相撒敦爲隆祥使，奉其祭祀。……
> 戊子，封撒敦爲榮王，食邑廬州。〔註166〕

至順四年（1333）十月，改元元統，撒敦被封爲「榮王」。這是元朝第一個異
姓的一字王。十一月，伯顏也封爲「秦王」。撒敦與伯顏統百官，總庶政。撒
敦的權勢到達最高峰，但伯顏已經超越他，成爲第一號權臣。

> 辛卯，以唐其勢代撒敦爲中書左丞相，撒敦仍商量中書省事。……
> 乙亥，唐其勢辭左丞相不拜，復命撒敦爲左丞相。〔註167〕

元統二年（1334）四月，詔加撒敦榮王、中書左丞相、開府儀同三司、上柱
國、錄軍國重事。五月，以其姪兒唐其勢代其中書左丞相，旋復任左丞相。

〔註164〕見《元史》35〈文宗本紀〉，頁787～788至順二年七月壬午條之記載。

〔註165〕見《元史》37〈寧宗本紀〉，頁812至順三年十月辛丑條之記載。

〔註166〕見《元史》38〈順帝本紀〉，頁817至順四年六月辛未條；頁818至順四年九
　　　　月庚申條；元統元年十月庚辰、戊子條之記載。

〔註167〕見《元史》38〈順帝本紀〉，頁822元統二年五月辛卯條；頁823元統二年六
　　　　月乙亥條之記載。

後因交構諸王欲圖不軌，奪其勢；後至元元年（1335）死。

2. 唐其勢

唐其勢，欽察氏，燕鐵木兒之子。在兩都之戰初期，唐其勢與叔父撒敦皆從上都逃回大都，參與戰事。

> 天曆九（元）年戊辰，皇帝將正大位，天人合應，丞相臣燕帖木兒以八月四日甲午，率勇士十七人，兵皆露刃，建大義於禁中，……癸卯，弟撒敦，子唐其世皆棄其妻孥來。……癸巳，再與諸侯王太平、也先帖木兒、朶羅解及禿滿迭兒、答海血戰檀子山棗林，唐其世從，殺太平於陣中，餘夜遁。〔註168〕

至順元年（1330）十月，圖帖睦爾賜撒敦與唐其勢「答剌罕」封號。〔註169〕撒敦在年初從宣徽院使改任知樞密院事，其所留下知宣徽使一職由唐其勢接任，牢牢地控制怯薛宿衛。至順三年（1332）五月，宣徽使唐其勢以疾先往上都。〔註170〕

元統二年（1334）四月，唐其勢任高麗女直漢軍萬戶府達魯花赤，與伯顏之弟馬札兒台並為御史大夫；同年五月，以唐其勢代撒敦為中書左丞相；六月，唐其勢辭左丞相不拜，復命撒敦為左丞相。〔註171〕

> 至元元年三月，立燕鐵木兒女伯牙吾氏為皇后。是時，撒敦已死，唐其勢為中書左丞相，伯顏獨用事。唐其勢忿曰：「天下本我家天下也，伯顏何人而位居吾上。」遂與撒敦弟答里潛蓄異心，交通所親諸王晃火帖木兒，謀援立以危社稷。帝數召答里不至。郯王徹徹禿遂發其謀。六月三十日，唐其勢伏兵東郊，身率勇士突入宮闕。伯顏及完者帖木兒、定住、闊里吉思等掩捕獲之。唐其勢及其弟塔剌海皆伏誅。〔註172〕

晃火鐵木兒，元宗王。憲宗蒙哥重孫。延祐五年，封嘉王；泰定二年，改封并王；至順三年，以安陸府（湖北鍾祥）為食邑；後至元元年，與撒敦、答里、唐其勢等圖謀反叛自立，事敗被迫自殺，子孫被流放邊地。

〔註168〕馬祖常，《石田文集》14〈太師太平王定策元勳之碑〉，收錄於《全元文》第32冊，頁453～455之記載。

〔註169〕見《元史》34〈文宗本紀〉，頁768至順元年十月乙亥條之記載。

〔註170〕見《元史》36〈文宗本紀〉，頁804至順三年五月戊子條之記載。

〔註171〕見《元史》38〈順帝本紀〉，頁823元統二年六月乙亥條之記載。

〔註172〕見《元史》138〈燕鐵木兒傳〉，頁3334之記載。

後至元元年（1335）四月，加唐其勢開府儀同三司。五月，伯顏請以右丞相讓唐其勢，皇帝妥懽貼睦爾不允，命唐其勢爲左丞相。六月，伯顏奏唐其勢及其弟塔剌海謀逆，誅之。至此，燕鐵木兒家族瓦解，權力爲伯顏家族取代。

> 丞相伯顏、御史大夫唐其勢二家家奴怙勢爲民害，朶爾直班巡歷至漷州，悉捕其人致于法，民大悦。及還，唐其勢怒曰：「御史不禮我已甚，辱我家人，我何面目見人耶。」答曰：「朶爾直班知奉法而已，它不知也。」唐其勢從子馬馬沙爲欽察親軍指揮使，恣橫不法，朶爾直班劾奏之。馬馬沙因集無賴子欲加害，會唐其勢被誅乃罷。〔註173〕

唐其勢雄武不如其父，驍勇不如其叔，與伯顏相比，差之遠甚。雖然當時二家皆不得民心，但因皆掌控兵權，得以逞快一時。

（二）伯顏家族

雖然並不是所有參加兵變的人都像燕鐵木兒一樣與海山家族有密切的關係，參加者亦不都以海山的後人即位爲主要目的。伯顏家族也是如此，但因圖帖睦爾爲了制衡燕鐵木兒家族，所以伯顏家族成員也受到了重用。

1. 馬札兒台

馬札兒台（1285～1347），伯顏之弟。早期先爲海山之怯薛，後來轉爲愛育黎拔力八達之怯薛，因辦事能力高，又恭順謹愼，而受到寵信與重用。

> 馬札兒台蚤歲從武宗，後侍仁宗於潛邸，出入恭謹，莅事敏達，仁宗説之。及立爲皇太子，以爲中順大夫，典用太監……以仁宗寵遇之深，忌日必先百官詣原廟致敬，或一食一果之美，必持獻廟中。〔註174〕

也因爲馬札兒台的關係，身爲和世㻋周王常侍的伯顏，並沒有在延祐年間「陝西兵變」中受到牽連。之後，馬札兒台歷任吏部郎中、吏部侍郎，兵部尙書，利用卿、度支卿，同知典瑞院事、典瑞院使，大都路達魯花赤，佩虎符，領虎賁親軍都指揮使。泰定四年，出任陝西行臺治書侍御史，當時關中陝西適逢饑荒，馬札兒台盡出私財以周貧民，深獲百姓讚許。

馬札兒台在天曆政變之後，歷任太府卿，都功德使，宣政使。又三遷皆

〔註173〕見《元史》139〈朶爾直班傳〉，頁3357之記載。
〔註174〕見《元史》138〈馬札兒台傳〉，頁3339～3340之記載。

仍太府卿，佩元降虎符，領高麗女直漢軍萬戶府達魯花赤。

妥懽貼睦爾即位後，馬札兒台更受到重用。元統二年四月，與唐其勢同任御史大夫，仍領高麗女直漢軍，兼右衛阿速親軍都指揮使司達魯花赤。後至元元年七月，馬札兒台與阿察赤並爲御史大夫。

2. 脫　脫

脫脫（1314～1355），字大用，伯顏之姪兒，馬札兒台之子。致和元年，年十五，爲皇太子阿速吉八怯憐口怯薛官；天曆元年，襲授成製提舉司達魯花赤；天曆二年，入覲，圖帖睦爾見之悅，曰：「此子後必可大用。」遷內宰司丞，兼前職。五月，命爲府正司丞。至順二年，授虎符、忠翊侍衛親軍都指揮使。〔註175〕

脫脫當過十年怯薛，曾在內廷擔任要職，對幕後陰謀活動很內行。從他的南方漢人家庭教師吳直方那裡，脫脫受過儒學訓練。以脫脫和唐其勢相比，即可看出燕鐵木兒家族政治生命及身而衰，而伯顏家族的政治版圖則延長了十幾年的關鍵所在。燕鐵木兒打下來的天下可說毀在自己兒子唐其勢手中；而更值得玩味的是伯顏竟然是在自己侄兒的逼迫下倒臺。

〔註175〕見《元史》138〈脫脫傳〉，頁3341之記載。

結　論

　　忽必烈留給他的繼承者的是一個穩定和大體上繁榮的國家，長期的征伐擴張已經逐漸停止，鐵穆耳和海山成功地重建了蒙古人世界的和平，元朝中葉國家的關鍵問題並非對外戰爭，而是內部統治階層的鬥爭。由於忽必烈試圖用中原王朝傳統方式確定繼承人的嘗試半途中止，造成帝位繼承問題在眞金後人之間激烈的爭奪。帝位之爭引起的權力系統重整，是元朝中葉政治史最重要的課題。

　　本文研究結論有二：元朝中葉在中央權力結構上的特色是相權的突出，首相並從官僚首腦演進爲權臣；而元朝中葉在中央政治生態上的特色則是色目勳貴地位的提升，幾乎與蒙古貴族不分軒輊，他們合組北亞聯盟，主導著國家的統治方向。相權的突出與色目勳貴地位的提升是經過五個階段的演進：

一、官僚系統之崛興

　　對於中央權力系統，忽必烈將怯薛與官僚分開，蒙古世勳子弟作爲統治階層的一環，雖然出任省院臺大臣，本體性仍是怯薛官其或怯薛長，其功能在帶兵拓展領土，是爲怯薛系統；色目與漢族理財能臣可用爲政府官僚，功能在政府管理與籌注財源。完澤任相，中央權力系統有了變化，完澤並非忽必烈的怯薛，而是眞金的怯薛長。他在至元晚期出任中書右丞相且是獨相，但因並非是忽必烈的怯薛，所以當時完澤主要的工作在官僚系統，他成爲蒙古人中少數對國家財政政策做出貢獻，且獲得好評的大臣。成宗鐵穆耳繼位後，整個中央權力結構爲之大幅改變。玉昔帖木兒、伯顏、月赤察兒等蒙古世勳，雖受封爲「三公」，但卻是位尊而權輕；鐵穆耳則以完澤約束諸王與百

官，在獲得闊闊眞與鐵穆耳的全力信任下，完澤逐漸掌握實權。首先在怯薛系統方面，完澤與答失蠻等掌控了前朝怯薛集團；另外，完澤與阿忽台也建立新的怯薛系統。完澤本來就是官僚首腦，新政權成立，完澤先力拒伯顏知院出任首相，並逐步將不忽木排擠出中書省，完澤掌控了新政府的怯薛與官僚二大系統。

鐵穆耳對外放棄擴張主義，對於大蒙古國世界的政策，採防禦性戰略，並在數年後達成和平，創造忽必烈沒有達成之夢想；鐵穆耳對內則採用守成政策，逐步建立君權威望。對其君權具有威脅者，有眞金系統的甘麻剌、海山；另外有忙哥剌系統的阿難答，這些宗王均陸續被派往西北作戰。鐵穆耳的繼位得力於母親闊闊眞的全力支持，而面對蒙古世勳在帝位遞嬗過程中的強勢作爲，闊闊眞轉而依賴賽典赤伯顏、阿魯渾薩里等色目勳貴的擁護，因而鐵穆耳政權裏，色目人在權力系統中愈形重要，尤其官僚系統幾乎完全掌握在色目中手中。

鐵穆耳前期的怯薛與官僚集團，都是由忽必烈晚期所留下的臣僚掌理。以蒙古人答失蠻爲首的怯薛集團，和以回回人賽典赤伯顏爲首的官僚集團，在某種程度上已經互相交流，融合在一起，成爲一股很大的勢力。鐵穆耳皇帝必須依賴他們處理國政，但又要防止他們坐大，大德二年與大德七年的壓制行動，明顯的可以看出官僚系統崛興的這個趨勢。在官僚集團的大本營中書省，除首相由蒙古人擔任外，其餘平章以上高級官僚均由色目人擔任，漢人中唯一任中書平章政事之梁德珪（回回名字暗都剌），基本上是一位回化漢人。

二、政府中樞功能的強化

大都作爲大汗的多都，這是蒙古傳統游牧封建社會的風格，但在中央集權的國家，大都就是政府的所在地。從大德三年（1299）到大德七年（1303）的鐵穆耳政府，以中書右丞相完澤爲中心的怯薛大臣，仍主導著外交與國防政策，並隨著大汗春秋巡幸於兩都；而以中書左丞相哈剌哈孫爲中心的官僚集團，則在著重財政與教育政策，並留守大都。隨著「遠征八百媳婦國」與「朱清張瑄賄賂案」的挫敗，完澤勢力遭到打擊，哈剌哈孫繼任中書右丞相，並兼任知樞密院事。首相哈剌哈孫答剌罕在卜魯罕皇后支持下，以「朝廷更改」強化政府部門的功能，並在鐵穆耳巡幸上都時，擔任京城留守，建構大都勢力。哈剌哈孫加強政府中樞之功能與效率，大德七年的「奉使宣撫」與「山西大地震」的

處置，均可看出中央政府對地方的控制力增強。在鐵穆耳後期的「大德之政」，主要是哈剌哈孫及其主掌的中書省，在鐵穆耳與卜魯罕的支持下，所經營的政府做出來的績效。這個政府效能雖高，但仍存在著內部派系的隱憂。但這個以「后相」爲政權核心的集團，在德壽皇太子去世之後，因帝位繼承分成兩派勢力而先後瓦解，惟哈剌哈孫在大都的勢力已無法動搖。

武宗海山奪權後，爲解除政壇強人哈剌哈孫答剌罕的權力，與母答己、弟愛育黎拔力八達達成協議，成爲所謂三宮協和之局；而最突出的變化爲統治勢力的重編，將否認忽必烈正統性的許多西北諸王和王族，編入爲以元朝爲中心的蒙古帝國秩序內。海山的繼位，並不如鐵穆耳繼位時獲得怯薛系統與官僚系統的一致支持，爲鞏固政權，海山積極重整權力結構。經過完澤與哈剌哈孫總裁一切軍政庶務之後的相權，已經膨脹到威脅君權的地步，海山將哈剌哈孫調往漠北擔任和林行省左丞相、海山以不熟悉理財業務的怯薛大臣塔剌海接任中書右丞相，而另圖以自己的近侍建立尚書省，此舉表示海山力圖回到忽必烈時代的權力分配模式，而似乎更重視政府機關的功能。

尚書省與創治改法，論述海山在政權穩定之後，開始逐漸建立自己可以掌控的政府，以親信脫虎脫、三寶奴爲核心組成的尚書省，取代中書省成爲政府最高的行政中心，並且試圖「創治改法」建立一個有效率的大有爲政府。而當時以塔剌海、塔思不花、阿沙不花、康里脫脫等「怯薛宿衛」組成的核心集團進入政府部門，擔任省院臺大臣，惟此集團具過渡性，權力逐漸爲「尚書省」所奪，因而喪失核心主導地位，但其仍在中書省與御史臺任職，爲蒙元政權中重要的統治階層。尚書省逐漸成爲權力核心，此舉違反了海山自己許下的三宮協和的承諾，也減損其他沒有進入尚書省的蒙古世勳與色目權貴之機會與權益，所以爲時不過二年，就在海山駕崩之後，尚書省立即被廢，大臣被誅殺或放逐，「潛邸親信」核心集團瓦解。海山的權力結構重整作法，在設立機關上並無大問題，尚書省在忽必烈時期曾二度設立，其績效也是顯著的，關鍵問題在尚書省大臣的任用。忽必烈時期的尚書省大臣如桑哥等，皆爲理財專業之官僚；而海山的尚書省大臣大部分是自己的近侍怯薛，如脫虎脫、三寶奴、伯顏等人。海山雖然以巨額賞賜及尊爵高官籠絡世祖朝與成宗朝的諸王、怯薛與官僚，並將他們置於權力圈邊緣。惟尚書省官員大多爲新朝的色目精英，在脫兒赤顏等拒絕出任尚書省大丞相後，因缺乏蒙古世勳的背書，尚書省仍如同忽必烈朝一般，無法深耕。脫虎脫、三寶奴亦如同阿

合馬、桑哥、賽典赤伯顏、阿里等理財官僚一樣，在政壇上只是依靠皇帝的信任而掌權，本身並無法形成一個堅強的權力核心集團。在皇帝不信任或崩逝後，這些理財官僚即被全面清洗。雖然色目理財官僚被清洗，但從征漠北的色目將領，領導著包括阿速、欽察、康里等侍衛親軍，成為帝國中央最具戰鬥力的禁衛軍指揮官，也是政權隱性的實力者。

三、統治階層高級人事結構的崩解

仁宗愛育黎拔力八達在海山朝經過「皇太子」與名義上官僚首腦之磨練，在皇兄海山剛駕崩，自己尚未即位之際，即將政府首腦部門尚書省的幾位重要大臣全部誅殺或流放。新皇帝的即位與新政府的組成，政府部門的首腦煥然一新，除了蒙古和色目大臣外，沉寂許多的漢人儒臣又站上歷史舞臺，李孟與張珪就是最重要的二人。而科舉制度的再行與法典的積極編纂，使得蒙元帝國向中原體制邁進一大步。對於獨立發展中的相權，愛育黎拔力八達採取聯合又分化的方法面對。愛育黎拔力八達因經過海山朝「皇太子」的磨練，對「君權」的建立頗有心得；即位後，通過儒臣協助，恢復了科舉，並試圖廢止蒙古貴族的特權，建立「君主專制」的中央集權制度。愛育黎拔力八達為了讓碩德八剌繼位，將脫兒赤顏的太師之位讓與鐵木迭兒，換取答己皇太后的支持。愛育黎拔力八達得罪了蒙古世勳，使他的統治來愈孤立，而鐵木迭兒的相權則持續擴張，並在怯薛系統建構勢力。鐵木迭兒已經將「相權」發展到一個權勢的新階段，唯一可以克制他的僅有蒙古四大家族之後的拜住。拜住為木華黎後代，為蒙古世勳中最尊貴者，祖父安童為忽必烈時代之中書右丞相，並掌第三怯薛。

英宗碩德八剌在答己皇太后及其佞臣鐵木迭兒相繼去世後，倚仗著父親留下的法典規模，毅然頒定「大元通制」，將「元貞體制」具體化，此舉加上碩德八剌的刻薄寡恩性格，使君權朝獨裁專制方向前進，但也因個人性格與體制的依賴，造成體制崩解的命運。拜住雖為怯薛長兼首相，並領有三個侍衛親軍，承接「元貞體制」完澤、哈剌哈孫、鐵木迭兒之後，成為官僚系統之首腦；另以世襲第三怯薛長，在怯薛系統有著傳統之地位與權勢。拜住在中央權力系統的勢力持續擴張中，最大的威脅反而是來自怯薛系統的其他怯薛大臣。

當皇帝漸趨專制獨裁，而官僚首腦依附性增強時刻，愛育黎拔力八達逐漸將官僚專業化，在官僚系統，鐵木迭兒雖然無法掌控中書省與御史臺，但

他將中書省平章以下分爲兩組人馬，李孟與張驢分別負責錢穀、銓選，平章政事的地位大爲降低，官僚系統漸專業化。鐵木迭兒出身宣徽院，這機構是怯薛的大本營，所以他掌握住怯薛系統，而且將其子數人均安置於怯薛體系內，分別擔任重要怯薛執事。當答己與鐵木迭兒死後，碩德八剌與拜住成爲唯一的最高權力核心，中書省在張珪主持下，官僚系統穩定且專業。對碩德八剌政權來說，怯薛系統相對成爲統治集團中最大的變數。鐵木迭兒在怯薛系統的勢力，轉移給新任御史大夫鐵失，鐵失並領有三個衛軍，與拜住成爲帝國二大支柱。而碩德八剌對於怯薛的壓制行動，加上拜住與其他怯薛長勢力的消長，在官僚系統專業化下，怯薛系統的利益逐漸萎縮，「南坡之變」在此態勢下爆發，碩德八剌與拜住均被弒殺，而弒君怯薛集團也在二個月後全被誅殺，整個統治階層崩解。

四、新權力系統的建構模式

　　泰定帝也孫鐵木兒以藩王入爲皇帝，其權力系統的建構具有新模式。先前除了忽必烈立國初期，因原先大蒙古國的統治階層皆在阿里不哥陣營，忽必烈只得以潛邸舊臣組織新的政權。鐵穆耳、海山、愛育黎拔力八達、碩德八剌時期，統治階層或有部分變動，但以「大根腳」爲怯薛大臣兼官僚首腦，仍是權力結構中最重要的支柱。就是忽必烈所培養的國家棟樑，也都是蒙古世勳子弟。但也孫鐵木兒新權力系統並無明顯關係。也孫鐵木兒的政權，主要是建構在以漠北晉邸舊臣爲核心，而漸次加入蒙古世勳元老爲怯薛大臣，回回理財官僚爲中書省大臣，建構爲新權力系統。也孫鐵木兒具有蒙古大汗與中原皇帝的雙重性格。在他的君權發展中，宗王的支持與漢法的表象，都有莫大助益。優遇宗王與敷以漢法也就成爲也孫鐵木兒爲君之準則。也孫鐵木兒積極指派宗王統軍出鎮漢地或草原，這項任務關係到軍事勢力的擴張，所以甘麻剌系統或威脅較小的宗王，出鎮的機率較大。也孫鐵木兒妥善地處理了安西王後代的潛在勢力與威脅，但是中央王國海山系統的圖帖睦爾卻是另一個更大的潛在威脅。也孫鐵木兒在中央權力結構中，佔有完全掌握全局的核心位置。對於右左丞相、諸王、官僚等各方勢力系統均能掌握，另爭取各種政治勢力團體的支持，也是也孫鐵木兒手腕高明的一種表現。

　　也孫鐵木兒的調和政策，展現在任命丞相的人選上，中書右丞相旭邁傑是蒙古至上主義的奉行者，中書左丞相倒剌沙是回回法原則的主導者。原本

在元貞體制下，首相已經成爲官僚首腦，這種情形也造成怯薛的反彈，因而有所謂的南坡之變怯薛刺殺首相。當也先鐵木兒這位弒君怯薛長奉皇帝寶璽給漠北晉王也孫鐵木兒時候，他得到的回報就是中書右丞相。這也說明怯薛大臣已經不如官僚首腦的重要。但泰定體制則完全不一樣，由於擁立新帝的弒君怯薛大臣皆已見誅，晉王潛邸之臣相繼出任中央官僚首腦，並兼任御前怯薛大臣，原先孤立相權轉爲君臣一體，元貞體制的三層制，又轉回泰定體制的二層制，而官僚首腦結合怯薛大臣的身分，加上統領衛軍成爲慣例，使得宰相向權臣邁進。

回回人在蒙元歷史上的地位，幾乎是定位在理財功能，這與其他色目人有著相當大的差異。在怯薛系統裏，回回人的比例最低；而在官僚系統比例最高。從忽必烈時期的阿合馬、阿里、鐵穆耳時期的賽典赤伯顏、八都馬辛，到愛育黎拔力八達時期的合散，都是官僚系統的重要角色。雖然海山與碩德八剌時期，回回人沒有受到重用，但到了也孫鐵木兒時期，回回人在怯薛系統與官僚系統都佔有重要地位，倒剌沙與烏伯都剌甚至被稱爲權臣。

五、官僚首腦演進爲權臣

武宗海山的二位近侍怯薛燕鐵木兒與伯顏，在帝系中斷十八年後，合作擁立海山次子圖帖睦爾繼統爲文宗，這次帝位爭奪戰及其引起的連鎖戰爭，血腥而殘酷，也造就了燕鐵木兒和伯顏二位「權侔人主」的軍閥權臣。元朝中葉連續出現了二位權臣燕鐵木兒與伯顏，一般認爲這二位權臣眞正對君臣形成了威脅。實際上，此時君權仍是相當大的，只不過燕鐵木兒與伯顏在其相權中雜揉著君權而已。在「兩都戰爭」期間，圖帖睦爾與燕鐵木兒已經建立新的「君臣模式」，這已跳脫「君主臣奴」或「宰相專權」的常態，君臣面對的是一件件相繼衝擊這個政權的威脅。「兩都之戰」雖然形勢嚴峻，但朝野同心一體，爲新政權的成立全力以赴；而面對「兄弟禪替」問題，雖然沒有激烈軍事衝突的必要，但一旦讓位於大兄，圖帖睦爾與燕鐵木兒這對君臣有可能失去精心締造的政治權力。

天曆政變集團包括了處於權力結構邊緣的諸王、官僚、將領，這批人在當時的政壇上處於次要地位，與權力核心有一段距離。並不是所有參加政變的人都像燕鐵木兒一樣與海山家族有密切的關係，參加者亦不都以海山的後山即位爲主要目的，擁戴海山的兒子即位只是爭位的口號而已。他們主要的共同點在

於追求進入權力核心的地位，並獲得個人的重大利益。圖帖睦爾的政府是標準
軍閥權臣控制時代的開展，以燕鐵木兒爲中心，燕鐵木兒與西安王阿剌忒納失
里兵變後，組成臨時政府以應新局；另在圖帖睦爾入京以後，以戰鬥中樞爲職
志的新政府正式成立，皇帝圖帖睦爾可說只是正統政權之象徵，一切以燕鐵木
兒爲權力核心，統領中書省、樞密院及侍衛親軍，展開對上都政權與和世㻋政
權的硬軟戰爭；大局已定後，圖帖睦爾、燕鐵木兒、伯顏與新政府官僚們面臨
一個內部挑戰，政權如何保持平衡，軍閥權臣與文治君主之間的互動，官僚們
的動向等問題，都呈現出外表平衡而內部緊張的關係。

　　燕鐵木兒以色目將領而成爲最高權力核心，與他祖父土土哈對蒙古將領
的必恭必敬的時代，不啻天壤之別。雖然愛育黎拔力八達曾說過不忽木是蒙
古人，但合散卻認爲自己仍非國人，所以燕鐵木兒必須將倒剌沙、烏伯都剌
等回回人排除在蒙古人之外，如此，欽察、畏吾兒、康里、阿速等色目勳貴，
則與蒙古貴族同爲最高統治階層的一環。

　　在燕鐵木兒死後，伯顏這位蒙古蔑兒乞人取代了他的位置，他們一同維持
了五年的合作關係，也畫下了句點。燕鐵木兒家族的勢力仍舊強大，但當中書
右丞相的職位落入伯顏手中，局面即急速直轉而下。在燕鐵木兒當權時代，伯
顏曾任御史大夫一年，中書左丞相半年，而任知樞密院事則最長，有四年之久。
不管擔任什麼職位，伯顏都是燕鐵木兒的副手。但最重要的是伯顏直接控制著
忠翊衛和宣毅萬戶兩個衛軍機構，並在怯薛系統建構了自己的權力。當上中書
右丞相的伯顏，用了二年時間，將燕鐵木兒的家族勢力全部剷除，伯顏及其家
族成爲元朝政府最大也是唯一的勢力集團，也可以說伯顏就是政府。

　　綜觀元朝中葉中央權力結構的演進，首相（中書右丞相）從怯薛大臣逐漸
演進爲兼有官僚首腦的實權，相權因而高漲，並成爲一個層級。忽必烈時期二
層制權力結構演爲三層制結構，直到妥懽貼睦爾中期才回到二層制結構。在整
個中國近世相權的發展裏，元朝中葉的相權無疑是一個逆向發展，而且雖然元
朝末葉相權略爲消沉，但明朝初葉相權再度升高，且缺乏怯薛的制衡，宦官又
被壓制，所以明太祖朱元璋廢相，與元朝中葉權臣的跋扈不無關聯。

　　另外，在中央政治生態方面，色目勳貴逐漸與蒙古貴族結合，成爲最上
層的統治階層。色目人中的畏吾兒、唐兀、康里、阿速、欽察，因戰功很快
與蒙古人成爲一體，並在怯薛系統中佔有重要地位，更是重要的衛軍組成份
子。回回人是色目人中較爲特殊的一個民族，主要是以信仰伊斯蘭教者組成，

是當時最善於理財的集團。回回人原本在怯薛系統者較少,而在官僚系統者最多,但在也孫鐵木兒時代,倒剌沙與烏伯都剌兩個回回大臣,倒剌沙以怯薛大臣出任官僚首腦,烏伯都剌則以技術官僚入直怯薛,回回人成為當時政治上最有權的勢力集團。惟天曆政變之後,回回人勢力全面瓦解,從此退出中央權力系統,成為色目人中之特殊例子。

在「元貞體制」中,后妃干政的情形頗為嚴重;雖然後來的「泰定體制」后妃勢力較為收斂,惟皇室與貴族間因婚姻關係所形成的權力結構,在元朝中葉仍有著重要作用。例如鐵失之妹嫁與英宗碩德八剌;燕鐵木兒之女嫁與順帝妥懽貼睦爾,在政治上都有著重大意義與影響。而諸王與貴族之間,或勳貴之間的婚姻關係,也牽動著怯薛系統與官僚系統的互動與融合。另除婚姻關係外,有關元朝中葉官署內部職權的擴張與削弱也都尚未深入討論,有待未來繼續努力研究探討。

參考書目

一、古籍文獻（數字爲全元文冊號及頁碼）

1. 佚名，《大元聖政國朝典章》，國立故宮博物院、中國廣播電視出版社。
2. 佚名，《元朝秘史》。
3. 佚名，《聖武親征錄》，王忠慤公遺書、正中書局。
4. 大訢，《蒲室集》，北京圖書館藏元刻本，35～334。
5. 仇遠，《山村遺集》，武林往哲遺著本，19～567。
6. 元好問，《中州集、遺山文集》，四部叢刊本，1～272。
7. 元明善，《清河集》，藕香零拾本，24～280。
8. 方回，《桐江集、桐江續集》，宛委別藏本、四庫珍本，7～1。
9. 王旭，《蘭軒集》，四庫珍本，19～456。
10. 王沂，《伊濱集》，四庫珍本，60～31。
11. 王奕，《玉斗山人文集》，沈氏枕碧樓叢書本，10～597。
12. 王結，《文忠集》，四庫珍本，31～328。
13. 王逢，《梧溪集》，知不齋叢書本。
14. 王惲，《秋澗先生大全集》，四部叢刊本，6～1。
15. 王義山，《稼村類稿》，四庫珍本，3～1。
16. 王禕，《王忠文公集》，清康熙間刻本，55～177。
17. 王毅，《木訥齋文集》，清乾隆 29 年蘇過龍刻本，49～187。
18. 王翰，《友石山人遺稿》，嘉業堂叢書本。
19. 王彝，《王徵士集》，清康熙 39 年陸廷燦刻本。
20. 王禮，《麟原文集》，四庫珍本，60～524。

21. 孔齊，《至正直記》，奧雅堂續刻、世界書局、上海古籍出版社。

22. 甘復，《山窗餘稿》，豫章叢書本，60～250。

23. 白珽，《湛淵遺稿》，武林往哲遺著本，13～284。

24. 白珽，《湛淵靜語》，知不足齋叢書本。

25. 任士林，《松鄉先生文集》，清光緒16年補刻本，18～323。

26. 危素，《危太僕文集》，劉氏嘉叢堂刻本，48～142。

27. 同恕，《榘菴集》，四庫珍本，19～323。

28. 安熙，《安默庵先生文集》，畿輔叢書本，24～522。

29. 朱升，《朱楓林集》，歷史研究所圖書館明萬曆44年刻本，46～467。

30. 朱右，《白雲稿》，北京圖書館藏明初刻本，50～488。

31. 朱思本，《貞一齋稿》，適園叢書本，31～367。

32. 朱晞顏，《瓢泉吟稿》，四庫珍本，5～64。

33. 朱善繼，《朱一齋先生文集》，北京圖書館藏明成化22年朱維鑑刻本。

34. 朱德潤，《存復齋文集》，四部叢刊續編本，40～457。

35. 朱德潤，《存復齋續集》，涵芬樓秘笈本。

36. 何中，《知非堂稿》，北京圖書館藏清抄本，22～167。

37. 余闕，《青陽先生文集》，四部叢刊續編本，49～101。

38. 吳存，《樂庵遺稿》，豫章叢書本，20～129。

39. 吳倧，《漁磯脞語》，1930年吳保琳鉛印本，60～227。

40. 吳師道，《吳禮部文集》，續金華叢書本，34～1。

41. 吳海，《聞過齋集》，嘉業堂叢書本，54～145。

42. 吳皋，《吾吾類稿》，豫章叢書本，60～240。

43. 吳萊，《淵穎吳先生集》，四部叢刊本，44～1。

44. 吳澄，《草廬吳文正公全集》，明成化臨川官刻、清乾隆51年萬氏刻本，14～1。

45. 吳鎮，《梅道人遺墨》，嘯園叢書本，33～85。

46. 吾邱衍，《竹素山房集》，武林往哲遺著本，24～237。

47. 呂浦，《竹谿稿》，續金華叢書本。

48. 李玗魯玬，《菊潭集》，藕香零拾本，32～291。

49. 李玗魯玬，《通制條格》，北平圖書館、揚州廣陵書局、浙江古籍出版社、中華書局。

50. 宋濂，《宋文憲公全集》，四部備要本。

51. 宋濂，《元史》，百衲本、中華書局。

52. 宋褧,《燕石集》,北京圖書館藏抄本,39～301。

53. 宋禧,《庸庵集》,清嘉慶 11 年餘姚宋氏活字印本,51～481。

54. 李士瞻,《經濟文集》,湖北先正遺書本,50～125。

55. 李存,《番陽仲公李先生文集》,北京圖書館藏明永樂 3 年李光刻本,33～243。

56. 李志常,《長春眞人西遊記》,王忠愨公遺書、正中書局,2～45。

57. 李孝光,《五峰集》,永嘉詩人祠堂叢刻本,36～1。

58. 李祁,《雲陽李先生文集》,北京圖書館清抄本,45～381。

59. 李庭,《寓庵集》,藕香零拾本,2～119。

60. 李衎,《日聞錄》,適園叢書。

61. 李齊賢,《益齋亂稿》,漢城 1959、廣西師範大學出版社,36～390。

62. 李繼本,《一山文集》,湖北先正遺書集,60～924。

63. 汪克寬,《環谷集》,清康熙中刻本,52～87。

64. 沈貞,《茶山老人遺集》,清乾隆 3 年俊亨亭刻本,56～393。

65. 沈夢麟,《花谿集》,枕碧樓叢書本,51～437。

66. 沈濤（編）,《常山貞石志》,光緒甲午靈溪精舍翻刻版。

67. 貝瓊,《清江貝先生文集》,四部叢刊本,44～188。

68. 周南瑞,《天下同文前甲集》,雪堂叢刻本。

69. 周霆震,《石初集》,豫章叢書本,39～146。

70. 周權,《周此山先生集》,古書流通處刻元四大家集本。

71. 林弼,《林登州集》,清康熙監林興刻本。

72. 邵亨貞,《野集處》,四庫珍本,60～469。

73. 金涓,《青村遺稿》,金華叢書本,57～824。

74. 長谷眞逸,《農田餘話》,寶顏堂秘籍本。

75. 姚燧,《牧庵集》,四部叢刊本、武英殿聚珍、新文豐出版社,9～332。

76. 柯九思,《丹邱生集》,清光緒 34 年武昌柯氏刻本,51～379。

77. 柳貫,《柳待制文集》,四部叢刊本,25～73。

78. 洪希文,《續軒渠集》,洪氏晦木齋叢書本,35～9。

79. 俞希魯,《至順鎮江志》,江蘇古籍出版社點校本,33～19。

80. 耶律楚材,《湛然居士文集》,四部叢刊本、漸西村舍,1～211。

81. 耶律鑄,《雙溪醉隱集》,知服齋叢書本、遼海叢書,4～1。

82. 胡天游,《傲軒吟稿》,四庫珍本,60～239。

83. 胡行簡,《樗隱集》,北京圖書館藏清乾隆翰林院抄本,56～1。

84. 胡助，《純白齋類稿》，金華叢書本，31～490。

85. 胡柄文，《雲峯胡先生文集》，清道光 11 年古黟胡氏刻本，17～84。

86. 胡祗遹，《紫山大全集》，三怡堂叢書本，5～206。

87. 胡翰，《胡仲子集》，金華叢書本，51～158。

88. 倪瓚，《清閟閣集》，清康熙 52 年城書室刻本，46～548。

89. 唐元，《筠軒稿》，北京圖書館藏明正德 13 年刻唐氏三先生集本，24～430。

90. 徐一夔，《始豐稿》，武林往哲遺著本。

91. 徐明善，《芳谷集》，豫章叢書本，17～178。

92. 徐元瑞，《吏學指南》，中文書店、浙江古籍出版社 1988 年版。

93. 袁易，《靜春堂集》，知不足齋叢書本。

94. 袁桷，《清容居士集》，四部叢刊本、宜稼堂叢書、臺灣中華書局，23～1。

95. 貢奎，《貢文靖公雲林集》，清乾隆 41 年宣城貢氏刻本，24～403。

96. 貢師泰，《貢禮部玩齋集》，北京圖書館藏明刻嘉靖 14 年徐萬壁重修本，45～140。

97. 迺賢，《金臺集》，誦芬室叢書本，52～531。

98. 郝經，《郝文忠公陵川文集》，清乾隆三年鳳臺王氏刻本，4～47。

99. 馬祖常，《石田先生文集》，古書流通處刻元四大家集本，32～363。

100. 馬臻，《霞外詩集》，汲古閣刊元人十種本。

101. 席世臣（編），《元詩選癸集》，掃葉山房、中華書局。

102. 高啟，《高太史鳧藻集》，四部叢刊本。

103. 姬志真，《雲山集》，北京圖書館藏舊抄本，2～48。

104. 張之翰，《西巖集》，四庫珍本，11～260。

105. 張仲壽，《疇齋外錄》，武林往哲遺著本，17～405。

106. 張伯淳，《養蒙先生文集》，北京圖書館藏傳抄本，11～169。

107. 張宏範，《淮陽集》，清光緒 21 年鹿傳霖刻本。

108. 張孟兼，《白石山房逸稿》，續金華叢書本，58～1。

109. 張雨，《貞居先生詩集》，武林往哲遺著本，34～344。

110. 張養浩，《張文忠公雲莊歸田類稿》，清乾隆 55 年周氏刻本，24～549。

111. 梁寅，《新喻梁石門先生文集》，清乾隆 15 年重刻本，49～382。

112. 曹伯啟，《曹文貞公詩集》，四庫珍本四集本，19～704。

113. 許有壬，《至正集》，清宣統 3 年聊城鄒氏石印乾隆刻本、中央圖書館藏

鈔本，38～1。

114. 許有壬，《圭塘小稿》，三怡堂叢書本。

115. 許衡，《許文正公遺書》，清乾隆 55 年懷慶堂刻本，2～423。

116. 許謙，《許白雲先生文集》，四部叢刊續編本，25～1。

117. 郭畀，《快雪齋集》，橫山草堂叢書本，33～80。

118. 郭翼，《林外野言》，趙氏又滿樓叢書本，51～74。

119. 陳方，《孤蓬倦客集》，橫山草堂叢書本，58～83。

120. 陳元靚，《事林廣記》，中華書局影印元刊本。

121. 陳孚，《陳剛中詩集》，託跋塵叢刻本，20～562。

122. 陳泰，《所安遺書》，清光緒 6 年譚鍾麟刻本，31～158。

123. 陳旅，《安雅堂集》，北京圖書館藏抄本、元代珍本文集匯刊本，37～
219。

124. 陳高，《不繫舟漁集》，敬鄉樓叢書本，60～805。

125. 陳基，《夷白齋稿》，四部叢刊三編本，50～218。

126. 陳樵，《鹿皮子集》，金華叢書本，32～237。

127. 陳櫟，《定宇先生文集》，清康熙 35 年陳嘉基刻本，18～1。

128. 陶安，《陶學士先生文集》，歷史研究所圖書館藏明弘治 13 年項經刻遞
修本，36～331。

129. 陶宗儀，《南村輟耕錄》，津逮秘書、中華書局、世界書局。

130. 陸文圭，《牆東類稿》，常州先哲遺書本，17～425。

131. 葉子奇，《草木子》，中央研究院藏傳鈔本、中華書局。

132. 傅若金，《傅與礪集》，嘉業堂叢書本，49～232。

133. 彭大雅，《黑韃事略》，王忠愨公遺書、正中書局。

134. 揭傒斯，《揭文安公全集》，四部叢刊本　28～332。

135. 程鉅夫，《楚國文憲公雪樓程先生文集》，清宣統 2 年陶氏涉園刻本、湖
北先正遺書，16～1。

136. 程端學，《積齋集》，四明叢書本，32～139。

137. 程端禮，《畏齋集》，四明叢書本，25～476。

138. 舒頔，《貞素齋文集》，清道光 18 年胡培翬刻本，52～189。

139. 舒頔，《貞素齋家藏集》，清道光刻本。

140. 黃玠，《弁山小隱吟稿》，四明叢書本，48～554。

141. 黃溍，《金華黃先生文集》，四部叢刊本，29～1。

142. 黃樞，《後圃黃先生存集》，明嘉靖 29 年古林山房重刻本，57～16。

143. 黃鎮成，《秋聲集》，北京圖書館藏明洪武 11 年黃鈞刻本，36～496。

144. 圓至，《牧潛集》，武林往哲遺著後編本，20～1。

145. 楊宏道，《小亨集》，四庫珍本，1～184。

146. 楊奐，《還山遺稿》，適園叢書本，1～125。

147. 楊瑀，《山居新話》，武林往哲遺著、中華書局。

148. 楊維楨，《東維子文集》，四部叢刊本，41～1。

149. 楊維楨，《麗則遺音》，北京圖書館藏元刻本。

150. 楊維楨，《鐵崖文集》，明弘治間刻本。

151. 楊翮，《佩玉齋類稿》，四庫珍本，60～368。

152. 虞集，《道園學古錄》，四部叢刊本，26～1。

153. 虞集，《雍虞先生道園類稿》，北京圖書館藏元至正 5 年臨川郡學刻本。

154. 榮肇，《榮祭酒遺文》，涉聞梓舊本，5～181。

155. 蒲道源，《順齋先生閒居叢稿》，歷史研究所圖書館藏抄本，21～164。

156. 趙天麟，《太平金鏡策》，北京大學圖書館藏元刻本，28～108。

157. 趙文，《青山集》，四庫珍本，10～41。

158. 趙汸，《東山先生存稿》，清康熙間趙吉士刻本，54～293。

159. 趙汸，《東山趙先生文集補遺》，北京圖書館藏抄本。

160. 趙孟頫，《松雪齋文集》，四部叢刊本，19～1。

161. 趙珙，《蒙韃備錄》，王忠愨公遺書。

162. 趙偕，《寶峰集》，北京圖書館藏抄本，60～1。

163. 佚名，《羽庭集劉仁本》，北京圖書館藏清抄本，60～286。

164. 劉因，《靜修先生文集》，四部叢刊本，13～319。

165. 劉岳申，《申齋劉先生文集》，北京圖書館藏清抄本、嘉慶杭州趙氏呈鳳閣鈔本，21～390。

166. 劉秉忠，《藏春集》，中央圖書館藏傳鈔本，3～456。

167. 劉敏中，《中庵先生劉文簡公文集》，北京圖書館藏清抄本，11～358。

168. 劉將孫，《養吾齋集》，四庫珍本，20～137。

169. 劉基，《太師誠意伯劉文成公文集》，四部叢刊本。

170. 劉詵，《桂引文集》，北京圖書館藏清抄本，22～1。

171. 劉壎，《水雲村泯稿》，清道光 18 年愛餘堂刻本，10～184。

172. 劉鶚，《惟實集》，清咸豐 5 年重刻本，38～513。

173. 歐陽玄，《圭齋文集》，四部叢刊本，34～383。

174. 臧晉叔，《元曲選》，涵芬樓景印本。

175. 蔣子正，《山房隨筆》，說郛。

176. 蔣易，《鶴田蔣先生文集》，北京圖書館藏傳抄本，48～34。

177. 鄧文原，《巴西文集》，歷史研究所圖書館抄本，21～20。

178. 鄭元祐，《僑吳集》，北京圖書館藏明弘治 9 年刻本，38～599。

179. 鄭玉，《師山先生文集》，北京圖書館藏明刻遞修本，46～293。

180. 鄭思肖，《心史》，台北 1957，10～673。

181. 鄭麟趾，《高麗史》，明治 42 年東京國書刊行會、文史哲出版社。

182. 魯貞，《桐山老農集》，四庫珍本，49～338。

183. 盧琦，《圭峯盧先生集》，北京圖書館藏明萬曆 37 年莊敏慶等刻本，52～328。

184. 錢惟善，《江月松風集》，武林往哲遺著本。

185. 閻復，《靜軒集》，藕香零拾本，9～227。

186. 謝應芳，《龜巢集》，四部叢刊三編本，43～1。

187. 薩都剌，《雁門集》，上海古籍出版社點校本。

188. 戴良，《九靈山房集》，四部叢刊本，53～202。

189. 戴表元，《剡源戴先生文集》，四部叢刊本，12～1。

190. 戴表元，《剡源佚文》，清光緒 21 年孫鏘刻本。

191. 魏初，《青崖集》，四庫珍本初集，8～414。

192. 瞿佑，《歸田詩話》，螢雪軒叢書。

193. 蕭𣂏，《勤齋集》，清刻本，10～719。

194. 蘇天爵，《滋溪文稿》，適園叢書本，40～1。

195. 蘇天爵，《國朝文類》，四部叢刊本、江蘇書局。

196. 蘇天爵，《國朝名臣事略》，中華書局影印元統建安刻本。

197. 蘇伯衡，《蘇平仲文集》，四部叢刊本。

198. 顧瑛，《玉山逸稿》，讀畫齋叢書本，52～535。

199. 顧嗣立（編），《元詩選》，秀野草堂、中華書局。

200. 龔璛，《存悔齋集、附》，橫山草堂叢書本，24～1。

201. 志費尼，何高濟漢譯本，《世界征服者》（內蒙古人民出版社，1980）。

202. 道森，呂浦漢譯本，《出使蒙古記》（中國社會科學出版社，1983）。

203. 拉施特，余大鈞、周建奇漢譯本，《史集》（商務印書館，1983～1985）。

二、後人編纂

1. 錢大昕，《十駕齋養新錄》，20 卷餘錄 3 卷，四部備要。

2. 錢大昕，《廿二史考異》，100 卷，潛研堂。

3. 趙翼，《廿二史箚記》，36 卷補遺 1 卷，趙甌北全集。

4. 吳廷燮，《元行省平章政事年表》，二十五史補編。

5. 佚名，《元史語解》，24 卷，江蘇書局。

6. 邵遠平，《元史類編》，42 卷，掃葉山房。

7. 魏源，《元史新編》，95 卷，慎微堂。

8. 汪輝祖，《元史本證》，50 卷，紹興先正遺書。

9. 洪鈞，《元史譯文證補》，30 卷，元和陸氏。

10. 陳衍，《元詩紀事》，45 卷，石遺室刊。

11. 馮從吾，《元儒考略》，4 卷，知服齋叢書。

12. 姚之駰，《元明事類鈔》，40 卷，四庫珍本初集。

13. 孫承澤，《元朝典故編年考》，10 卷附錄 4 卷，中央圖書館藏傳鈔本。

14. 黃宗羲，《宋元學案》，100 卷，中華書局。

15. 柯劭忞，《新元史》，257 卷，退耕堂重刊。

16. 屠寄，《蒙兀兒史記》，鼎文出版社。

三、現代論著

（一）中　文

1. 丁彥博，〈元代虎符考〉，1965，《中華文史論叢》1965～4 輯。

2. 丁崑健，〈元代的科舉制度〉，1982，《華學月刊》124 期。

3. 丁國範，〈真金與權臣的鬥爭〉，1984，《元史及北方民族史研究集刊》8 期。

4. 王頲，〈斂財之臣與元世祖〉，1981，《元史及北方民族史研究集刊》5 期。

5. 王日蔚，〈維吾爾民族名稱變遷考〉，1937，《禹貢》7 卷 4 期。

6. 王明蓀，〈早期蒙古游牧社會的結構〉，1975，政治大學碩士論文。

7. 王明蓀，〈元代的儒吏之論與儒術緣飾吏治〉，1983，《華學月刊》139 期。

8. 王明蓀，《元代的士人與政治》，1992，學生書局。

9. 方國瑜，〈關於賽典赤撫滇功績〉，1958，《人文科學雜誌》1 期。

10. 白鋼，〈關於忽必烈附會漢法的歷史考察〉，1981，《中國史研究》1981～4。

11. 白鋼，〈大蒙古國的弊政與元初的改革〉，1985，《文史知識》1985～3。

12. 白拉都格其，〈貴由汗即位的前前後後〉，1986，《元史論叢》3 輯。

13. 史衛民，〈元代的軍隊〉，1985，《文史知識》1985～7 期。

14. 史衛民，〈蒙古汗國時期蒙古左、右翼千戶沿襲歸屬考〉，1986，《西北民族研究》1986～1 期。

15. 札奇斯欽，〈元史中幾個蒙古語名詞的解釋〉，1963，《大陸雜誌》27 卷 1、2 期。

16. 札奇斯欽，〈蒙古帝國的南進與西進和它對後日的影響〉，1963，《新天地》5 卷 2 期。

17. 札奇斯欽，〈西域和中原文化對蒙古帝國的影響和元朝的建立〉，1965，《大陸雜誌》30 卷 10 期。

18. 札奇斯欽，《蒙古史論叢》，1980，學海出版社。

19. 全漢昇，〈元代的紙幣〉，1948，《中央研究院歷史語言研究所集刊》15。

20. 亦鄰真，〈成吉思汗與蒙古民族共同體的形成〉，1962，《內蒙古大學學報》1962～1。

21. 吳晗，〈元代之社會〉，1936，《社會科學》1 卷 3 期。

22. 吳晗，〈元帝國的崩潰與明之建國〉，1936，《清華學報》11 卷 2 期。

23. 吳晗，《讀史箚記》，1956，北平。

24. 吳海航，《元代法文化研究》，2000，北京師範大學出版社。

25. 李涵，〈蒙古前期的斷事官、必闍赤、中書省和燕京行省〉，1963，《武漢大學學報》1963～3 期。

26. 李治安，〈怯薛與元代朝政〉，1990，《中國史研究》第 4 期。

27. 李治安，《元代分封制度研究》，1992，天津古籍出版社。

28. 李治安，《元代政治制度研究》，2003，人民出版社。

29. 李則芬，〈元成宗嗣位的大秘密〉，1971，《東方雜誌》5 卷 1 期。

30. 李符桐，〈奇渥溫氏內訌與亂亡之探討〉，1974，《師大歷史學報》2 期。

31. 匡暉，〈元代色目人對中國經濟文化的貢獻〉，1958，《史學月刊》1958 年 9 月號。

32. 匡裕徹，〈拜住及其新政〉，1984，《內蒙古社會科學》1984～5。

33. 那木云，〈關於十一至十三世紀蒙古社會的性質〉，1979，《中國蒙古史學會成立大會紀念集刊》。

34. 林韻濤，〈蒙古用畏兀字之原因〉，1936，《禹貢》5 卷 12 期。

35. 到何之，〈關於金末元初的漢人地主武裝問題〉，1978，《內蒙古大學學報》1978～1 期。

36. 周良霄，〈李璮之亂與元初政治〉，1980，《元史及北方民族史研究集刊》4 期。

37. 周良霄，〈論忽必烈〉，1981，《中國社會科學》1981～2。

38. 周良霄，〈蒙古選汗儀制與元代皇位繼承問題〉，1986，《元史論叢》3 輯。

39. 周良霄，《忽必烈》，1986，吉林教育出版社。

40. 孟繁清，〈試論忽必烈與阿里不哥之爭〉，1983，《元史論叢》第 2 輯。

41. 孟繁清，《蒙元時期環渤海地區社會經濟發展研究》，2003，天津教育出版社。

42. 邵循正，《邵循正史學論文集》，1985，北京大學出版社。

43. 姚大力，〈元朝科舉制度的興廢及其社會背景〉，1982，《元史及北方民族史研究集刊》6 期。

44. 姚大力，〈乃顏之亂雜考〉，1983，《元史及北方民族史研究集刊》7 期。

45. 姚大力，〈論元朝刑法體系的形成〉，1986，《元史論叢》3 輯。

46. 姚大力，《論蒙古游牧國家的政治制度》，1986，南京大學博士論文（打印本）。

47. 姚大力，〈從大斷事官制到中書省——論元初中樞機構的體制演變〉，1993，《歷史研究》第 1 期。

48. 姚家積，〈元代的驅軍和軍驅〉，1985，《中國史研究》1985～1 期。

49. 姚從吾，〈忽必烈對漢化態度的分析〉，1955，《大陸雜誌》11 卷 1 期。

50. 姚從吾，〈舊元史中達魯花赤初期的本義爲宣差說〉，1963，《文史哲學報》12 期。

51. 姚從吾，〈忽必烈與蒙哥汗治理漢地的歧見〉，1967，《文史哲學報》16 卷。

52. 姚從吾，《姚從吾先生全集》，1971，正中書局。

53. 洪金富，〈元代監察制度的特點〉，1975，《成大歷史學報》2。

54. 洪金富，〈從投下分封制度看元朝政權的性質〉，1987，《中央研究院歷史語言研究所集刊》第 58 本第 4 分。

55. 洪金富，〈元朝怯薛輪值史料攷釋〉，2003，《中央研究院歷史語言研究所集刊》第 74 本第 2 分。

56. 洪金富，〈元朝皇帝的蒙古語稱號問題〉，2005，《漢學研究》第 23 卷第 1 期。

57. 胡其德，《元代驛遞制度之研究》，1978，臺灣師範大學碩士論文。

58. 胡和溫都爾，〈元泰定帝生年考〉，1982，《內蒙古社會科學》1982～2。

59. 烏思，〈探馬赤詞源新釋〉，1986，《內蒙古社會科學》1986～6 期。

60. 唐長孺，〈蒙古前期漢文人進用之途徑及其中書組織〉，1948，《學原》2

卷 7 期。

61. 唐長孺，《山居存稿》，1989，中華書局。

62. 孫克寬，〈元史食貨志的賜賚〉，1953，《大陸雜誌》6 卷 11 期。

63. 孫克寬，《蒙古初期之軍略與金之崩潰》，1955，台北中央文物供應社。

64. 孫克寬，〈元初李璮事變的分析〉，1956，《大陸雜誌》13 卷 8 期。

65. 孫克寬，《蒙古漢軍及漢文化研究》，1958，文星書店。

66. 孫克寬，〈元代漢軍永清史氏本末──元代漢軍三世家考之一〉，1960，《大陸雜誌》20 卷 7 號。

67. 孫克寬，〈元初漢軍張柔行實考〉，1962，《東海學報》4 卷 1 號。

68. 孫克寬，《蒙古漢軍與漢文化》，1966，臺灣中華書局。

69. 孫克寬，〈江南訪賢與延祐儒治詔〉，1967，《東海文薈》8。

70. 孫克寬，〈元代漢軍藁城董氏本末〉，1968，《東海學報》1968～7 期。

71. 孫克寬，《元代漢文化的活動》，1968，臺灣中華書局。

72. 翁獨健，〈斡脫雜考〉，1941，《燕京學報》29 期。

73. 翁獨健，〈元典章譯語集釋〉，1946，《燕京學報》30 期。

74. 夏光南，《元代雲南史地叢考》，1935，臺灣商務印書館。

75. 高文德，《蒙古奴隸制研究》，1981，內蒙古人民出版社。

76. 高榮盛，〈元代江南官田芻議〉，1982，《元史及北方民族史研究集刊》6 期。

77. 高樹林，《元代賦役制度研究》，1997，河北大學出版社。

78. 馮承鈞，《元代白話碑》，1930，上海商務印書館。

79. 許凡，〈元代的首領官〉，1983，《西北師範學院學報》1983～2 期。

80. 許凡，〈論元代的吏員出職制度〉，1984，《歷史研究》1984～6 期。

81. 許凡，《元代吏治研究》，1987，勞動人事出版社。

82. 陳垣，〈元也里可溫考〉，1918，《東方雜誌》15 卷 1～5 期。

83. 陳垣，《元西域人華化考》，1934，勵耘書屋。

84. 陳寅恪，〈元代漢人譯名考〉，1929，《國學論叢》2 卷 1 期。

85. 陳明中，《元代帝位繼承之研究》，1991，政治大學民族所碩士論文。

86. 陳高華，《元大都》，1982，北京出版社。

87. 陳高華，〈論元代的軍戶〉，1982，《元史論叢》1 輯。

88. 陳高華、史衛民，《中國政治制度史》（元代卷），1996，人民出版社。

89. 陳高華、史衛民，《中國經濟通史》（元代卷），2000，經濟日報出版社。

90. 陳得芝、王頲，〈忽必烈與蒙哥的一場鬥爭〉，1982，《元史論叢》1 輯。

91. 陳得芝,〈元嶺北行省建置考(上)〉,1985,《元史及北方民族史研究集刊》9 期。

92. 陳慶英、仁慶扎西,〈元朝帝師制度述略〉,1984,《西藏民族學院學報》1984～2 期。

93. 黃正旭,《喇嘛教對元代政治的影響》,1984,政治大學邊政所碩士論文。

94. 黃清連,〈元初江南的叛亂〉,1978,《中央研究院歷史語言研究所集刊》第 49 本第 1 本。

95. 黃時鑒,〈木華黎國王麾下諸軍考〉,1980,《元史論叢》1 輯。

96. 黃時鑒,〈關於漢軍萬戶設置的若干問題〉,1983,《元史論叢》2 輯。

97. 黃時鑒,〈真金與元初政治〉,1986,《元史論叢》第 3 輯。

98. 陶希聖,〈元代西域及猶太人的高利貸與頭口搜索〉,1935,《食貨雜誌》1 卷 7 期。

99. 陶晉生,〈金代的政治結構〉,1969,《中央研究院歷史語言研究所集刊》第 41 本第 4 分。

100. 陶晉生,〈金代的政治衝突〉,1971,《中央研究院歷史語言研究所集刊》第 43 本第 1 分。

101. 張帆,《元代宰相制度研究》,1997,北京大學出版社。

102. 張瑞成,《元朝衰亡文化因素之研究》,1979,政治大學邊政研究所碩士論文。

103. 陸峻嶺、何高濟,〈從窩闊台到蒙哥的蒙古宮廷鬥爭〉,1982,《元史論叢》第 1 輯。

104. 傅樂淑,〈元代宦禍考〉,1983,《元史論叢》2 輯。

105. 湯開建,〈元代西夏人的政治地位〉,1987,《甘肅民族研究》1～2 期。

106. 喜蕾,《元代高麗貢女制度研究》,2003,北京民族出版社。

107. 楊訥、陳高華,《元代農民戰爭史料匯編》,1985,中華書局。

108. 楊志玖,〈元代的探馬赤軍〉,1965,《中華文史論叢》6 輯。

109. 楊志玖,〈定宗征拔都〉,1979,《中華文史論叢》1979～2 期。

110. 楊志玖,〈探馬赤軍問題再探〉,1981,《民族研究》1981～1 期。

111. 楊志玖,〈元代回回人的政治地位〉,1984,《歷史研究》1984 年 3 期。

112. 楊志玖,《元史三論》,1985,人民出版社。

113. 楊志玖,《陋室文存》,2002,南開大學出版社。

114. 楊志玖,《元代回族史稿》,2003,南開大學出版社。

115. 楊育鎂,〈元代江南田賦稅制考〉,1989,《中國歷史學會史學集刊》21

期。

116. 楊育鎂，〈大蒙古國的政治特色——以汗位之遞嬗爲例〉，2003，《淡江人文社會學刊》15 期。

117. 楊樹藩，〈元代科舉制度〉，1968，《國立政治大學學報》17 卷。

118. 楊樹藩，《元代中央政治制度》，1977，臺灣商務印書館。

119. 葉新民，〈關於元代的四怯薛〉，1983，《元史論叢》第 2 輯。

120. 賈敬顏，〈探馬赤軍考〉，1983，《元史論叢》2 輯。

121. 蒙思明，〈元代社會階級制度〉，1938，《燕京學報》專號之 6。

122. 劉迎勝，〈讀定宗征拔都〉，1982，《內蒙古社會科學》1982～4。

123. 劉迎勝，〈阿里不哥之亂與察合台汗國的發展〉，1984，《新疆大學學報》1984～2 期。

124. 劉迎勝，〈至元初年的察合台汗國〉，1985，《元史及北方民族史研究集刊》9 期。

125. 劉迎勝，〈元代蒙古諸汗國之間的約和及窩闊台汗國的滅亡〉，1985，《新疆大學學報》1985～2 期。

126. 劉迎勝，〈元朝與察合台汗國的關係〉，1986，《元史論叢》3 輯。

127. 劉迎勝，〈都哇家族汗位繼承權的確立〉，1986，《中國社會科學院研究生院學報》4 期。

128. 劉迎勝，〈元末的察合台汗國〉，1986，《西北民族研究》1986～1 期。

129. 劉俊文，《日本學者研究中國史論著選譯（五）》，1993，中華書局。

130. 劉銘恕，〈元色目名稱及其制度淵源于金源說〉，1940，《金陵學報》10 卷 1、2 期合刊。

131. 蔡美彪，《元代白話碑集錄》，1955，北京科學出版社。

132. 蔡美彪，〈元代圓牌兩種考釋〉，1980，《歷史研究》1980～4 期。

133. 蔣武雄，〈論元初的以漢制漢〉，1981，《中國邊政》76 期。

134. 蔣武雄，〈論蒙元帝國初期與漢地文化之關係〉，1983，《中華文化復興月刊》16 卷 5 期。

135. 蔣武雄，〈蒙古用兵對金夏結盟的影響〉，1999，《蒙古民族與週邊民族關係學術會議》（蒙藏委員會）。

136. 鄭素春，《全真教與大蒙古國帝室》，1987，學生書局。

137. 韓儒林，〈蒙古答剌罕考〉，1940、1941，《中國文化研究所集刊》第 1 卷。

138. 韓儒林，〈元朝是怎樣管理西藏地方的〉，1959，《歷史研究》1959 年 7 月號。

139. 韓儒林，《穹廬集》，1982，上海人民出版社。

140. 韓儒林,《元朝史》,1986,人民出版社。

141. 蕭功秦,〈論大蒙古國的汗位繼承危機〉,1981,《元史及北方民族史研究集刊》5 期。

142. 蕭功秦,〈英宗新政與南坡之變〉,1983,《元史論叢》第 2 輯。

143. 蕭功秦,〈論元代皇位繼承問題〉,1983,《元史及北方民族史研究集刊》7 期。

144. 蕭啓慶,〈蘇天爵和他的元朝名臣事略〉,1961,《大陸雜誌》22 卷。

145. 蕭啓慶,〈忽必烈時代潛邸舊侶考〉,1962,《大陸雜誌》20 卷 1、2、3 期。

146. 蕭啓慶,〈西域人與元初政治〉,1966,國立臺灣大學文學院(《文史論叢》)。

147. 蕭啓慶,《元代史新探》,1983,新文豐出版公司。

148. 蕭啓慶,《蒙元史新研》,1994,允晨文化股份有限公司。

149. 蕭啓慶,《元朝史新論》,1999,允晨文化股候有限公司。

150. 蕭啓慶,《元代的族群文化與科舉》,2008,聯經出版公司。

151. 蘇振申,《元政書《經世大典》之研究》,1984,中國文化大學出版社。

(二)日　文

1. 山本隆義,〈元代に於ける翰林學士院について〉,1955,《東方學》11。

2. 三上次男,〈猛安謀克制度の研究〉,1936,日滿文化協會(金代女眞の研究)。

3. 丸茂武重,〈回鶻に關する若干の考察〉,1943,《書香》15 卷 8 號。

4. 大島立子,〈元朝對漢族統治的一個考察——以軍戶爲中心〉,1971,《史論》23 集(東京女子大學)。

5. 大島立子,〈元朝湖廣行省統治〉,1985,《東洋學報》1985 年合併號。

6. 大葉昇一,〈元代的探馬赤軍——探馬赤軍的構成內容及部屬〉,1984,《蒙古研究》15 卷。

7. 大葉昇一,〈蒙古帝國元朝的軍隊組織——特別是指揮系統和編組方式〉,1986,《史學雜誌》95 編 7 號。

8. 小林高四郎,〈元代における回教徒の高利貸について〉,1936,《善隣月報》52 期。

9. 小林高四郎,〈元代斡脱錢小考〉,1945,《社會經濟史學》4 卷 11 期。

10. 小林高四郎,《元朝秘史の研究》,1954,日本學術振興會。

11. 仁井田陞,〈元典章の成立と大德典章〉,1940,《史學雜誌》51 卷 9 期。

12. 手塚隆義,〈西域と云名稱の起原に就いて〉,1958,《史苑》19 卷 1 號。

13. 中村淳，〈元代大都の敕建寺院をめぐって〉，1999，《東洋史研究》58 ～1。

14. 中村久四郎，〈蒙古時代の回回人に就いて〉，1915，《史學雜誌》26～10。

15. 內藤虎次郎，〈憲臺通紀考證〉，1917，《史林》2～1。

16. 井戶一公，〈元朝侍衛親軍的建立〉，1982，《東洋史論叢》10 期（九大）。

17. 井戶一公，〈元代侍衛親軍的諸衛〉，1983，《東洋史論叢》12 期（九大）。

18. 井の崎隆興，〈蒙古治下における漢人世侯──河朔地區と山東地區〉，1954，《史林》37 卷 6 期。

19. 太田彌一郎，〈元代的哈剌赤軍與哈剌赤戶──關於探馬赤軍的理解〉，1981，《集刊東洋學》46 卷。

20. 太田彌一郎，〈元大德（1303）年山西大地震災始末──元朝衰亡への轉換點〉，2005，《東北大學東洋史論集》10。

21. 丹羽友三郎，〈達魯花赤雜考〉，1956，《史學研究》6 號。

22. 丹羽友三郎，〈元代における官吏の俸祿について〉，1967，《名古屋商科大學論集》11。

23. 丹羽友三郎，《中國元代の監察官制》，1994，高文堂出版社。

24. 白鳥庫吉，〈高麗史中蒙古語解釋〉，1929，《東洋學報》18 卷 2 號。

25. 田山茂，〈元朝中葉以降に於ける蒙古至上主義の消長〉，1938，《山下還曆論集》。

26. 田村實造，〈元朝札魯忽赤考〉，1931，《桑原博士還曆紀念東洋史論叢》。

27. 田村實造，〈アリブカの亂について〉，1955，《東洋史研究》14 卷 3 號。

28. 田村實造，《元史語彙集成》（三冊），1961、1963，京都大學。

29. 田中裕子，〈關於元初色目人的一個考察〉，1980，寧樂史苑（奈良女大）文 25 卷。

30. 田中萃一郎，〈元の官史登庸法について〉，1932，《田中萃一郎史學論文集》。

31. 本田實信，〈成吉思汗的千戶──元朝秘史與拉施特史集比較〉，1953，《史學雜誌》63 卷 8 號。

32. 本田實信，《モンゴル時代史研究》，1991，東京大學出版會。

33. 片山共夫，〈怯薛と元朝官僚制〉，1980，《史學雜誌》89 卷 12 期。

34. 片山共夫，〈關於元朝怯薛出身者的家世〉，1980，《東洋史論叢》8 期（九大）。

35. 片山共夫,〈圍繞阿合馬暗殺事件——忽必烈朝政治史〉,1983,《東洋史論集》(九州大學) 11 卷。

36. 片山共夫,〈關於元朝的昔寶赤——以怯薛的二重構造爲中心〉,1983,《東洋史論叢》12 期(九大)。

37. 矢澤知行,〈大元ウルスの樞密院所轄屯田〉,2000,《愛媛大學教育學部紀要第Ⅱ部人文・社會科學》32〜2。

38. 四日市康博,〈元朝宮廷における交易と廷臣集團〉,2000,《早稻田大學大學院文學研究科紀要》45〜4。

39. 四日市康博,〈元朝の中賣寶貨——その意義および南海交易・オルトクとの關わりについて〉,2002,《内陸アジア史研究》17。

40. 有高岩,〈元清二朝の對漢政策相違の由來〉,1934,《史潮》4 卷 1 號。

41. 羽田亨,《羽田亨史學論文集》,1957、1958,京都。

42. 池内功,〈フビライ政權の成立とフビライ麾下の漢軍〉,1984,《東洋史研究》43 卷 3 號。

43. 安部健夫,〈元代投下語源考〉,1938,《東洋史研究》3 卷 6 號。

44. 安部健夫,〈元時代の包銀制の考究〉,1954,《東方學報》(京都) 24 冊。

45. 安部健夫,《西ウグル國史の研究》,1955,京都。

46. 安部健夫,〈元代知識人と科擧〉,1959,《史林》42 卷 6 號。

47. 寺田隆信、熊本崇,〈校定元典章兵部〉(上、中、下),1986、1990,《東北大學東洋史論集》2、3、4。

48. 吉川幸次郎,〈元の諸帝の文學〉,1943、1945,《東洋史研究》8 卷 3 號——新 1 卷 3 號凡 5 篇。

49. 佐口透,〈十四世紀に於ける元朝大カ〜ンと四方三王家の連帶性について〉,1942,《北亞細亞學報》第 1 冊。

50. 佐口透,〈チヤガタイ・ハンとその時代〉,1942,《東洋學報》29 卷 1、2 期。

51. 佐口透,〈モンゴル支配時代のウイグスタン〉,1943,《史學雜誌》54 卷 9、10 期。

52. 佐口透,〈元代のタ——リム南邊地帶〉,1944,《北亞細亞學報》第 2 冊。

53. 佐口透,〈河西的蒙古封建王侯〉,1951,《和田博士還曆紀念東洋史論叢》。

54. 那珂通世,《成吉思汗實錄》,1909,大日本圖書株式會社。

55. 那珂通世,《那珂通世遺書》,1915,東京。

56. 村岡倫，〈昔里吉之亂──元初蒙古叛亂〉，1985，《東洋史苑》24、25
輯。

57. 村上正二，〈元世祖朝に於ける財政政策の一端〉，1939，《史學雜誌》
50 卷 7 期。

58. 村上正二，〈關於元初監戰萬戶的設置〉，1940，《東方學報》11 卷 1 期
（東京）。

59. 村上正二，〈元朝投下的意義〉，1940，《蒙古學報》1940～1 號。

60. 村上正二，〈元朝に於ける泉府司と斡脫〉，1942，《東方學報》第 13
冊。

61. 村上正二，〈元朝奧魯原義考〉，1943，《史學雜誌》54 編 7 號。

62. 村上正二，〈元朝兵制史上における奧魯の制度〉，1943，《東洋學報》
30 卷 3 號。

63. 村上正二，〈元代の文化政策について──蒙古至上主義と儒者文化〉，
1960，《歷史教育》8 卷 8 期。

64. 村上正二，〈モンゴル朝治下の封邑制の起源〉，1961，《東洋學報》44
卷 3 期。

65. 村上正二，《モンゴル帝國史研究》，1993，東京：風間書局。

66. 杉山正明，〈忽必烈政權與東方三王家──再論鄂州戰役前後〉，1982，
《東方學報》（京都）54 號。

67. 杉山正明，〈齒王出伯及其世系〉，1982，《史林》65 卷 1 號。

68. 和田清，《支那官制發達史》，1942，汲谷書院 1973 影印版。

69. 岡本孝，〈論 13～14 世紀諸史料出現的倚納〉，1982，《日本海文化》9
卷。

70. 岩村忍，《耶律楚材》，1942，東京。

71. 岩村忍，《蒙古の歐洲遠征》，1942，東京。

72. 岩村忍，〈元朝奧魯考〉，1942，《北亞細亞學報》第 1 冊。

73. 岩村忍，《蒙古史雜考》，1943，白林書房。

74. 岩村忍，〈五戶絲與元朝的地方制度〉，1962，《東方學報》32 冊（京
都）。

75. 岩井大慧，〈元初に於ける帝室と禪僧との關係について〉，1922，《東洋
學報》12 卷 1、2 期。

76. 岩佐精一郎，《岩佐精一郎遺稿》，1936。

77. 牧野修二，〈元朝中書省の成立〉，1967，《東洋史研究》25 卷 3 期。

78. 牧野修二，《元代勾當官の體系的研究》，1979，大明堂。

79. 松田孝一,〈元朝期の分封制——安西王の事例を中心として〉,1979,《史學雜誌》88～8。

80. 松田孝一,〈モンゴル帝國東部國境の探馬赤軍團〉,1992,《內陸アジア研究》7～8。

81. 松田孝一,《宋元軍制史上の探馬赤問題》,1996,東京:汲古書院(宋元時代史の基本問題)。

82. 青山公亮,〈元朝の地方行政機關に關する一考察〉,1939,《臺北帝國大學史學科學研究年報》第 6 輯。

83. 青山公亮,〈元朝尚書省考〉,1951,《明治大學文學部研究報告東洋史》第 1 冊。

84. 青木富太郎,〈元初行省考〉,1940,《史學雜誌》51 卷 4～5 期。

85. 青木富太郎,〈元代における色目人の活躍〉,1961,《歷史教育》9 卷 7 號。

86. 秋貞實造,〈元朝札魯忽赤考〉,1931,《桑原博士還曆紀念東洋史論叢》。

87. 前田直典,〈元代に於ける鈔の發行制度とその流通狀態〉,1944,《北亞細亞學報》第 3 冊。

88. 前田直典,〈元朝行省成立の過程〉,1945,《史學雜誌》56 卷 6 期。

89. 前田直典,《元朝史の研究》,1977,東京大學出版會。

90. 桑原隲藏,〈陳垣氏の《元西域人華化考》を讀む〉,1924,《史林》9 卷 4 期。

91. 桑原隲藏,《薄壽庚事蹟》,1935,東京。

92. 宮崎市定,〈元朝治下の蒙古的官職在をめぐる蒙漢關係——科舉復興の意義の再檢討〉,1965,《東洋史研究》23 卷 4 期。

93. 宮澤知之,〈元朝の商業政策——牙人制度と商稅制度〉,1981,《史林》64～2。

94. 宮本則之,〈元朝における高官層の動態——入相者七三六名の分析〉,1990,《大谷大學大學院研究紀要》7。

95. 舩田善之,〈元朝治下の色目人について〉,1999,《史學雜誌》108～9。

96. 舩田善之,〈色目人與元代制度、社會〉,2003,《蒙古學信息》2 期。

97. 海老澤哲雄,〈元代食邑制度の成立〉,1961,《歷史教育》9 卷 7 號。

98. 海老澤哲雄,〈元朝探馬赤軍研究序說〉,1966,《史流》7 卷。

99. 海老澤哲雄,〈關於蒙古帝國東方三王家的諸問題〉,1972,《埼玉大學紀要》21 卷。

100. 梅原郁,〈元代差役法小論〉,1965,《東洋史研究》23 卷 4 號。

101. 野上俊靜，〈元代の宣政院について〉，1950，《羽田博士頌壽紀念東洋史論叢》。

102. 野上俊靜，〈元の帝師について〉，1958，《石濱先生古稀紀念東洋學論叢》。

103. 野口周一，〈元代武宗朝の王号授与について——元史諸王表に關する一考察〉，1984，《アジア諸民族における社會と文化——岡本敬二先生退官紀念論集》。

104. 野口周一，〈元代後半期の王號授與について〉，1986，《史學》56～2。

105. 野口周一，〈元代世祖・成宗期の王號授與について〉，1986，雄山閣出版（野口鐵郎編：《中國史における亂の構圖——筑波大學創立十周年紀念東洋史論集》）。

106. 野口周一，〈元代武宗政權における宰相層の人的構成に關する覺書〉，1988，《新島學園女子短期大學紀要》6。

107. 野口周一，〈元代成宗朝における宰相層についての一考察〉，1997，《新島學園女子短期大學紀要》14。

108. 野口周一，〈元代仁宗・英宗朝の政治的動向についての一考察〉，1997，《吉田寅先生古稀紀念アジア史論集》。

109. 野口周一，〈元代泰定帝朝における宰相層についての一考察〉，1998，《新島學園女子短期大學紀要15周年紀念號》。

110. 野澤佳美，〈モンゴル太宗定宗期における史天澤の動向〉，1988，立正大學東洋史論集》1。

111. 荻原淳平，〈木華黎王國下の探馬赤軍について〉，1977，《東洋史研究》36卷2號。

112. 堀江雅明，〈蒙元王朝時期東方三兀魯思研究序說〉，1982，《小野論集》。

113. 勝藤猛，〈關於元朝初期的胥吏〉，1958，《東洋史研究》17卷2號。

114. 飯塚浩二，〈遊牧民の制霸と隊商商業〉，1948，《歷史學研究》132期。

115. 植松正，〈元朝初期對江南的統治〉，1974，《東洋史研究》23卷。

116. 植松正，〈元初の法制に関する一考察——とくに金制との關聯について〉，1981，《東洋史研究》40卷1期。

117. 植村清二，〈乃蠻小考〉，1960，《和田博士古稀紀念東洋史論叢》。

118. 堤一昭，〈大元ウルス江南當地首腦の二家系〉，2000，《大阪外國語大學論集》22。

119. 渡邊健哉，〈元朝の大都留守段貞の活動〉，2002，《集刊東洋學》98。

120. 愛宕松男，〈海都叛亂的年代〉，1918，《東洋學報》8卷2號。

121. 愛宕松男，〈元代色目人に關する一考察〉，1937，《蒙古學》第1冊。

122. 愛宕松男，〈元朝都市制度とその起源〉，1938，《東洋史研究》3 卷 4 號。

123. 愛宕松男，〈海都の叛いた年次について〉，1940，《京都帝國大學文學部》。

124. 愛宕松男，〈李璮の叛亂と其政治意義〉，1941，《東洋史研究》6 卷 4 號。

125. 愛宕松男，《忽必烈汗》，1941，《支那地理歷史叢書》。

126. 愛宕松男，〈元代の對漢政策〉，1943，《東亞研究所報》23 期。

127. 愛宕松男，〈蒙古人政權治下の漢地に於ける版籍の問題〉，1950，《羽田博士頌壽紀念東洋史論叢》。

128. 愛宕松男，〈元朝稅制考〉，1965，《東洋史研究》23 卷 4 號。

129. 駒井義明，《蒙古史序說》，1961，京都。

130. 箭內亙，〈元朝怯薛考〉，1916，《東洋學報》6～3。

131. 箭內亙，〈元代社會の三階級〉〔色目考〕，1916，《滿鮮地理歷史研究報告》第 3 卷。

132. 箭內亙，〈元朝斡魯朵考〉，1920，《東洋學報》10 卷 1～3 號。

133. 箭內亙，〈元代の官制と兵制〉，1921，《滿鮮地理歷史研究報告》第 8 卷。

134. 箭內亙，〈元代牌符考〉，1922，《滿鮮地理歷史研究報告》第 5 卷。

135. 箭內亙，《蒙古史研究》，1930，刀江書院。

136. 箭內亙，《元代蒙漢色目待遇考》，1932，上海商務印書館（陳捷、陳清泉漢譯）。

137. 箭內亙，《蒙古史研究》，1933，上海商務印書館（陳捷、陳清泉漢譯）。

138. 箭內亙，《元朝怯薛及斡耳朵考》，1933，上海商務印書館（陳捷、陳清泉漢譯）。

139. 箭內亙，《元朝制度考》，1934，上海商務印書館（陳捷、陳清泉漢譯）。

140. 蓮見節，〈探馬赤戶考〉，1981，《中央大學大學院研究報告》1981～11 期。

141. 藤野彪，〈元の遷轉法について〉，1952，《愛媛大學紀要》1～3。

142. 藤野彪，〈元の行大農司について──世祖朝の經理〉，1953，《愛媛大學歷史學紀要》1。

143. 藤野彪，〈朱清・張瑄について〉，1954，《愛媛大學歷史學紀要》3。

144. 藤野彪，〈元朝の金融策について〉，1955，《愛媛大學紀要（人文科學）》2～2。

145. 藤野彪，〈元朝の經理〉，1957，《愛媛大學歷史學紀要》5。

146. 藤田豐八,《東西交涉史の研究——西域篇》,1933,東京。

147. 藤島建樹,〈元朝宣政院考——以它的兩面性為中心〉,1967,《大谷學報》46 卷 4 期。

148. 藤島建樹,〈元の集賢院と正一教〉,1971,《東方宗教》38。

149. 藤島建樹,〈元朝における權臣と宣政院〉,1973,《大谷學報》52～4。

150. 藤井彰一郎,〈黨項人察罕の家系に關する一考察〉,1996,《立命館東洋史學》19。

151. 護雅夫,〈探馬赤部族考序說〉,1944,《史學雜誌》55 編 1 號。

152. 護雅夫,〈關於元初探馬赤部族〉,1944,《北亞細亞學報》1944～3 卷。

153. 護雅夫,〈Nokor 考序說——主として主從關係成立の事情について〉,1952,《東方學》5。

154. 櫻井益雄,〈汪古部族考〉,1936,《東方學報》第 7 冊。

155. 櫻井益雄,〈怯烈考〉,1936,《東方學報》第 7 冊。

(三)韓 文

1. 安承俊,《有關至正條格的所藏及保存原委之考察》,2007,韓國學中央研究院編至正條格校註本。

2. 李玠奭,〈元朝中期統治體制的重編和其構造〉,1997,《慶北史學》20 輯。

3. 李玠奭,〈漠北的統合與武宗的創治改法〉,1998,首爾知識產業社,《近世東亞之國家與社會。

4. 李玠奭,《至正條格之編纂及其法制史上的意義》,2007,韓國學中央研究院編至正條格校註本。

5. 金文京,《有關慶州發現元刊本至正條格的若干問題》,2007,韓國學中央研究院編至正條格校註本。

6. 金浩東,《至正條格之編纂及元末政治》,2007,韓國學中央研究院編至正條格校註本。

(四)英法德俄義文

1. Barthold, W.(巴托爾德),Turkstan down to the Mongol Invasion(《蒙古入侵時的突厥斯坦》),1928,Oxford Univ. Press(牛津大學出版社)。

2. Dardess, J. W.(竇德士),Conquerors and Confucians——Aspect of Political Change in Late Yuan China(《征服者與儒家：元代後期的政治改革》),1971,Columbia Univ. Press(哥倫比亞大學出版社)。

3. Endicott——West, E.(恩迪科特韋斯特),Mongolian rule in China：Local administration in the Yuan Dynasty(《蒙古中國的統治：元代的地方行政管